牛津家训

家训

柳杨　编著

精华版

中华工商联合出版社

图书在版编目（CIP）数据

牛津家训：精华版 / 柳杨编著 . —北京：中华工商联合出版社，2020.9

ISBN 978 - 7 - 5158 - 2793 - 3

Ⅰ.①牛… Ⅱ.①柳… Ⅲ.①家庭教育-英国 Ⅳ.①G782

中国版本图书馆 CIP 数据核字（2020）第 140732 号

牛津家训：精华版

编　著：柳　杨
出 品 人：李　梁
责任编辑：袁一鸣　肖　宇
封面设计：子　时
版式设计：北京东方视点数据技术有限公司
责任审读：李　征
责任印制：迈致红
出版发行：中华工商联合出版社有限责任公司
印　　刷：三河市燕春印务有限公司
版　　次：2020 年 9 月第 1 版
印　　次：2024 年 1 月第 5 次印刷
开　　本：710mm×1020mm　1/16
字　　数：280 千字
印　　张：20
书　　号：ISBN 978 - 7 - 5158 - 2793 - 3
定　　价：68.00 元

服务热线：010 - 58301130 - 0（前台）
销售热线：010 - 58302977（网店部）
　　　　　010 - 58302166（门店部）
　　　　　010 - 58302837（馆配部、新媒体部）
　　　　　010 - 58302813（团购部）
地址邮编：北京市西城区西环广场 A 座
　　　　　19 - 20 层，100044
http://www.chgslcbs.cn
投稿热线：010 - 58302907（总编室）
投稿邮箱：1621239583@qq.com

工商联版图书
版权所有　侵权必究

凡本社图书出现印装质量问题，请与印务部联系。
联系电话：010 - 58302915

Preface | 前言

牛津大学建于 1167 年。它在英国社会和高等教育系统中占据极其重要的地位，有着广泛的影响。在八百多年的历史中，牛津大学培养了 6 位英国国王、26 位英国首相。

牛津靠什么打造出了这些名人？牛津的教育有什么深藏未露的秘密？从这些成功者身上我们不难看到，牛津的学习经历是他们获得如此成就的重要因素，牛津精神始终鞭策他们向成功的顶峰攀登。

牛津大学之所以名满全球，不是因为它规模宏大、学科众多，而在于它先进的办学理念、追求真理的可贵精神和八百多年沉淀下来的闪光智慧。在人生的旅途中，大学只是一段短暂的历程，但牛津让学生在这段短暂的历程中汲取着智慧的营养，教会了学生怎样做一个成功的人，引领他们感悟人生，为实现人生目标做好积极而充分的准备。

当然，牛津学子能取得如此大的成就，并不完全是学校教育的成

果，这其中也有学生家长的功劳。他们成功的教育方法和理念、他们培养孩子成才的坚定信心和严谨态度，以及他们将教育孩子作为人生重要目标的信念，都是牛津精英教育的重要组成部分。

每个家长都渴望自己的孩子拥有成功的人生，要想成功，就离不开教育。父母是孩子的第一任老师，家庭是孩子的第一个课堂，家庭教育在很大程度上影响着孩子的未来。但是，如何更好地教育孩子是家长们公认的一大难题。随着社会竞争日益激烈，家长对孩子的教育职责也越来越具有挑战性，其教育理念和教育方法直接决定着孩子未来的成就。

《牛津家训·精华版》汇集了牛津大学杰出的教育理念精华，从人生哲理、优秀品质、过硬本领、人性弱点等多个角度，充分诠释了牛津大学教育理念中的精髓和牛津家训的要旨，触及了人生中最朴素的情感和人性中最本质的东西，并挖掘出孩子成长路上最丰富的成功内涵，为成长中的孩子提供适合其心理需求的精神养分，铸就应有的优秀品质，并树立起明确的精英意识，学会在学习和生活中自我选择、自我塑造，为成长为社会精英打下坚实的基础。

编　者

Contents | 目录

第 一 章　像雄鹰一样展翅翱翔 / 1

　　亲手雕琢自己的生命 / 1

　　砍断依赖的绳索，才能飞得更高 / 4

　　不妨把自己带到悬崖边 / 6

　　做自己命运的策划师 / 9

　　战胜自我，就赢得了人生 / 11

　　生命就是一次次的自我挑战 / 13

　　做永不退缩的人 / 16

　　在奋斗中成就最好的自己 / 18

　　没有尝试过，就永远不要说"不行" / 21

　　培养一种拼搏的惯性 / 23

第 二 章　用信念武装自己 / 26

　　自信是成功的主宰 / 26

　　信念就是一种期望 / 28

永远不要放弃你的目标 / 30

绝不在最后关头退缩 / 33

坚忍不拔方显人生本色 / 35

只要你想到，你就能做到 / 37

自信的勇气产生力量 / 39

用信念为人生开路 / 42

挑战生命中的难度，才能成就生命的高度 / 45

第 三 章　坐而论不如起而行——提高行动力 / 48

行动，才有实现的可能 / 48

行动力就是不断地努力 / 51

不要总是耽于幻想 / 53

行动的第一步往往最为艰难 / 55

用勇气为行动开路 / 57

不要被别人的议论挡住你行动的步伐 / 60

不要总是将希望寄托于明天 / 61

敢于行动，就能创造奇迹 / 63

亮出你的行动力 / 66

第 四 章　慢一秒钟，你的境遇就会不同 / 69

效率是成功的最佳保证 / 69

想提高效率，就要找对方法 / 72

小的目标更容易助人加速前进 / 74

做事情要分清轻重缓急 / 77

过分苛求完美是效率的阻碍 / 78

先处理好关键的环节 / 81

别被琐事牵着鼻子走 / 83

想实现效率，准备自然要充分 / 86

用好备忘录，提高你的效率 / 88

不要忽视榜样的力量 / 90

第五章 做好小事，才有可能成大事 / 94

细节是决定成败的关键点 / 94

形象是最好的通行证 / 97

举止是内在修养的镜子 / 99

细节往往最能打动人心 / 102

保持一种忧患意识 / 104

不必纠结于无关紧要的小事 / 106

守时的人更为可信 / 109

做生活的有心人 / 112

第六章 世界上没有一个懒惰的天才 / 115

勤奋是造就天才的摇篮 / 115

将努力发挥到极致 / 118

懒惰是成功的拦路虎 / 120

克服拖延的陋习 / 123

用责任感督促自己勤奋起来 / 125

勤奋耕种，才能收获梦想的果实 / 128

第七章 习惯是日复一日地养成的 / 131

好习惯可以赢得巨大价值 / 131

持久专注地做每一件事 / 134

反省是进步的阶梯 / 135

保持节俭的生活作风 / 137

主动调整生活的节奏 / 140

不要让不良习惯毁了你 / 142

培养认真的习惯 / 144

要永远坐在第一排 / 147

在行动之前,先做出详细的计划 / 149

第 八 章　生活离不开创意 / 153

智慧是永恒的财富 / 153

每个人都有一座创意的宝库 / 155

创新是你独树一帜的旗杆 / 157

创新是为想象注入的一缕阳光 / 159

从小事中激发无限创意 / 162

甩开标准答案的限制 / 163

另辟蹊径,创意自来 / 166

敢创新,才能成就大事 / 168

用新意装点这个世界 / 169

第 九 章　拥有发现美的眼睛,自能看到光芒 / 173

独具慧眼,你能看到不一样的东西 / 173

走出阴霾的地带 / 176

邂逅生活的美 / 179

以微笑迎接走向你的事物 / 182

学会在不完美中寻找美丽 / 184

温和的情绪能擦亮美的眼睛 / 186

顺利度过生命的冬眠期 / 188

保持一颗平静的心 / 191

第 十 章　为自己多存几本"朋友存折" / 194

朋友是永远不会贬值的财富 / 194

微笑和赞美是人际交往的润滑剂 / 196

用坦诚赢得人心 / 199

放低姿态,才能走好每一步路 / 201

以貌取人是不成熟的表现 / 203

抬高自己，就是孤立自己 / 206

站在他人的立场看问题 / 209

学会退让 / 210

对他人宽容，就是给自己拓宽道路 / 212

第十一章　要在苦难的烈焰中奋进高歌 / 216

苦难是雕琢天才的一把刻刀 / 216

不要因为失败而否定未来 / 219

失败是坚韧的最后考验 / 221

把不利的因素转化为前行的动力 / 224

能站起来，就是一种勇气 / 226

把每一次磨难当作一次学习的机会 / 228

学会在风雨中吸取清新的氧气 / 231

第十二章　成功与你仅有半步之遥 / 234

成功并非想象中那么难 / 234

成功是一扇虚掩的门 / 236

最擅长的事就最容易成功 / 238

只要你想做，你就能成功 / 241

成功就是将简单的事情反复做 / 243

不要让优势成为成功的绊脚石 / 245

优柔寡断是成功的最大敌人 / 247

别让自负毁掉你的成功 / 250

借助外力为成功提速 / 252

用热情点燃成功的火种 / 254

第十三章　你的健康资本不容有失 / 256

健康是滋润人生的雨露 / 256

把保持健康当成一种习惯 / 258

有健康的体魄，才能有好的将来 / 261

强身健体，从规律生活做起 / 263

不要做永不停歇的马达 / 265

不与疲劳做无谓的抗争 / 268

永远不要牺牲健康换取他物 / 270

如果不想累倒，那么现在就开始放松 / 273

第十四章　转个弯，就能看到最美的风景 / 276

给心灵洗个澡 / 276

珍惜你所拥有的东西 / 279

别太在意他人的议论 / 281

永远都不要绝望 / 283

别让狭隘禁锢住你的心 / 287

摆脱自卑的心理 / 289

庸人自扰是无谓的行为 / 291

抱怨对解决问题毫无帮助 / 293

走出孤独的阴霾 / 296

把脚步放慢，才能看到路边的风景 / 298

第十五章　珍惜成长路上的每一个足迹 / 301

努力去做一个有价值的人 / 301

任何时候都要心存希望 / 304

你的定位将决定你的人生路线 / 306

压力是成长的最强动力 / 309

像雄鹰一样展翅翱翔

亲手雕琢自己的生命

我让旁人去嘀咕，自己却干自己认为有益的事。我巡视了自己领域中的事，认清了我的目标。

——歌德

人的一生是不断地设计和雕琢自我的一生，人生需要我们精心地雕琢，从而使其更富有意义。

如果将自己的发展依赖于别人的定位，而没有自己的人生目的，没有自我实现的欲求，就不可能做出一番事业。你的生命，要靠自己去雕琢。你要选择自己的生活道路，确定人生的目标，也就是为自己"人生道路怎么走""朝着什么方向走""最终要达到什么目的"进行设计。

一所大学的研究所里，有一位教授正和同学们一道分享他的童

年趣事。

"上小学的时候，我考试得了第一名，老师送我一本世界地图，我好高兴，跑回家就开始看这本世界地图。很不幸，那天轮到我为家人烧洗澡水。我就一边烧水，一边在灶边看地图。我看到一张埃及地图，想到埃及很好，埃及有金字塔，有埃及艳后，有尼罗河，有法老王，有很多神秘的东西，心想长大以后如果有机会我一定要去埃及。

"看得入神的时候，突然有一个大人从浴室冲出来，围着一条浴巾，用很大的声音对我说：'你在干什么？'我抬头一看，原来是我爸爸。我说：'我在看地图。'爸爸很生气，说：'火都灭了，看什么地图！'我说：'我在看埃及的地图。'父亲跑过来，给了我两个耳光，然后说：'赶快生火，看什么埃及地图。'打完后，踢我屁股一脚，把我踢到火炉旁边去，用很严肃的表情对我讲：'我保证，你这辈子不可能去那么遥远的地方，赶快生火。'

"我当时看着我爸爸，呆住了，心想：'他怎么给我这么奇怪的保证？真的吗？这一生真的不可能去埃及吗？'20年后，我第一次出国就去了埃及。我的朋友都问我到埃及干什么，那时候出国是很难的。我说：'因为我的生命不能被别人设定。所以我要去埃及旅行。'

"有一天，我坐在金字塔前面的台阶上拍了照，又买了张明信片寄给我爸爸。我写道：'亲爱的爸爸：我现在在埃及的金字塔前面给你写信，记得小时候，你打我两个耳光，踢我一脚，保证我不能到这么远的地方来，现在我就坐在这里给你写信。'"

被别人设定，并且照着别人的设定去做的人，他的生命注定只能平淡无奇，碌碌无为。只有对自己的生命充满激情和幻想的人，才会不断地超越自己，达到一个又一个高峰，人生也会因此而绚丽多彩，

跌宕多姿。

不要偷偷躲在角落里去观望和羡慕别人的成功，然后埋怨自己。有什么理由埋怨呢？你应该知道自己之所以有个悲伤的结局，是因为在别人努力自我雕琢的时候，你放弃了对自己生命亲手雕琢的机会。即使天资再好，若经受不住雕琢之苦，也不能成就完美。

一位著名的雕刻师准备塑造一尊圣像，经过精挑细选，他看上一块质感上乘的石头，开始雕刻。没想到才拿起锉刀敲几下，这块石头就痛不欲生，不断哀号："好痛，好痛，师傅，不要再刻了，还是让我躺着吧！"师傅只好停工，让其躺在地上，另外找了一块质感差一点的石头重新雕刻。这块石头任凭刀刻，咬紧牙根承受，默然不出一语。师傅渐入佳境，在精雕细琢下，果然雕成了极品，大家惊叹其为杰作，将圣像送入博物馆收藏。

不久，无法忍受雕刻之痛的那块石头被人废物利用，铺在通往博物馆的马路上。人车频繁经过，又要承受风吹雨打，实在痛苦不堪，石头内心愤愤不平，质问博物馆里那尊圣像，说道："你资质比我差，却享尽人间礼赞尊崇，我却每天遭受凌辱践踏、日晒雨淋，凭什么？"圣像只是微笑，说："你天资虽好，却耐不住雕琢之苦，怎能抱怨别人呢？"

人总想不费吹灰之力就得到自己想要的东西，然而又想逃避努力，这是不可能的。雕琢自己的生命，对于我们每个人来说，是必要的经过。人生也只有从磨炼中走来，经历过沧桑洗涤，生命才会完美、才能精彩。

亲手雕琢自己的生命吧，让生命像烈火一样地燃烧；亲手雕琢自己的生命吧，让生命放射出绚烂的火花；亲手雕琢自己的生命吧，让年轻的梦永远没有终点。

砍断依赖的绳索，才能飞得更高

凡事欲想成功，必须依靠自己之力。

——约瑟夫·奈

幸福不能奢望他人给予。强者时刻都会紧握手中的方向盘，做人生的主宰。人，要靠自己活着，而且必须靠自己活着。砍掉依赖的绳索，依靠自己向前迈步，这是一个人立足于社会的根本。只有依靠顽强的自立精神，才能克服重重困难，坚持前进。

人人都是自己命运的设计师，最可靠的不是别人的权力和威望，而是自己的力量。一个人如果自己不努力，即便外在的条件再好，也于事无补。而同样，即便身处逆境，如果能够不断努力，一样有机会获得成功。自己才是决定能否成功的关键，不要把希望寄托在外在的事物或人的身上。

一个登山者，一心一意想登上某座高峰。在经过多年的准备之后，他开始了登山的旅程。由于他希望完全由自己独享登顶的喜悦，所以他决定独自出发。他开始向上攀爬，但是当天时间已经有些晚了，然而，他非但没有停下来准备露营的帐篷，反而继续向上攀登，直到四周变得非常黑暗。

这位登山者什么都看不见，到处都是黑漆漆一片。即使如此，这位登山者仍然不断地向上攀爬着，就在离山顶只剩下十几米的地方，他滑倒了，并且迅速地跌了下去。跌落的过程中，他仅仅能看见一些黑色的阴影。

他下坠着，在这极其恐怖的时刻，他过去的一生，也一幕幕地显现在他的脑海中。突然间，他感到系在腰间的绳子重重地拉住了他。

他整个人被吊在半空中……

在这种上不着天，下不着地，求助无门的境况中，他一点办法也没有，只好大声呼叫："神啊！救救我！"

突然间，天上有个低沉的声音回答他说："你要我做什么？"

"神！救救我！"

"你真的相信我可以救你吗？"

"我当然相信！"

"那就把系在你腰间的绳子割断。"

在短暂的寂静之后：登山者决定继续全力抓住那根救命的绳子。

第二天，搜救队找到了他的遗体，已经冻得僵硬，他的尸体挂在一根绳子上。他的手也紧紧地抓着那根绳子——在距离地面仅仅1米高的地方。

人生所受到的最大束缚就来自于对"绳子"的依赖。人们经常认为自己永远会从别人的帮助中获益，却不知一味地依赖他人只会导致懦弱。如果一个人总是依靠他人，将永远也坚强不起来，永远也不会有独创力。人活一生，要么独立自主，要么埋葬雄心壮志，一辈子老老实实做个普通人。对于想成大事者而言，拒绝依赖他人是对自己能力的一大考验。依附于别人，就是把命运交给别人，放弃做大事的主动权。摆脱一份依赖，就多了一份自主权，也就向自由的生活前进了一些，向成功的目标迈近了一步。

人有时候确实需要别人的帮助，但是如果将别人的帮助当作一种依靠，就势必会形成一种依赖的习惯。对于一个杰出的人来说，他的选择是：舍弃依靠，自己去奋斗。

美国总统约翰·肯尼迪的父亲从小就注意对儿子独立性格和精神状态的培养。有一次他赶着马车带儿子出去游玩。在一个拐弯处，因为马车速度快，猛地把肯尼迪甩了出去。当马车停住时，儿子以

为父亲会下来把他扶起来，但父亲却坐在车上悠闲地掏出烟吸起来。

儿子叫道："爸爸，快来扶我。"

"你摔疼了吗？"

"是的，我自己感觉已站不起来了。"儿子带着哭腔说。

"那也要坚持站起来，重新爬上马车。"

儿子挣扎着自己站了起来，摇摇晃晃地走近马车，艰难地爬了上来。

父亲摇动着鞭子问："你知道为什么让你这么做吗？"

儿子摇了摇头。

父亲接着说："人生就是这样，跌倒、爬起来、奔跑，再跌倒、再爬起来、再奔跑。在任何时候都要全靠自己，没人会去扶你的。"

站在巨人的肩膀上取得的成功，只能算作成功的半成品，同样，依靠别人帮助取得的成绩也不会让人真正扬眉吐气，只有自强不息，取得的成果才是最甜美的。

人若失去自己，是一种不幸；人若失去自主，则是人生最大的缺憾。只有砍断依赖的绳索，抛弃了拐杖，你才能飞得更高更远。

不妨把自己带到悬崖边

没有天生的强者，一个人只有站在悬崖边上的时候，才会变得真正坚强起来。

——富兰克林

生命其实需要一个高度。当我们站在这个高度的边缘将要跌落时，它瞬间所爆发出的力量总是可以创造出奇迹，这是因为，当我们将自己置身于无法退却的境地之时，我们的选择就只有两个——

要么坐以待毙，要么勇敢向前迈步。这样一来，本能就会促使我们勇敢前行。同样的道理，如果我们能够在做事情前断绝后路，下定决心坚定不移地前进，那么就能够获得成功。

　　有一个老人，在山里打柴时拾到一只很小的、样子怪怪的鸟。那只鸟和出生刚满月的小鸡一样大小，也许因为它实在太小了，又不会飞，老人就把这只鸟带回家放在小鸡群里，充当母鸡的孩子，让母鸡养育。母鸡没有发现这个异类，全权负起一个母亲的责任。鸟一天天长大了，后来，人们发现那只鸟竟是一只鹰，人们担心这只鹰再长大一些会吃鸡。为了保护鸡，人们一致要求：要么杀了那只鹰，要么将它放生，让它永远也别回来。因为和这只鹰相处的时间长了，有了感情，这一家人自然舍不得杀它，他们决定将它放生，让它回归大自然。然而，他们用了许多办法都无法让其重返大自然，他们把它带到很远的地方放生，过不了几天那只鹰又飞回来了，他们驱赶它，不让它进家门，他们甚至将它打得遍体鳞伤……最后，他们终于明白：原来鹰是眷恋它从小长大的家园，舍不得那个温暖舒适的窝。后来，村里的一位老人说："把鹰交给我吧，我会让它重返蓝天，永远不再回来。"老人将鹰带到附近一个最陡峭的悬崖旁，然后将鹰狠狠向悬崖下的深涧扔去。那只鹰开始也如石头般向下坠去，然而快要到涧底时，它终于展开双翅托住了身体，开始缓缓滑翔，然后轻轻拍了拍翅膀，飞向了蔚蓝的天空。它越飞越自由舒展，越飞动作越漂亮。它越飞越高，越飞越远。渐渐变成了一个小黑点，飞出了人们的视野，永远地飞走了，再也没有回来。

　　这是一种置之死地而后生的力量，那只鹰在绝境之下所表现出来的生命力是那么的惊人，它只轻轻拍了拍翅膀就演绎出了生命本身所潜伏的力量。人生也是如此，绝境之下往往能激发起我们自身所蕴藏的强大的力量。那么，你要如何在你短暂的人生中，让你的

生命更加地绚烂辉煌呢？不妨尝试着给自己一个悬崖吧，奋力一搏，在我们的生命中留下绚丽的一笔。

仔细想想，我们又何尝不像那只鹰一样，总是对现有的东西不忍放弃，对舒适平稳的生活恋恋不舍，进而无法下定决心奋勇向前。也许我们此时的生活比较安逸，还不至于困顿和挨饿，甚至还能够丰衣足食地过日子，所以我们就变得安于现状不愿起身奋斗了。尽管我们深深地明白，自己仍然面临很大的压力，但我们却选择刻意忽略这种紧迫感，逃避自己所面临的绝境，最终致使自己的个性变得比较容易满足，这种知足常乐的心态也就成了成功最大的敌人。一旦舒适束缚住了飞翔的翅膀，也许我们就再也不能展翅高飞了。

有一年冬天，猎人带着猎狗去打猎。猎人一枪击中了一只兔子的后腿，受伤的兔子拼命地逃生，猎狗在后边穷追不舍。可是追了一阵子，兔子跑得越来越远了。猎狗知道实在是追不上了，只好悻悻地回到猎人身边。猎人气急败坏地说："你真没用，连一只受伤的兔子都追不到！"猎狗听了很不服气地辩解道："我已经尽力而为了呀！"兔子带着枪伤成功地逃生回家了，兄弟们都围过来惊讶地问它："那只猎狗很凶呀，你又负了伤，是怎么甩掉它的呢？"兔子说："它是尽力而为，我是竭尽全力呀！它没追上我，最多挨一顿骂，而我若不竭尽全力地跑，可就没命了呀！"

很多人渴望拥有成功的人生，请问，你付出努力了吗？其实成功的关键是全力以赴把一切做到最完美，要付出"尽心尽力"的努力。给自己一个悬崖，并不是让别人来评价自己是否拼尽全力地努力过，而是用心来告诉自己。在做任何事情的时候，如果我们能够心心念念地专注于一件事情，对这件事情魂牵梦绕，并且保持一种强烈的信念：这件事情我必须要完成，否则绝不罢休。如果这样不遗余力地做事，试问，成功又怎能会远？就算是自己的生命到此戛然而止，

也不会成为遗憾。

因此，一个人要想使自己的人生有所成就，就必须懂得在关键时刻把自己带到人生的悬崖。只有将自己置身于生活的悬崖边，经受危难的考验，生活才会更精彩。给自己一片悬崖，这是一种生的希望，也是一种生的幸福。给自己一片悬崖，其实就是给自己一片蔚蓝的天空！

做自己命运的策划师

走自己的路，让别人说去吧！

——但丁

每个人在小的时候都有宏大的理想，想做伟人、成为世界首富，想策划许多有创意的事……总之，希望自己拥有精彩的人生，成为最杰出的人。

但是后来呢？当年岁增长到可以去实现自己的理想时，四面八方的压力一拥而至。你耳边不断萦绕着别人的议论："别做白日梦了"，你的想法"不切实际、愚蠢、幼稚可笑"，"必须有天大的运气或贵人相助"或"你太老""你太年轻"。不可否认，他人的建议会有合理性的成分，但自己的命运还是要自己去策划，不能仰仗他人的帮助。

一位父亲和他的儿子出征打仗。父亲已做了将军，儿子还只是马前卒。又一阵号角吹响，父亲庄严地托起一个箭囊，其中插着一支箭。父亲郑重地对儿子说："这是家传宝箭，佩带身边，力量无穷，但千万不可抽出来。"

那是一个极其精美的箭囊，厚牛皮打制，镶着幽幽泛光的铜边儿。再看露出的箭尾，一眼便能认定那是用上等的孔雀羽毛制作的。儿

子喜上眉梢，贪婪地推想箭杆、箭头的模样，耳旁仿佛听到嗖嗖的箭声掠过，敌方的主帅应声折马而毙。果然，佩带宝箭的儿子英勇非凡，所向披靡。当鸣金收兵的号角吹响时，儿子再也禁不住得胜的豪气，完全背弃了父亲的叮嘱，强烈的欲望驱赶着他呼一声就拔出宝箭，试图看个究竟。骤然间他惊呆了。一只断箭，箭囊里装着一只折断的箭。

我一直带着一只断箭打仗呢！儿子吓出了一身冷汗，仿佛顷刻间失去支柱的房子，轰然意志坍塌了。

结果不言自明，儿子惨死于乱军之中。

拂开蒙蒙的硝烟，父亲拣起那柄断箭，沉重道："不相信自己的意志，永远也做不成将军。"

把胜败寄托在一只宝箭上，是一件多么愚蠢的事情啊！当一个人把生命的核心与把柄交给别人，又多么危险！自己才是一只箭，如果想要它坚韧锋利，想要它百发百中，那就去磨砺它吧，因为拯救它的只能是你自己。

人生不过短暂几十个春秋，如何能做到不枉来这个世界一遭呢？首要义务便是在心中确定这么一个概念：选择自己的人生，把握自己的命运，依靠自己去成功。我们的生活绝不是靠别人来帮助完成。一个心理学系的教授常常鼓励自己的学生要勇于做自己的命运主宰者，他总说要把对他人善意的"忠告"全当耳旁风。他的成功学就是"充耳不闻"。

一群蛤蟆在进行竞赛，看谁先到达一座高塔的顶端，周围有一大群围观的蛤蟆在看热闹。

竞赛开始了，只听到围观者一片嘘声："太难为它们了，这些蛤蟆无法达到目的，无法达到目的……"蛤蟆们开始泄气了，可是还有一些蛤蟆在奋力摸索着向上爬去。

围观的蛤蟆继续喊着："太艰苦了，你们不可能到达塔顶的！"其他的蛤蟆都被说服停了下来，只有一只蛤蟆一如既往地继续向前，并且更加努力地向前。

比赛结束，其他蛤蟆都半途而废，只有那只蛤蟆以令人不解的毅力一直坚持了下来，竭尽全力到达了终点。

其他的蛤蟆都很好奇，想知道为什么它就能够做到。

大家惊讶地发现——它是一只聋蛤蟆！

你是要成功还是要听别人的话？如果有人说，你无法实现你的梦想，你就做一个"聋子"吧！你的一切成功，完全决定于你自己。

每个人都应该有属于自己的一片天空和那份特有的亮丽色彩，你应该果断地、尽情地向世人展示你的风采、气度和才智。在我们前进的道路中，必须要善于做出决定，学会做自己命运的策划师，不要总是踩着别人的脚印走，也不要总是听凭别人的摆布，要勇敢地驾驭自己的命运，做自己的主宰，做自己命运的主人。

爱默生说："相信自己能，便会攻无不克……"人生在世，要学会做自己命运的策划师，如果总是任人摆布自己的命运，让别人推着前行，摆脱不了对别人的依赖，那么，你将永远是一个弱者。

战胜自我，就赢得了人生

我应该比较而且应该超过的不是别人，正是我自己。

——帕瓦罗蒂

每天都有很多人在碰壁，于是一部分害怕失败的人便不敢向前，前进的脚步开始变得踟蹰，敏感的心理也感到自卑。其实，我们每个人都有自己的长处，只是在困难的打击下我们选择了遗忘，因此我们变得脆弱和裹足不前。人要想豁达地生活，关键是战胜自我。只有那些不断战胜自我的人，才能更自信地看待世界，取得伟大的成功。

那些不断战胜自我的人有着积极向上的进取心。进取心是激发人们抗争命运的力量，是完成崇高使命和创造伟大成就的动力。一个具备了进取心的人，就会像被磁化的指针那样显示出矢志不移的精神力量，展示他生命中辉煌灿烂的一面。

人生的进步与成功，正是有了进取心和意志力——这种永不停息战胜自我的推动，才激励着人们向自己的目标前进。

这种战胜自我的向上力量是每一种生命的本能。这种东西不仅存在于所有的昆虫和动物身上，埋在地里的种子也存在着这样的力量，正是这种力量刺激着它破土而出，推动它向上生长，向世界展示美丽与芬芳。这种激励也存在于我们人类的体内，它推动我们去完善自我，去追求卓越的人生。

约翰尼·卡特是一名著名的歌手。他的歌曲吸引了上万名歌迷，金钱、荣誉、在全国电视屏幕上露面——所有这一切都属于他了。但是他被狂热的歌迷拖垮了，晚上须服安眠药才能入睡，还要吃些"兴奋剂"来维持第二天的精神状态。他开始沾染上一些恶习——酗酒、服用催眠镇静药和刺激兴奋性药物。他的恶习日渐严重，以致对自己失去了控制力。从此，他不是出现在舞台上而是更多地出现在监狱里，那段时间，他甚至每天须吃100多片药片来维持。

当他刑满出狱时，一位行政司法长官对他说："约翰尼·卡特，我今天要把你的钱和麻醉药都还给你，因为你比别人更明白你能充分自由地选择自己想干的事。看，这就是你的钱和药片，你现在就把这些药片扔掉吧，否则，你就会去麻醉自己，毁灭自己，你选择吧！"

卡特选择了生活。他又一次对自己的能力做了肯定，深信自己能够成功。于是他开始了自己的第二次奋斗。他把自己锁在卧室闭门不出，一心一意就是要杜绝药物依赖。那段时间他总是昏昏沉沉，经常做噩梦，好像身体里有许多玻璃球在膨胀。当时摆在他面前的，一边是麻醉药的引诱，另一边是他奋斗目标的召唤，最终他的信念占了上风。

9个星期以后，他又恢复到原来的样子了，睡觉不再做噩梦。他努力实现自己的计划。几个月后，他重返舞台，再次引吭高歌。他不停息地奋斗，终于又一次成为超级歌星。

战胜自己并不是一件很容易的事情，在我们听惯了别人的赞美后，就会不自觉地认为自己已经"完美无缺"了，因而总是对批评怀有敌意。想要战胜自己，就要对自己有一个充分的认识，看清自己的优势，了解自己的不足。只有对自己有了一个全面的认识，才能清楚地知道如何去雕琢自己，知道哪些应该摒弃，哪些应该保留，哪些又是应该弥补的。

战胜自我，是一种思想的升华，是潜意识的觉醒和复活。只有战胜了自己，你才能不倒，生命的风帆才会永远高扬着豪迈与执着。战胜自我，才能勇敢地面对人生的困境，才能赢得一切。

生命就是一次次的自我挑战

人的理想、志向往往和他的能力成正比。

——约翰逊

一次挑战，一个进步，得到多少，要看你让自己挑战到一个什么样的高度。世界上没有靠运气而得到的成功，想要取得成功就是要有勇气去挑战自己。

一个没有勇气自我挑战的人，一定不会取得任何成就。有时候，

你一定要鼓足勇气，做一个敢于挑战自我的人。任何时候，都不要失去挑战自己的勇气，即使你没有十足的把握成功，也要敢于去付诸行动，挑战自己。一个有勇气不断挑战自己的人，在困难过后总能看到彩虹。

一天，上帝说，如果哪个泥人能够走过他指定的河流，他就会赐给这个泥人一颗永不消逝的金子般的心。

消息传出之后，泥人们久久都没有回应。不知道过了多久，终于有一个小泥人站了出来，说他想过河。泥人们都认为小泥人疯了，纷纷劝说他放弃。

然而，小泥人决意要过河。他不想一辈子做小泥人。他想拥有自己的天堂。他也知道，要到天堂，得先过地狱。而小泥人的地狱，就是他将要去经历的河流。

小泥人来到了河边。犹豫了片刻，便将双脚踏进了水中。一种撕心裂肺的痛楚顿时蔓延全身。他感到自己的脚飞快地溶化着。小泥人沉默地往前挪动，一步一步……这一刻，他忽然明白，他的选择使他连后悔的资格都没有了。如果倒退上岸，他就是一个残缺的泥人；在水中迟疑，只能加快自己的毁灭。

小泥人孤独而倔强地走着。以一种几乎不可能的方式向前挪动着，一厘米，一厘米……鱼虾贪婪地啄着他的身体，松软的泥沙使他每一瞬间都摇摇欲坠，无数次，他都被波浪呛得几乎窒息。他知道，一旦躺下他就会永远安眠，连痛苦的机会也没有了。他只能忍受，忍受，再忍受。

不知道过了多久，小泥人突然发现，自己居然上岸了。他如释重负，欣喜若狂，低下头，他发现了一颗金灿灿的心。

其实，从来就没有什么幸运的事情。花草的种子先要穿越沉重黑暗的泥土才能在阳光下发芽微笑，小鸟要失去无数根羽毛才能够锤炼出凌空的翅膀。

克利是一个快乐的青年，拥有一个幸福的家庭。可是他在一次车祸中不幸弄断了一条腿，被工厂老板炒了"鱿鱼"。克利认为自己是一个废人了，感到非常沮丧，对生活失去了信心。

妻子鼓励他说："你的腿没了，但你还有手，可以靠双手来养活自己，你应该找一个适合自己干的工作。"

克利曾经做过电工，有一次他的儿子拿来一辆弄坏的电动遥控车让他修理，他很快就修好了。儿子高兴地说："爸爸，你真行！以后我的玩具坏了都让你修理。"儿子的话提醒了克利，现在的玩具越来越高级，大都是电动玩具或声、光、电的遥控玩具，价钱很高，但这些高级玩具都经不住摔打，小孩玩不了几天就出故障。为什么不开一个修理玩具的店呢？

于是，他买来一些玩具研究它们经常出现的毛病，然后再寻找办法来修理。他还经常看一些关于玩具的书。不久，他就能修理一些高级的玩具了。

克利的玩具修理店开张了，凭着娴熟的手艺，克利玩具修理店的名声不胫而走，满城皆知。顾客一批接着一批来，不到一年的工夫，克利使 1000 多个玩具"死而复生"，这些"病号"包括小到拳头大的电动猴子，大到电动摩托，还有游戏机、卡拉 OK 机等。

修理费视玩具的大小贵贱而定，通常每天都可收入 500 元左右，克利也在修理过程中积累了丰富的经验。这样，克利不仅养活了自己，还积累了一笔财富。

金无足赤，人无完人。每个人都会有自己的劣势和缺陷，有些人面对自己的缺陷，总是想办法遮掩，害怕别人的嘲笑，这样做往往适得其反。正确的态度是，坦然面对自己的缺陷，敢于挑战自我，并根据自己的具体情况确立目标，从而为自己开拓人生的新局面。

当我们的人生跌入低谷的时候，不要畏惧，不要回避，勇敢地面对它，去接受一切挑战，赢得成功。在我们的生命中出现挫折的时候，只要勇敢地面对挑战，去尝试挑战自己的能力，总会有一些收获，要么收获成功，要么收获经验。

做永不退缩的人

一个人绝对不可在遇到危险的威胁时，背过身去试图逃避。若这样做，只会使危险加倍。但是如果面对它毫不退缩，危险便会减半。绝不要逃避任何事情，绝不！

——温斯顿·丘吉尔

在成功的道路上，我们会遇到很多的挫折和困难，因此我们就必须有战胜困难的勇气。一个永不退缩的人是永远不会被打败的。很多人有远大的理想和抱负，却是在遇到困难和挫折的时候就止步不前，徒增遗憾而已。

在困难和挫折面前，我们要学着做一个"打不败"的人，靠着顽强的性格战胜一切在常人看来是不可能战胜的困难和挫折，然后迈步向前迎接新的挑战。退缩是比不幸和死亡更严峻的问题，只有迎难而上，才能走向新的人生。

迪士尼小时候就对绘画和描写冒险生涯的小说特别地入迷。

一次，老师布置了绘画作业，迪士尼就充分地发挥自己的想象力，把一盆的花朵都画成了人脸，把叶子画成人手，并且每朵花都以不同的表情来表现着自己的个性。老师感到非常气愤，把迪士尼拎到讲台上狠狠地毒打一顿，并告诫他说："以后再乱画，比这打得还要狠。"

　　第一次世界大战美国参战后，迪士尼不顾父母的反对，报名当了一名志愿兵，在军中做了一名汽车驾驶员。闲暇的时候，他就创作一些漫画作品寄给国内的一些幽默杂志，他的作品竟然无一例外地被退了回来，理由就是作品太平庸，作者缺乏才气和灵性。

　　战争结束后，迪士尼拒绝了父亲要他到冷冻厂工作的要求，他要去实现童年时就立下的画家梦。

　　1923年10月，迪士尼终于和哥哥罗伊在好莱坞一家房地产公司后院的一个废弃的仓库里，正式成立了属于自己的迪士尼兄弟公司，不久，公司就更名为"沃尔特·迪士尼公司"。虽然历尽了坎坷，但他创造的米老鼠和唐老鸭几年后便享誉全世界，并为他获得了27项奥斯卡金像奖，使他成为世界上获得该奖最多的人。

　　失败并不可怕，可怕的是你面对失败时的态度。也许，无论我们怎样奋斗，都不会有迪士尼那样的辉煌成就，可是，如果你没有迪士尼百折不挠、永不退缩的精神，你注定不会成功。

　　那些成功的人，如果当初都在困难和挫折面前退缩，放弃了尝试的机会，就不可能会有所谓的成功降临。没有向前的迈步，就无从得知事物的深刻内涵，永不退缩的人，即使失败，也由于对实际的亲身经历而获得宝贵的人生经验，从而在命运的挣扎中，越发坚强，越发有力，越接近成功。

　　一位穷困潦倒的年轻人怀揣做演员的简单梦想闯荡好莱坞。当时，好莱坞有500家电影公司，他根据自己划定的路线，带着量身定做的剧本一一拜访。但第一遍下来，所有的电影公司没有一家愿意聘用他。

　　面对百分之百的拒绝，年轻人没有灰心，从最后一家电影公司出来之后，他又回去从第一家开始，继续他的第二轮拜访与自我推荐。在第二轮拜访中，他仍然遭到了500次拒绝。第三轮的拜访结果仍

与第二轮相同。接着，他又开始第四次行动。当他拜访完 449 家后，第 450 家电影公司的老板破天荒地答应让他留下剧本。

几天之后，这家公司决定投资开拍这部电影，并请他担任男主角。落魄的年轻人就是后来称霸好莱坞的史泰龙，他拍的第一部电影是《洛奇》。

如果一个人没有自己的目标，那么他们就只能随波逐流。想成就一番事业必定要有一颗百折不挠的心，太脆弱的心灵等不到成功的来临就已破碎。

人生，不论到了哪一步境地，只要你还有勇气向成功迈步，你就还没有失败。即使你跌倒 100 次，也要爬起来继续前进！只要你面对困难永不退缩，你就未败，你仍有成功的希望！

成功者并不一定都具有超常的智能，命运之神也不会给予他特殊的照顾。相反，几乎所有成功的人都经历过坎坷，都是命运多舛。关键在于，成功的人有着永不退缩的精神，这种顽强的精神让他们在困难和挫折面前不会消沉、不会堕落，反而让他们越挫越勇，最后成为"真的猛士"，并在历经艰难险阻、风风雨雨后收获了一片属于自己的天地。

在奋斗中成就最好的自己

你应庆幸自己是独一无二的，应该把自己的禀赋发挥出来。经验、环境和遗传造就了你的面目，无论是好是坏，你都得耕耘自己的园地；无论是好是坏，你都得弹起生命的琴弦。

——卡耐基

生活中，一个缺乏信心的人，就如同一根受了潮的火柴，是不可能擦亮希望的火光的。在困难和挫折面前我们感到迷茫和困惑，对自己的能力产生怀疑，于是放弃了自己的追求和梦想，殊不知在这同时也丢掉了自己。为什么不尝试着用自己的努力和奋斗成就最好的自己呢？

在奋斗中成就最好的自己，首先要学会相信自己。你是独一无二的，无论别人如何评价你，无论困难和挫折对自己造成多大的伤害，你依然不可替代。只有抱有一颗"我是唯一且不可替代"的自信之心，我们才能有勇气和力量去努力奋斗，才能在凶险艰难的环境下依然保持着坚定的热情和信念，才有可能看到正在不远处的那个最好的自己。

凯蒂是个胖姑娘，她从小就特别敏感和腼腆。她从来不和其他的孩子一起做室外活动，甚至不上体育课。她非常害羞，觉得自己和其他的人都不一样，完全不讨人喜欢。

长大之后，凯蒂嫁给一个比她大好几岁的男人，可是她并没有改变。丈夫一家人都很好，凯蒂尽最大的努力要像他们一样，可是她做不到。他们为了使凯蒂开朗而做的每一件事情，都只是令她更退缩到她的壳里去。凯蒂变得紧张不安，躲开了所有的朋友，情形坏到她甚至怕听到门铃响。凯蒂觉得自己是一个失败者，她甚至不开心到觉得再活下去也没有什么意思了，她开始想自杀。

有一天，她的婆婆在谈自己怎么教养孩子时说："不管事情怎么样，我总会要求他们保持本色。""保持本色！"就是这句随口说出的话，改变了凯蒂的整个生活。她开始试着研究自己的个性、自己的优点，尽自己所能去学色彩和服饰知识，以适合自己的方式穿衣服。主动地去交朋友。渐渐地，凯蒂就变成了一个非常快乐自信的人了。

很多人之所以不快乐，就是因为一生都在试图做别人，只要发现自身的一些不完美就开始怀疑甚至否认自己，一生都活在别人的

影子里。这样的人生当然不快乐。有些事情并不是难以做到，而是因为我们失去了自己的本色。所以，试着接纳自己，欣赏自己，做最好的自己，这是成就自己的重要基础。

如果你对 10 个人说，"你们都是有价值的人，都能在奋斗中成就最好的自己，创造美好的未来"，至少会有 8 个人苦笑着说："我生来是苦命的人，我的生活中有太多的困难了，成功不可能属于我。"而只有少数的人会记住这句话，用它来不断鼓励自己，最终取得成功。

塞万提斯 24 岁时加入了西班牙驻意大利的军队，在结束军旅生涯返国的归途中遇到了海盗，被掳到阿尔及利亚做了奴隶，直到 34 岁时才被国家赎回。但是，回国后的塞万提斯并没有得到国家的重视，只能终日为生活奔忙。因为生活窘困，他一面在政府里当小职员，一面著书卖文。他曾干过军需官、税吏，接触过农村生活，也曾被派到美洲公干。因为不能缴上该收的税款，他不止一次被捕下狱。

然而，塞万提斯始终没有放弃文学的梦想，他写过连自己也记不清数目的抒情诗、讽刺诗，但大多没有引起反响。他也曾应剧院邀请写过三四十个剧本，但上演后并未取得预想的成功。1585 年，他出版了田园牧歌体小说《伽拉泰亚》（第一部），虽然作者自己很满意，但也未引起文坛的注意。塞万提斯依然没有打算放弃，在又一次的监狱生涯中，已经 50 余岁的他开始了《堂·吉诃德》的写作。

1605 年，《堂·吉诃德》第一部出版，立即风行全国，一年之内竟再版了 6 次。书中对时弊的讽刺与无情嘲笑深得人心，同时因为充满了人文主义思想而为他赢得了不朽的荣誉。

这种"屡败屡战"的顽强，正是我们所缺少的。在困难面前我们总是选择低头和逃避，以为躲开它之后，它就不会再来找自己麻烦了。可是，困难是只老虎，你越躲它，它越来劲，你要迎头把它赶走，它也就不敢再来了。

20

世界上有很多的人从来不相信自己，不敢正视自己，结果把自己给忽略和丢失了，其实每个人都是最优秀的，差别在于你如何发掘和成就自己。逆境和挫折是大自然给生命最大的礼物和祝福。一个人在困难面前跌倒是很正常的，关键在于你能否重新从挫折中站起来，成就最好的自己。

没有尝试过，就永远不要说"不行"

历史上所有伟大的成就，都是由于战胜了看来是不可能的事情而取得的。

——卓别林

要战胜自己，改变目前的状态，就不要放弃尝试各种的可能。这是一个崇尚开拓创新的时代，人人都渴望能证实自我。正因如此，我们更应该勇敢地去尝试。即使最后失败了也并不可怕，由于恐惧失败而畏缩不前才真正可怕，以精益求精的态度，不放弃任何尝试的可能，终会有结果。

一个小孩在看完马戏团精彩的表演后，随父亲到帐篷外拿干草喂表演完的动物。

小孩注意到一旁的大象群，问父亲："爸爸，大象那么有力气，为什么它们的脚上只系着一条小小的铁链，难道它无法挣开那条铁链逃脱吗？"

父亲笑了笑，耐心为孩子解释："没错，大象是挣不开那条细细的铁链。在大象还小的时候，驯兽师就是用同样的铁链来系住小象，那时候的小象，力气还不够大，起初也想挣开铁链的束缚，可是试过几次之后，知道自己的力气不足以挣开铁链，也就放弃了挣脱的念头。

等小象长成大象后，它就甘心受那条铁链的限制，而不再想逃脱了。"

在大象成长的过程中，人类利用一条铁链限制了它。在我们成长的环境中，是否也有许多肉眼看不见的铁链在系住我们？而我们也就自然将这些链条当成习惯，视为理所当然。于是，我们独特的创意被自己抹杀，认为自己无法成功。我们告诉自己，难以成为配偶心目中理想的另一半，无法成为孩子心目中理想的父母，不是父母心目中理想的孩子。然后，我们开始向环境低头，甚至开始认命、怨天尤人。

然而，这一切都是我们心中那条系住自我的铁链在作祟，这也就是我们所说的"自我设限"。要挣脱自我设限，关键在自己。西方有句谚语说得好："上帝只拯救能够自救的人。"成功属于那些愿意去尝试的人。如果你不想去突破固有想法对你的限制，那么，没有任何人可以帮助你。不论你过去怎样，只要你调整心态，明确目标，乐观积极地去再试一次，你就能够扭转劣势，更好地向前。

国王费迪南决定从他的10位王子中选一位做继承人。他私下吩咐一位大臣在一条两旁临水的大道上放置了一块"巨石"，想要通过这条路，都得面临这块"巨石"，要么把它推开，要么爬过去，要么绕过去。然后，国王吩咐王子先后通过那条大路，分别把一封密信尽快送到一位大臣手里。王子们很快就完成了任务。费迪南开始询问王子们："你们是怎么把信送到的？"

一个说："我是爬过那块巨石的。"

另一个说："我是划船过去的。"

还有的说："我是从水里游过去的。"

所有王子中，只有小王子说："我是从大路上跑过去的。"

"难道巨石没有拦你的路？"费迪南问。

"我用手使劲一推，它就滚到河里去了。"

"这么大的石头，你怎么想用手去推呢？"

"我不过是试了试，"小王子说，"谁知我一推，它就动了。"

原来，那块"巨石"是费迪南和大臣用很轻的材料仿造的。自然，这位善于尝试的王子继承了王位。

与其不尝试而失败，不如尝试了再失败，不战而败如同运动员在竞赛时弃权，是一种极端怯懦的行为。想要获得成功，就必须具备坚强的毅力，以及"即使失败也要试试看"的勇气和胆略。当然，冒风险并非铤而走险，敢冒风险的勇气和胆略是建立在对客观现实的科学分析基础之上的。顺应客观规律，加上主观努力，力争从风险中获得效益，是成功者必备的心理素质。

没试过，就不要轻易否定自己，没试过，千万不要说自己不行。做什么事情，都要有尝试的勇气，都要勇于创造。法拉第如果没有鼓起勇气去敲开戴维教授家的门，或许他一直都是一个普通的装订工人。不要轻易放弃哪怕一丁点的希望，去尝试，去发现自己的长处，相信你会越来越出色。

再试一试，哪怕你已经经历了很多次的失败；再试一试，大不了以后的结果和现在一样。在关键的时刻，要告诉自己，再试一试。

培养一种拼搏的惯性

意志坚强的乐观主义者用"世上无难事"的人生观来思考问题，越是遭受悲剧打击，越是表现得坚强。

——西尼加

困难只能吓到那些懦夫和懒汉，胜利的高峰永远属于那些敢于拼搏的人。安逸舒适的环境容易消磨人的意志，最后导致一事无成。

在遇到困难的时候，不会总是有人来帮你，只有不断地奋斗、拼搏，才能谱就精彩的人生。

有一个善良的小男孩，名叫里奇。他的父亲早已过世，陪伴着他的，只有穷困的母亲和一个两岁大的妹妹。

他很想能帮上母亲的忙，因为母亲挣的钱总是难以养家糊口。

一天，里奇帮一位先生找到了他丢失的笔记本，这位先生给了他一美元。

里奇把钱放到一个谁也找不到的地方。他母亲一直教育他要诚实，绝不能拿任何不属于自己的东西。

他把这一美元用来买了一个盒子、三把鞋刷和一盒鞋油。接着他来到街角，对每位鞋不太干净的人说："先生，能让我给您的鞋擦擦油吗？"

他是那样地彬彬有礼，因此人们很快便都注意到了他，并且也十分乐意让他帮自己擦鞋。第一天，里奇就挣了50美分。

当里奇把钱交给母亲的时候，母亲情不自禁地流下了激动的热泪："你真是一个懂事的好孩子，里奇。我以前不知道怎样才能赚更多的钱来买面包，但是现在我相信我们能够过得更好。"

从此以后，里奇白天擦鞋，晚上到学校上课。他挣的钱已足以负担母亲和妹妹的生活了。

凡走过，必留下痕迹。人生没有任何过程是白费的，包括辛苦、泪水和酸楚，每一笔都会增加你未来成功的色彩。人生，正是有了崎岖才多了几分韵味。只有不断拼搏的人生才会更加丰富多彩。

成功与天分并没有什么必然的联系，但是和踏实的性格密切相关。一个人如果比较务实，并有着自律的精神，比别人更加努力和拼命地去做事情，成功就会把机会降落到他的身上。

在美国宾夕法尼亚州的山村里，有一位出生卑微的马夫，他就是查理·斯瓦布先生。

斯瓦布先生小时候的家庭生活非常贫苦，只受过短期的学校教育，从 15 岁开始在山村里赶马车。一直到他 17 岁时才谋得另外一份工作，每周只有 25 美分的报酬。但是他并没有放弃，仍在留心寻找机会。有一天，一个工程师将他招来，去建卡内基钢铁公司的一个工厂，日薪 1 美元。在钢铁厂中做工时，斯瓦布就对自己说："总有一天我要做到本厂的经理，我一定要做出成绩来给老板看，让他自动来提升我。我不去计较薪水，只管拼命地努力做好自己的事，使我的价值远超于我的薪水之上。"果然没过多久，他就升任技师，接着升任总工程师。到了 25 岁时，他便兼任起卡内基钢铁公司的总经理。到了 39 岁，他一跃升为全美钢铁公司的总经理。

斯瓦布每次获得的新职位，都是用自己的努力拼搏而来。他从未像一般人那样离开现实，想入非非。斯瓦布深知一个人只要有决心、肯努力、不畏艰难，一定可以成为成功的人。所以他做事总是乐观和愉快，要求自己做到精益求精。

我们时常看到那些明明资格和才干都在他人之上的人，却甘居他人之下，一生碌碌无为，在很大的程度上是因为他的懒惰和不努力，没有拼搏的惯性，最终他们只能被淘汰。全力以赴的拼搏精神是成功的捷径之一，也是成功必须要付出的代价。你想要成功，就一定要比别人更努力，比别人做得更出色，否则成功一定不会属于你。

凡是能冲上去，能散发出来的焰火，都是美丽的。成功的人永远都比别人做得更多，当一般人放弃的时候，他们还在努力拼搏；当别人享受休闲乐趣的时候，他们还在努力拼搏；当别人正躺在工作间呼呼大睡的时候，他们仍然在努力拼搏……

第二章

用信念武装自己

自信是成功的主宰

自信是走向成功之路的第一步，缺乏自信是失败的主要原因。

——莎士比亚

成功者从不模仿别人，他们也不为大多数人的意见所左右，他们自己进行思考和创造。这是一种自我肯定，是一种自信。自信是成功最重要的力量之一。自信是对自己百分百的肯定，自信是相信自己有能力做好某一件事。一个人的自信决定了他的能力以及自我激励的程度。

生活中，很多事情你越是不想痛苦就越觉得痛苦，越是想要放弃或逃避越是逃脱不了：你没有过人的才华，不懂得为人处世的技巧，无时无刻不在小心翼翼做人，唯恐一时失言得罪了别人；你没有很漂亮的脸蛋、魔鬼的身材，走在人群当中，你不知道该怎样去展露属于自己的那份自信……其实，一个人能否取得成功，主要取决于有无良好的心态，只要拥有良好的心态，相信自己能行，那就没有什么是你办不到的。

松岛美子是日本某市的居民。在她十几岁的时候，她就常常憧憬自己有朝一日能够去美国。

在她的脑海中，常常出现这样一幅画面：父亲坐在客厅中央看报，母亲在忙着烘烤糕点，他们19岁的女儿正在精心打扮，准备和男友一起去看电影。

松岛美子终于如愿在加州开始了她的大学学业。当她到那里时，她发现那里与她梦想中的世界却大相径庭。人们为各种各样的麻烦事所困扰，他们看上去紧张而压抑，那时候的她感到孤独极了。最让她感到头痛的课程之一是体育课。在同学们打排球的时候，其他的学生都打得很棒，可她不行。

一天下午，教师示意松岛美子将球传给队员，以便让她们接受扣球训练。最简单不过的一件事却让松岛美子胆怯了。她担心失败后将遭到队友的嘲笑。这时，一个年轻人大概体会到了她的心境。他走上来对松岛美子小声说："来，你能行的！"短短几个字却给了她很大的震撼，你能行的，这四个字给了她很大的力量，整节课她都在传球。

6年后，松岛美子回到了日本，当起了推销员。她从未忘记过那句话，每当感到胆怯时，便会想起它——你能行的。

自信是走向成功的一条捷径。为什么这么说呢？因为在这种境界中，人常会超越自身的束缚，释放出最大的能量。一个对生命负责的人，绝不会让自卑尘封住内心的宝藏，研究一下那些有成就的人，就会深刻地感到，许多人之所以成功，是因为他们开始的时候有一些会阻碍其发展的缺陷，但正是这些缺陷成了他们加倍努力的动力，从而使他们最终获得了努力的报偿。

有一个出租车司机的女儿，她有一副美丽动听的歌喉，她的梦想就是当个歌手，但不幸的是她长着一口龅牙。

有一次，她去参加歌唱比赛，这是她的第一公开演唱，上了台，为了显得有魅力，她一直想用上唇盖住突出的门牙，这种做法让观众和评委感到好笑。结果她失败了。有位评委认为她的音乐潜质极佳，便到后台找到她，很认真地告诉她："你肯定会成功，但必须忘记你的牙齿。张开你的嘴巴，观众在意的是你的声音！"

在"伯乐"的帮助下，女孩慢慢走出了龅牙的阴影。从此她在演唱时关心的只是观众，而不是自己的牙齿，后来，她在一次全国性大赛中，以极富个性化的表演和歌唱倾倒观众和评委，脱颖而出。

她就是卡丝·黛莉，美国著名的歌唱家。

金无足赤，人无完人。不要去羡慕别人是如何地优秀，重要的是保持自我本色。真正的自信就是看到自己的长处并且用积极的态度加以肯定和展示，这是内心实力和实际能力的一种体现，能够清楚地预见并把握事情的正确性和发展趋势，引导自己做得更好。

摆脱自卑的阴影，在困难面前深深相信自己：我能行的。告诉自己能做什么，从来不要说自己不能做什么，这样还有什么是不能做的呢？依照自己的条件去充分发挥，做自己的主人，就会享受到许多从未想过的幸福，使自己的生活变得格外成功。

信念就是一种期望

喷泉的高度不会超过它的源头；一个人的事业也是这样，他的成就绝不会超过自己的信念。

——林肯

　　有时候我们常常在思考，人为什么而活着呢？又是什么在支撑着人们努力奋斗向前呢？仔细想想就两个字——信念。信念是一种对生活和未来的期望，这种期望的力量是伟大的，它支持着人们生活，催促着人们奋斗，推动着人们进步。正因为信念这种期望的力量，人类才创造了一个又一个奇迹。

　　因为父亲是位马术师，小男孩必须跟着父亲走南闯北，东奔西跑。由于四处奔波，他求学并不顺利，成绩也不理想。

　　有一天，老师要全班同学写作文，题目是"长大后的志愿"。那一晚，男孩洋洋洒洒写了7张纸，描述了他的伟大志愿：长大后，我想拥有自己的农场，在农场中央建造一栋占地5000平方英尺（1平方英尺=0.093平方米）的住宅，拥有很多很多的牛羊和马匹。

　　第二天他把作业交上去时，老师给他打了一个又红又大的F，还叫他下课后去见他。

　　"老师，为什么给我不及格？"他不解地问老师。

　　"我觉得，你的愿望是不切实际的。你敢肯定长大后买得起农场吗？你怎么能建造5000平方英尺的住宅？如果你肯重写一个志愿，写得实际点，我会考虑给你重新打分。"老师回答说。男孩回家后反复思量，最后忍不住询问父亲。父亲见他犹豫不决，语重心长地说："儿子，这是个非常重要的决定。我认为，拿个大红的F不要紧，但绝不能放弃自己的梦想。"

　　儿子听后，牢牢把这句话记在心底。他没有重写那篇文章，也没有更改自己的志愿。

　　20年后，这个男孩真的拥有了一大片农场，在这个农场的中央真的建造了一栋舒适而漂亮的豪宅。

　　这个男孩不是别人，就是美国著名的马术师杰克·亚当斯。

　　信念是生命中瑰丽的宝石，拥有信念的生命充满了奇妙色彩，有

信念的人心中多了一份追求，坚守信念的人心中多了一份坚定。信念不是漂浮的美丽泡沫容易幻灭，只要充满信心地去追寻自己的梦想，梦想终将开出灿烂之花。

即使身处卑微的境地，也不必自暴自弃，只要渴望崛起的信念尚存，只要能坚定不移地笑对生活，那么，一定能为自己开创一个辉煌美好的未来！

其实，逆风的方向，更适合飞翔。只要一息尚存，我们就要追求、奋斗。那么，即便遭遇再大的困难，我们都能化解、克服，并于逆风之处扶摇直上，做到"人在低处也飞扬"。

一个人无论面对怎样的环境和困难，都不能放弃自己的信念，放弃对生活的热爱。很多时候，打败自己的不是外部环境，而是你自己。信念可以创造奇迹，信念能够唤起一个人的自信。无论是谁，只要把自己的信念牢牢地根植于心，就能够克服重重困难，实现自己的理想。

永远不要放弃你的目标

你过去或现在的情况并不重要，你将来想获得什么成就才最重要。除非你对未来有理想，否则做不出什么大事来。有了目标，内心的力量才会找到方向。

——拿破仑·希尔

英国有这样一句谚语："对一艘盲目航行的船来说，任何方向的风都是逆风。"有了目标，迷航的船才能找到航向。目标是我们行动的依据，没有目标，便无法成长。

不甘心平庸的人，必须要有一个明确的追求目标，才能调动起自己的智慧和精力。作为一个平凡的人，尽管不可能轰轰烈烈，但是能使平凡的人生稍稍不平凡一些，尽可能比别人强一些，是肯定能办到的。

　　1934 年，珍·古道尔生于英国伦敦。幼年的古道尔对自然、动物和动物行为有着浓厚的兴趣。从学校毕业后，珍·古道尔尝试过秘书、电影制片助理等工作。1957 年，古道尔为了实现进行动物研究的凤愿来到东非的肯尼亚，在那里遇到了当时名气很大的人类学家李基，李基给了古道尔一份旨在揭示原始人类行为模式的灵长类动物研究计划。1960 年，古道尔来到坦桑尼亚坦噶尼喀湖畔的贡贝河自然保护区进行黑猩猩的研究计划。刚开始，大家都认为珍·古道尔的研究会半途而废，没想到珍·古道尔不仅坚持到底，而且取得了惊人的发现。她在坦噶尼喀湖野外研究显示，黑猩猩能够选择和加工工具，用以从蚁巢中钓取蚂蚁，这一发现打破了长久以来"只有人类才会制造工具"的观点，为人类学和动物行为学的研究提供了全新的观点。由于古道尔在这一领域的发现，1965 年她获得剑桥大学颁发的动物行为学博士学位。接着古道尔回到坦噶尼喀湖畔的贡贝河自然保护区，利用获得的捐助建立了贡贝研究中心，继续对黑猩猩进行野外观察研究。

　　永远不要放弃你的目标，你也可以像珍·古道尔一样活出人生的精彩。离成功的目标越近，困难越增加。这就需要像星星一样从容不迫地沿着既定的目标走完自己的路程，只要你永不放弃，胜利将会属于你。

　　目标是一种持久的渴望，是一种深藏于心底的潜意识。它能长时间调动你的创造激情,调动你的心力。你一旦想到这种强烈的愿望，就会产生一种不绝的动力，就会有一种钢铸的精神支柱。一想到它，你就会为之奋力拼搏，就会尽力完善自我。

耶鲁大学教授克拉克从小有一个梦想，就是希望自己能像他心目中的英雄那样改变世界，服务于全人类。不过，要实现目标，他需要受最好的教育，他知道只有在美国才能接受这样的教育。

但是他身无分文，没办法支付路费，而他的家乡到美国足有1万千米的距离。但克拉克还是出发了，他必须踏上征途。他徒步从尼亚萨兰的村庄向北穿过东非荒原到达开罗，在那儿他可以乘船到美国，开始他的大学教育。他一心只想着一定要踏上那片可以帮助他把握自己命运的土地，其他的一切他都置之度外。

在崎岖的非洲大地上，艰难跋涉了整整5天以后，克拉克仅仅走了40多千米。食物吃光了，水也快喝完了，而且身无分文。要想继续完成后面几千千米的路程似乎是不可能的，但克拉克清楚地知道，回头就是放弃，就是重新回到贫穷和无知。

他对自己发誓：不到美国誓不罢休，除非自己死了。于是，他继续前行。有时他与陌生人同行，但更多的时候是自己孤独地步行。大多数夜晚是过着大地为床、星空为被的生活，他依靠野果和其他可吃的植物维持生命。由于疲惫不堪和心灰意懒，克拉克几欲放弃，但最终恢复了对自己和目标的信心，继续前行。

1960年12月，经过两年多的行程，克拉克终于来到了斯卡吉特峡谷学院。他骄傲地跨进了学院高耸的大门。

大多数成功人士是把某种明确而特定的目标当作努力的方向。一个人一开始可能确定不了自己的方向，但在一番探索和体验之后，最终必然会确定一个自己发展的目标。如果确定的目标被证明是正确的，那就应当像故事中的克拉克那样，矢志不移地为实现自己的目标而奋斗。

绝不在最后关头退缩

我们最大的弱点在于放弃。成功的必然之路就是不断地重来一次。

——托马斯·爱迪生

"成功根本没有秘诀，如果有的话，就只是两个：第一个是坚持到底，永不放弃；第二个就是当你想放弃的时候，回过头来照着第一个秘诀去做：坚持到底，永不放弃。"这是英国首相丘吉尔在某大学毕业典礼上发表的演讲。丘吉尔用他一生的成功经验告诉人们，成功的秘诀就是：坚持到底，永不放弃。

世界上没有什么事是做不到的，关键是你想不想去做，有没有那种永不退缩、坚持到底的精神。

马林果战役的前夕，拿破仑坐在营帐里，凝视着面前摊开的一张意大利地图。他打算要在这场战争中活捉墨拉期。但是，马林果战役打响后，法军受到敌军强有力的抵抗，竟只剩招架之功，拿破仑精心筹措的胜利眼看要成为泡影。

正在法军败退之际，拿破仑手下的将领德撒带着大队骑兵驰过田野，停在拿破仑站着的山坡附近。队伍中有一个小鼓手，他是德撒在巴黎街头收留的流浪儿。

当军队站住时，拿破仑朝小鼓手喊道："击退兵鼓。"这个孩子却没有动。

"小流浪汉，击退兵鼓！小流浪汉，击退兵鼓！"

孩子拿着鼓向前走了几步，朗声说道："啊，大人，我不知道怎么击退兵鼓，德撒从来没有教过我。"

"怎么办？打败他们！要赢得胜利还来得及。来，小鼓手，敲进军鼓吧！"德撒下达了前进的命令。

不一会儿，队伍随着德撒的剑光，跟着小鼓手猛烈的鼓声，向奥地利军队横扫而去，他们不惜流血牺牲，把敌人打得一退再退。当炮火消散时，人们看到那小流浪儿走在队伍最前面，笔直地前进，仍旧敲着激昂的进军鼓。

如果再多坚持一分钟或再多付出一点努力，许多失败是可以转化为成功的。正如拿破仑的这场战役，在胜败的关键时刻，如果没有这种绝不退缩的精神，则注定失败，而历史也要改写。

永远前进，绝不退缩，直至获得人生最终的胜利，这是对成功最大的演绎和回报。

约翰·吉米是美国一家人寿保险公司的保险员，他花65美元买了一辆脚踏车到处拉保险。不幸的是，成绩始终是一片空白。可是，吉米毫不气馁，晚上即使再疲倦，也要一一写信给白天访问过的客户，感谢他们接受自己的访问，力请他们加入投保的行列，每一字每一句都写得诚恳感人。

可是，任凭他再努力、再劳累，也没有什么效果。两个月过去了，他连一个顾客也没有拉到，上司催得也越来越紧……

劳累一天回来，他常常连晚饭都没有心情吃，虽然娇妻温柔体贴，但一想到明天，他就全身直冒冷汗。

他在日记中写道："从前，我以为一个人只要认真、努力地工作，任何事情都能做好，但是这一次，我错了。因为事实显然并不如此。我辛辛苦苦地跑了68天，然而，却连一个客户也没有拉到。唉！保险工作对我很不合适，不如换个地方找工作吧……"

妻子劝告他说："坚持下去就有希望。"吉米听从了妻子的劝告。

吉米曾想说服一个小学校长，让他的学生全部投保。然而校长对此毫无兴趣，一次一次地拒吉米于门外。当他在第69天再一次跑到

校长这里来的时候，校长终于为他的诚心所感动，同意全校学生投保。

他成功了。坚持不懈的精神，使他后来成了著名的保险推销员。

在奋斗过程中，这种永不退缩的精神是必不可少的素质之一。就好比登山，当你爬到半山上的时候，就会觉得太苦太累，不想再爬了，那么山顶那种一览众山小的美景也永远看不到了。如果你能坚持下去，尽管过程很辛苦，但当你爬到山顶之后，对美景的一览无余，会令你心旷神怡。

坚持到底，永不退缩，这是一个很艰辛的过程，只要你相信自己，努力向既定目标前进，那么就一定会到达山峰之巅！

坚忍不拔方显人生本色

如果你足够坚强，你就是史无前例的成功者。

——斯科特·菲茨杰拉德

每个人都有自己的路，这路就在自己的脚下，是自己走出来的。在这条路上，任何人都不可能是一帆风顺的，总是会有各种各样的困难和挫折与之相伴。有人遇到挫折自怨自艾，从此一事无成；有人却毫不气馁，画出自己生活之路上鲜明的路标。

唯有坚韧不拔的决心才能战胜任何困难。一个有决心的人，任何人都会相信他，会对他抱以全部的信任；一个有决心的人，在任何地方都会获得别人的帮助。在我们前进的道路上，阻碍不是我们的仇敌，而是恩人，它能锻炼我们战胜阻碍的种种能力。

逆境正是一种考验人的挫折。面对挫折时，我们不要退缩，更不要埋怨挫折对你无休止的磨难，要学会用心灵打磨挫折，用热情去迎接挫折，用坚韧不拔的意志去战胜挫折。

一个大无畏的人，越为环境所困，反而愈加奋勇，意志愈加坚定，敢于对付任何困难，轻视任何厄运，嘲笑任何阻碍。因为忧患、困苦，不损他毫发，反而可以增强他的意志、力量与品格，而使他成为人上之人，充分彰显人生的本色。

有一个男孩4岁时由于患上了麻疹和可怕的昏厥症，使他险些丧命；儿童时期，曾经患上严重肺炎；中年时口腔疾病严重，口舌糜烂，满口疮痍，只好拔掉所有牙齿；紧接着又染上了可怕的眼疾，他几乎不能够凭视觉行走；50岁后，相继发作的关节炎、肠道炎、喉结核等多种疾病吞噬着他的肌体；后来，他完全不能发出声音，只能凭口型来表达思想；在他57岁那年，他离开了人世。

那么在重重困难面前，他是如何成就灿烂一生的呢？

他长期闭门不出，把自己禁闭起来，疯狂地每天练10小时琴，忘记了饥饿与死亡。在13岁时，他过着流浪者的生活，开始周游各地，除了身上的一把琴，他一无所有。同时，他坚持学习作曲与指挥艺术，付出艰辛的精力与汗水，创作出了《随想曲》《无穷动》《女妖舞》和6部小提琴协奏曲及许多吉他演奏曲。

15岁时，他成功举办了一次举世震惊的音乐会，使他一举成名。他的名声传遍英、法、德、意、奥、捷等很多国家。

帕尔玛首席提琴家罗拉听到了他的演奏惊异得从病床上跳下来，木然而立。维也纳一位听到他琴声的人，以为是一支乐团在演奏，当得知台上是他一人的独奏时，便大叫着，"他是一个魔鬼"，匆匆逃走。卢卡共和国宣布他为首席小提琴家。

他就是著名小提琴家帕格尼尼。

也许生活是有缺陷，但生活的意义却是给人们同样的机会，正如帕格尼尼，4岁时便开始与苦难为伍，直到死时依然没能摆脱苦难的纠缠，但是苦难并没有使他低头，相反，他却在苦难中脱颖而出，成长为音乐巨人。每个人都一样，如果你想得到他人的认可，自己先要变得强而有力，用信心和勇气去争取，用坚忍不拔的毅力去战胜自身的缺陷，在生命的困顿中出人头地，找到生活的意义。

命运是无情的，也许我们每个人都无法选择它。即使经历苦难，我们也只有默默地承受而无处躲藏，但是，很多时候，我们会发现，在经历了苦难之后，我们的心开始变得勇敢，我们的意志开始变得坚强……对于能够持之以恒、具有坚韧不拔意志的人，上帝也会为他让出一条通往成功的道路。在你奋斗的大道上永远不会有坦途，但你必须记住：当用坚忍不拔的毅力面对最困难的时候，就是我们离成功最近的时候。

只要你想到，你就能做到

只要你能想到，你就能做到。

——拿破仑·希尔

很多时候，我们失败的原因往往不是能力低下和力量薄弱，而是在面对困难时失去了相信自己能够成功的心态。正因为在困难面前没有想到自己可以成功，所以才会乱了方寸，慌了手脚，表现出各种各样的胆怯，以至于还没有上场，就败下阵来。

其实，成功是"想"出来的，只有"敢想"和"会想"的人才能去积极的思考，才能是成功的候选人。如果一个人敢于去"想"，那么他就能把别人难以办到的事情完成，只要你能想到，你就能做到。

布鲁金斯学会以培养世界上最杰出的推销员著称于世。它有一个传统，在每期学员毕业时，设计一道考验推销员能力的实习题。克林顿当政期间，学会要求学员把一条三角裤推销给现任总统。8年间，无数个学员都是无功而返。克林顿卸任后，布鲁金斯学会又要求把一把斧子推销给小布什总统。

鉴于前8年的教训，许多学员放弃了。他们认为总统什么都不缺，即使缺，也用不着他们亲自购买。

然而，一个名叫乔治·赫伯特的推销员却轻松成功了："我认为，把一把斧子推销给小布什总统是完全可能的，因为布什总统在得克萨斯州有一农场，里面长着许多树。于是我给他写了一封信，说：'有一次，我有幸参观您的农场，发现里面长着许多大树，有些已经死掉，木质已变得松软。我想，您一定需要一把小斧头，但是从您现在的体质来看，这种小斧头显然太轻，因此您仍然需要一把不甚锋利的老斧头。现在我这儿正好有一把这样的斧头，很适合砍伐枯树。假若您有兴趣的话，请按这封信所留的信箱，给予回复……'最后，他就给我汇来了美元。"于是，乔治得到了布鲁金斯学会赠予的一只刻有"最伟大推销员"的金靴子。

不是因为有些事情难以做到，我们才失去力量；而是因为我们失去了力量，有些事情才显得难以做到。许多人在面对难题时，不敢想象自己可以解决，没有积极地去思考和行动，成功也因此放弃了他们。

世上绝没有一个遇事迟疑不决、优柔寡断的人能够成功。成功者不会因有人说某一目标不能实现而放弃，不会因某件事情难以办到而失去进取的力量。而正确地进行思考，是追求机会至关重要的条件。

小时候的爱因斯坦一点也不聪明，到3岁时，还不会讲话。6岁上学，在学校里成绩非常差，一上课就是被老师批评的对象，老师还说他永远也不会有什么大的出息。大家一致认为他是一个天生的笨蛋。

但是，爱因斯坦在12岁时，就已经决定致力于解决"那广漠无垠的宇宙"之谜。15 岁那一年，由于历史、地理和语言等都没有考及格，也因为他的无礼态度破坏了秩序和纪律，被学校开除了。

爱因斯坦非常重视思考和想象。他说："想象力比知识更重要。因为知识是有限的，而想象力包括世界上的一切，推动着进步，并且是知识进化的源泉。"

爱因斯坦 16 岁时，喜欢做白日梦，经常幻想自己骑着一束光在太空旅行，这时他会思考：如果这时在出发地有一座钟，从我坐的位置看，它的时间会怎样流逝呢？

从此，他开始了他的科学远征。他设计了大量的理想实验，提出了"光量子"等模型，为相对论和量子论的建立奠定了基础。

灵活地进行思考对一个人的成功是非常必要的。保持"提出一个问题往往比解决一个问题更重要"的思想，才能不断地提出问题，并在解决这些问题的同时逐渐迎来一个个人生的高峰。也许有些事你认为自己无法办到，但是有人却把这些变成了事实。

既然别人可以，为什么你不可以呢？也许你会说："我没有什么机会去自己创造什么。"怎么可能没有机会呢？机会存在于我们每一天的生活中，许多伟大的发明不正是通过对生活中平常的东西进行了不平常的想象得来的吗？你的思想有多远，你的脚步就能走多远。

自信的勇气产生力量

唯有面对困难或危险，才能激起更高一层的决心和勇气。

——纳尔逊

我们需要自信的勇气，就如同种子需要阳光一样，只要用积极的眼光去看生活，那么你就会发现到处都很美。人生的道路都是由

自己走出来的，所以，无论处于多么严酷的境遇之中都不要悲观，永远都不要对自己失去信心。成功最大的敌人就是消极的心态，这种心态常常使我们失去自信，失去前进的勇气，被困难和挫折吓倒。如果想要成功，就必须拥有对自己的信心和前进的勇气，根除消极失败的心态。

美国著名心理医生基恩博士常跟病人讲起他小时候经历过的一件触动心灵的故事。

一天，几个白人小孩正在公园里玩，这时，一位卖氢气球的老人推着货车进了公园。白人小孩一窝蜂地跑了过去，每人兴高采烈地买了一个，相互追逐嬉闹着把色彩艳丽的氢气球放飞到天空。

公园角落里有一个黑人小孩，他羡慕地看着这些白人小孩的追逐和嬉闹，等到其他人都走开之后，这个黑人小孩才怯生生地走到老人的货车旁，口气中带着一丝恳求地说：“我要一个黑色的气球，可以卖给我吗？”老人惊诧地看了看黑人小孩，给了他一个黑色的氢气球。黑人小孩开心地拿过气球，小手一松，黑色气球在微风中冉冉升起，在蓝天白云的映衬下形成了一道别样的风景。

老人一边眯着眼睛看气球上升，一边用手轻轻地拍了拍黑人小孩的后脑勺，温和地对小男孩说：“记住，气球能不能升起，不是因为它的颜色、形状，而是气球内有没有充满氢气。一个人的成败不是因为种族、出身，关键是你的心中有没有自信。”

那个黑人小孩便是基恩博士自己。

生活对于任何一个人都非易事，我们必须相信，每个人都具有某一方面的天赋，因此无论付出任何代价都要让自己的天赋开花结果。当事情结束的时候，你会发现：如果你的信念还够坚定，没有人能使你倒下。

积极的心态开启崭新的人生，人的愿望、理想、信仰等无一不受着内心世界的支配，有什么样的心态就有什么样的人生。

他是英国一位年轻的建筑设计师，很幸运地被邀请参加温泽市政府大厅的设计。他运用工程力学的知识，并根据自己的经验，很巧妙地设计了只用一根柱子支撑大厅天顶的方案。

一年后，市政府请权威人士进行验收时，对他设计的一根支柱提出了异议。他们认为，用一根柱子支撑天花板太危险了，要求他再多加几根柱子。

年轻的设计师十分自信，他说："只要用一根柱子便足以保证大厅的稳固。"他详细地通过计算和列举相关实例加以说明，拒绝了工程验收专家们的建议。他的固执惹恼了市政官员，年轻的设计师险些因此被送上法庭。在万不得已的情况下，他只好在大厅四周增加了 4 根柱子。不过，这 4 根柱子全部没有接触天花板，其间相隔了无法察觉的 2 毫米。

时光如梭，岁月更迭，一晃就是 300 年。

300 年的时间里，市政官员换了一批又一批，市政府大厅坚固如初。直到 20 世纪后期，市政府准备修缮大厅的天顶时，才发现了这个秘密。

消息传出，世界各国的建筑师和游客慕名前来，观赏这几根神奇的柱子，并把这个市政大厅称为"嘲笑无知的建筑"。最让人们称奇的，是这位建筑师当年刻在中央圆柱顶端的一行字：自信和真理只需要一根支柱。

这位年轻的设计师就是克里斯托·莱伊恩。今天，能够找到的有关他的资料实在微乎其微，但在仅存的一点资料中，记录了他当时说过的一句话："我很自信。至少 100 年后，当你们面对这根柱子时，只能哑口无言，甚至瞠目结舌。我要说明的是，你们看到的不是什么奇迹，而是我对自信的一点坚持。"

坚持己见源于对自己的足够信心，真理往往掌握在少数人手中，正确的事情需要你毫不动摇地坚持下去。总有一天，你会看到质疑你的人哑口无言。

同样，如果你以一种充满希望、充满自信的精神生活的话；如果你期待着自己的伟业，并且相信你能够成就这番伟业的话；如果你能展现出自己的勇气的话——任何事情都不能阻挡你前进。

用信念为人生开路

由百折不挠的信念所支持的人的意志，比那些似乎是无敌的物质力量具有更大的威力。

——爱因斯坦

美国著名女作家海伦·凯勒曾说过这样一句发人深省的话："当你面对阳光时，影子就被甩在身后；当你背对着阳光，那你将永远淹没于影子之中。"坚定的信念能够创造奇迹！拥有足够坚定的信念，就像面对着阳光一样，那些邪恶的影子就会被甩在身后。

人活着就要有信念，有了信念就要让它为你的人生开出一条胜利的大路。其实，信念人人都有，只是每个人的都不同，为此所追求的灿烂人生也都不尽相同。

一个8岁的小女孩听到父母在谈论她的小弟弟安德鲁。她只知道他病得非常厉害，但是，父母没有钱为他医治。当她听到爸爸绝望地对妈妈说，现在只有奇迹才能救他的时候，这个小女孩回到她的卧室里，把藏在壁橱里的储蓄罐拿出来。然后，她把这个宝贵的储蓄罐紧紧地抱在怀里，来到当地的一家药店里，她想用自己的零花钱买一个奇迹。

"我们这里不卖奇迹，孩子。"药剂师对伤心的小女孩笑了笑。

此时，药店里还有一位衣着考究的顾客。他俯下身，问这个小女孩："你有多少钱？"

"1美元11美分，不过我还可以想办法多弄到一些钱。"她的声音轻得几乎听不见。

"噢，真是巧极了。"那人微笑着说，"1美元11美分——这正好是为你的小弟弟购买奇迹的钱。"他一只手接过她的钱，另一只手牵起她的小手说："带我到你家里去。让我们来看一看我是不是有你需要的那个奇迹。"

那位衣着考究的绅士是位著名的外科医生，他免费为安德鲁做了手术，小安德鲁终于恢复了健康。

"那个手术。"她的妈妈轻声说，"真是一个奇迹。我想知道它到底能值多少钱？"

小女孩露出一丝微笑，她知道奇迹的准确价格是——1美元11美分，再加上一个孩子执着的信念。

正是这种执着的信念，小女孩创造了一个奇迹。这种积极的信念是一剂强心剂，能够让小女孩在陷入困境时看到黑暗中的光芒。拥有一个执着的信念，能够让你变得更加强大，更有力量。保持这种积极的信念，能够帮助你走出人生的低谷，找到属于自己的阳光大道。

人生路上，总是会遇到一定的风险，要选择坚信自己，有勇气沿着信念指引的方向前进。应该坚信，战胜恐惧后必定迎来安全有益的东西。一旦战胜了压力，你对创造自己生活能力的信心就会增强。迎难而上就是一种勇气，无论遇到什么困难，记住信念和勇气是助你渡过难关的法宝。

沃尔特来到英国找工作，却因为个子矮小和一口带着法国腔的英语屡次碰壁。他差不多快绝望了，已经三天没有吃一顿饱餐了。

有一天，朋友兴冲冲地找到他："我看到一本杂志里面有一篇文章说拿破仑有一个孙子流落到了法国，大家都在议论他的私生子到底在哪里。我发现他的全部特征都跟你相似，个子矮子，讲一口带法国口音的英语。兴许你就是拿破仑的孙子。"

"真的是这样吗？"沃尔特半信半疑，但他还是愿意把这一切当作真的，他掏出口袋里所有的零钱，用汉堡包加一杯可乐招待了朋友。

"我是拿破仑的孙子。"有很长一段时间沃尔特总在心里念叨着，渐渐地，这挥之不去的意念终于使他确信，这是一个事实。

于是，沃尔特的人生整个被改变了。他经常对自己说：在拿破仑的字典里找不到"难"字的。就这样，凭着自己是拿破仑孙子的信念，沃尔特成为一家大公司的董事长，盖了一幢80层的办公大楼。

后来，沃尔特发现这传言只是朋友的一番虚构而已。

庆幸沃尔特有这样一位朋友，他用他的机智，帮沃尔特树立了人生的信念，用信念开拓了崭新的人生。从这个故事我们也可以看出，信念对一个人来说有多重要。很多时候，我们对自身的能力缺乏足够的认识和了解，常常寄希望于外界的帮助。一个人倒下之前总是信心先倒下，所以，战胜困难，首先应该有着顽强的信念做后盾。不要垂头丧气，即使失去了一切，你还握有未来。

人的精神世界犹如一座大厦，缺少了支柱就会倒塌，而理想和信念正是人生的精神支柱。在生活当中，有很多怀揣远大理想的年轻人被社会中的残酷与不公打败。他们从积极变为消极，逐渐放弃了自己的理想，在困难与挫折面前低下头，失去了原有的信念和激情。失败对我们来说并不算什么，因为我们所走的路是一条没有走过的路，我们是开路人。以信念做导航，我们就终能走出一条瑰丽的人生大路。

挑战生命中的难度，才能成就生命的高度

所谓活着的人，就是不断挑战的人，不断攀登命运峻峰的人。

——雨果

在生活中，很多事情存在着禁区，许多事情被贴上了"不可能"的标签。其实，生命是自己的，想活得积极而有意义，就要勇敢地挑起生命中的重大责任。向高难度的工作挑战，这是对自己生命的提升，也是让人生价值最大化的一个捷径。

约翰是音乐系学生，他的指导教授是个极有名的音乐大师。授课的第一天，他给约翰一份乐谱。"试试看吧！"他说。乐谱的难度颇高，约翰弹得生涩僵滞，错误百出。"还不成熟，回去好好练习！"教授在下课时叮嘱约翰。

约翰练习了一个星期，第二周上课时正准备让教授验收，没想到教授又给他一份难度更高的乐谱："试试看吧！"上星期的课教授根本没提。约翰再次向更高难度的技巧挑战。

第三周，更难的乐谱又出现了。同样的情形持续着，约翰每次在课堂上都被一份新的乐谱所困扰，然后把它带回去练习，接着再回到课堂上，重新面临两倍难度的乐谱，却怎么都追不上进度，一点也没有因为上周的练习而有驾轻就熟的感觉。约翰越来越不安、沮丧和气馁。教授走进练习室，约翰再也忍不住了，他质问教授三个月来何以不断折磨自己。

教授没开口，他抽出最早的那份乐谱，交给了约翰。"弹奏吧！"他以坚定的目光望着约翰。

不可思议的事情发生了，连约翰自己都惊讶万分，他居然可以

将这首曲子弹奏得如此美妙、如此精湛！教授又让约翰试了第二堂课的乐谱，他依然呈现出超高水准的表现……演奏结束后，约翰怔怔地望着老师，说不出话来。

"如果我任由你表现最擅长的部分，可能你还在练习最早的那份乐谱，就不会有现在这样的程度……"教授缓缓地说。

如果约翰没有一次又一次向带有难度的乐谱挑战，他就不可能有超高水准的表现，从而成就自己生命的高度。我们也一样，如果不去探索，就不会发现自己的潜能所在，更不会去挖掘开垦。人因为虚荣心的原因，总希望把自己最拿手、最擅长的一面展露出来，这样做的结果只会让人满足现状，止步不前。而挑战一个新的高度，则会让你重新发现自我。

不断挑战难度，才能成就生命中的高度，正因为这样，我们平时在生活和工作中，应该给自己加大点难度，而在你把难度加大的时候，实际上无意中加大了你的筹码，也就把生命中的"不可能"变为"可能"。

有个小姑娘年幼时被诊断出患有癫痫。父亲习惯每天晨跑，小姑娘受到父亲的鼓励和影响，每天都和父亲一起晨跑，在跑步的时候，小姑娘的病一次都没有发作。

小姑娘有个心愿，那就是打破女子长跑的世界纪录。虽然她的身体状况与别人不同，但她依旧满怀热情与理想，暗暗决定用行动来完成自己的心愿。

高一时，小姑娘穿着上面写有"我爱癫痫"的衬衫，从橘县跑到旧金山（640多千米）。她父亲陪她跑完了全程，母亲则开着旅行拖车尾随其后，照料父女两人。

高二时，小姑娘决定要到达俄勒冈州的波特兰（2400多千米），她身后的支持者换成了班上的同学。他们拿着巨幅的海报为她加油打气，但在这段前往波特兰的路上，她扭伤了脚踝。医生劝告她马上中止跑步："你的脚踝必须上石膏，否则会造成永久的伤害。"她回答道："医生，跑步不是我一时的兴趣，而是我一辈子的至爱。我跑步不单是为了自己，同时也是要向所有人证明，残疾人同样可以跑马拉松。有什么方法能让我跑完这段路？"医生表示可用黏合剂先将受损处接合，而不用上石膏；但这样会起水疱，到时会十分疼痛。她毫不犹豫地答应了。她终于来到波特兰，俄勒冈州州长还陪她跑完最后一千米。小姑娘在 17 岁生日这天创造了辉煌的纪录，被州长称为"超级长跑女将"。

高中的最后一年，小姑娘花了 4 个月的时间，由西岸长征到东岸，最后抵达华盛顿，并接受总统召见。她告诉总统："我想让人们明白，癫痫患者与一般人无异，也能过正常的生活。"

生命的高度，在于敢于行动，去挑战生命中一个又一个的难度。如果小姑娘也像其他的病人一样，把"不可能"挂在嘴上，而不去真正试试看是否可行的话，那她就不可能创造出生命中的奇迹。实际上，生活中没有"不可能"，只要你肯付出，敢于向那些"不可能"挑战，我们就能完成看似"不可能的任务"。

如果你满足于 1/10，往往就只能达到 1/10。我们要知道"不可能"绝非永远，只要我们敢于向这些"不可能"挑战，越过一个又一个的难度，就能在有限的生命中成就无限的高度。要想练就真金，需经烈火燃烧；要想采得灵草，需上悬崖高峰；要想铸就宝剑，就得千锤百炼；要想见证生命的价值，抢占生命的制高点，就得勇敢地挑战生命。

第三章

坐而论不如起而行——提高行动力

行动，才有实现的可能

人生来是为行动的，就像火总向上腾，石头总是下落。对人来说，一无行动，也就等于他并不存在。

——伏尔泰

不行动光有欲望，永远得不到你想要的东西。你希望有一笔巨大的财富，你渴望成功，你甚至想得到别人没有的东西，可是你行动了吗？生活中，大多数人每天都浑浑噩噩、不思进取，他们浪费时间，做起事来能拖就拖，这样的人终其一生也不会有大的作为。每个人都希望拥有一个灿烂的人生，只是有的人把梦想变成了现实，而有的人只能与永远和梦想做伴。虽然想要一个成功的人生是急不得的，但是如果你不立刻行动起来，那么成功的人生永远不可能属于你。

一家人养了一只捕鼠技巧很厉害的猫，老鼠吃尽了它的苦头，无奈之下，鼠王召开家庭紧急大会，号召全体老鼠贡献智慧，商量对付猫的万全之策。

众老鼠冥思苦想。有的提议培养让猫嚼鱼吃鸡的新习惯，有的建议加紧研制毒猫药……最后，还是一个老奸巨猾的老鼠出的主意让大家佩服得五体投地，连呼高明：那就是给猫的脖子上挂上个铃铛，只要猫一动，就有响声，大家就可事先得到警报，躲藏起来。

这项决议终于被全体通过，但没有一只老鼠敢给猫挂上铃铛。

于是，鼠王又召开家族大会，提出高额奖赏，颁发荣誉证书等许多的办法，仍然没有一只老鼠敢站出来，因为谁也不想送死。

什么事情说得再多再好都不如去做。如果只是一味地拖拉、等待，不仅不能把事情从根本上解决，反而会错失很多机会。正如那群老鼠，想到了应对猫的策略却没有一只老鼠敢去尝试，因此也无法知道这个策略是否有用，结果只能是整天担心被猫吃掉。

成功不会主动找你，只有行动，你才可能获得成功。英国前首相本杰明·迪斯雷利曾指出，虽然行动不一定能带来令人满意的结果，但不采取行动就绝无满意的结果可言。因此，如果你想取得成功，就必须先从行动开始。

安妮一直有一个愿望，就是到著名的牛津大学念书。在申请进入牛津大学的同时，她还申请了另外6所美国大学，其中最早录取她的学校是克拉克大学。

克拉克大学给了她很好的待遇——不仅免除4年的学费，还提供4年的助学金。很快她盼望已久的牛津大学的录取信也来了，但校方没有提供任何的助学金，还要补缴一部分学费。该选择哪一所大学呢？安妮陷入了抉择的苦恼。为此她找到辅导自己的教授，说了自己的困扰。

"你有没有找牛津教育学院学生资助办公室的人员了解一下情况

呢？"教授问。

安妮摇摇头。

"那你就去了解情况吧，"教授语气坚定地说，"因为你不对学校表现出充分的诚意，他怎么会愿意进一步资助你呢？"

"对呀！"安妮茅塞顿开，深深地点头说，"我明天就去进一步了解情况。"

第二天一大早，她就来到牛津大学教育学院学生资助办公室，向主任了解情况，并进一步陈述自己的经济困难。主任耐心地听他讲完后问："你到底有没有决定来上我们学校？"

安妮迟疑了一下说："是的，我已经决定上牛津。"

"那就好，"主任说，"待我收到你的回信后，会进一步替你想办法的。"

回到家中，安妮立刻给牛津大学正式回信，表示她将在秋季入学。

5天后，安妮收到牛津大学学生资助办公室主任的回函，通知她学院决定补加大部分的奖学金。

凡事只要做，终能看到结果。当你很想做一件事却又犹豫不决时，不妨抛开所有的顾虑杂念先做了再说。很多一开始看不到结果的事情，在进行过程中就会顺其自然地明朗化。一旦你开始行动了，所有的问题就都变成了"我该怎么做"，而不仅仅是停留在"我要不要做"。当问题变成"我该怎么做"的时候，你自然会主动想办法把问题一个一个地解决掉。

萤火虫只有在飞的时候才会发光。同样，要得到自己想要的东西，实现自己的梦想，就必须行动起来，必须积极地努力，积极地奋斗。成功者从来不拖延，也不会等到有朝一日再去行动，而是今天就动手去干。只有行动，才有将头脑中想象的事变成现实的可能。

行动力就是不断地努力

"我怎样才能最顺当地上山？"别去思忖，只顾攀登。

——尼采

人如果在一扇门外站得太久，往往会把困难在想象中无限放大，最后再也没有力气抬起敲门的那只手。事实上，应该推门就进，不给自己犹豫、彷徨的机会，在那一瞬间，你会获得一种战胜恐惧的兴奋与刹那间"历险"的微妙感觉，从而迸发出力量战胜困难。凡是有能力的人，总是能够在对一件事情充满热忱的时候，就立刻采取行动，他们知道，只有不断地努力，才能不断地靠近成功。

罗马纳·巴纽埃洛斯是一位墨西哥姑娘，16 岁就结婚了。在两年当中她生了两个儿子，丈夫不久后离家出走，罗马纳只好独自支撑家庭。她决心谋求一种令她自己及两个儿子感到体面和自豪的生活。

口袋里只有七美元的她，用一块普通披巾包起全部财产，带着两个儿子乘公共汽车来到洛杉矶寻求更好的发展。

她开始做洗碗的工作，后来找到什么活就做什么。拼命攒钱直到存了 400 美元后，她和姨母共同买下一家拥有一台烙饼机及一台烙小玉米饼机的店。她与姨母共同制作的玉米饼非常成功，后来还开了几家分店。直到姨母感觉到工作太辛苦了，罗马纳便买下了她的股份。

不久，她成为美国最大的墨西哥食品批发商，拥有员工 300 多人。为了提高美籍墨西哥人的地位，这位勇敢的妇女和许多朋友在东洛杉矶创建了"泛美国民银行"。这家银行主要是为美籍墨西哥人所居住的社区服务。创办初期，人们对她们毫无信心，她向人们兜售股票时遭到无数次的拒绝，但是，凭着自己的努力和不放弃，这家银

行取得巨大成功。

成功凝聚着一个人的行动力。要想成功，只有不断地努力。成功的人并不是在问题发生以前先把它消除干净，而是一旦发生问题的时候，有勇气克服种种挫折，在困难面前，没有抱怨，立即采取行动，不断努力开拓人生新的一面。

他5岁失去父亲，14岁时从格林伍德学校辍学开始了流浪生涯。16岁时他谎报年龄参了军，但军旅生活也不顺心。他18岁时结了婚，仅仅过了几个月时间，在得知太太怀孕的同一天，他又被解雇了。接着有一天，当他在外面忙着找工作时，太太卖掉了他们所有的财产，逃回了娘家。随后大萧条开始了。他卖过保险，也卖过轮胎。他经营过一条渡船，还开过一家加油站。所有这些都失败了。

有一次，他躲在弗吉尼亚州若阿诺克郊外的草丛中，谋划着一次绑架行动。可是，这一天，他的绑架对象始终没有露面。后来，他成了考宾一家餐馆的主厨和洗瓶师。要不是那条新的公路刚好穿过那家餐馆，他会在那里取得一些成就。接着他就到了退休的年龄。要不是有一天邮递员给他送来了他的第一份社会保险支票，他还不会意识到自己已经老了。

他收下了那张105美元的支票，并用它开创了新的事业。他终于在88岁高龄大获成功。这个人就是哈兰·山德士，肯德基的创始人。1952年，他用他的第一笔社会保险金创办的崭新事业正是肯德基。在短短的5年内，他在美国及加拿大已发展了400家连锁店。

天无绝人之路，不管你在创富之路上经历多少挫折、多少磨难，只要一直努力，你就一定会创造奇迹。信念只有在积极的行动之中才能够产生，才能得到加强和磨砺。即使上帝关上所有的门，也还会给你留下一扇打开的窗，而你自己，一定要有永不言败的行动！

不要总是耽于幻想

成功的秘诀是，要养成迅速行动的习惯。

——马可尼

人生总有许多梦想和憧憬，如果一个人能够将所有的梦想和憧憬抓住，将这一切都变为现实，那么其事业上的成就，该是多么地宏大和辉煌。然而，我们的生活中，这样的人却很少，大多数人有梦想和憧憬，却不懂得去抓住，有计划也不去实施，只有梦想却没有任何的实际行动，最终只能停留在梦想上而没有进步，庸碌一生。

深秋来临了，年轻的乞丐乔伊斯一整天都没有讨到吃的东西，他走到一条街道拐角处，靠着石梯迷迷糊糊地睡着了。

睡梦中，乔伊斯得到了一大笔金钱，他用这笔金钱开办了几家大公司，购置了一所有花园的别墅，娶了一位身材修长、美丽善良的姑娘。这位姑娘为他生了三个健壮的儿子。三个儿子长大之后，一个成了杰出的科学家，一个当上了国会议员，最小的儿子则成了一位将军。不久，儿子们娶妻，给乔伊斯添了几位活泼可爱的孙子。

乔伊斯后来成为世界级富豪，日子过得舒坦极了，他常常带着妻子和孙子们登上市内最高的观光塔，心满意足地观赏着城市的美景。一天，当他抱着最小的一位孙子正在塔顶观看晚霞的时候，不知怎么的一下子从塔顶上摔了下来……

他一下子醒了过来，发现自己仍然躺在冰冷的石板上。

每个人都会做梦，可惜一旦梦醒之后仍然会面临着现实。如果只是将你想要的东西停留在做白日梦阶段，而不愿为此付出努力、付出行动的话，那么你想要的东西将永远不会成为现实。

有些人天天梦想上好的学校，天天梦想发大财，天天梦想出人头地，可就是不愿踏踏实实地学，踏踏实实地干，结果只能是梦一场。梦想需要拼搏，没有实践的梦想，终归会化为泡影。在通往成功的道路上，我们会碰到许许多多实现梦想的机会，却常常因为怯懦和恐惧的心理放弃了努力，致使自己与成功之神一次次地擦肩而过。这是人生的一种悲哀！只有自己扎扎实实地去努力，去创造，才有可能把愿望变成现实。

有两个小孩到海边去玩，玩累了，两人就躺在沙滩上睡着了。其中一个小孩做了个梦，梦见对面岛上住了个大富翁，在富翁的花圃里有一整片的茶花，在一株白茶花的根下埋着一坛黄金。

这个小孩就把梦告诉了另一个小孩，说完后，不禁叹息着："真可惜，这只是个梦！"而另一个小孩听了相当动容，从此在心中埋下了逐梦的种子。他对那个做梦的小孩说："你可以把这个梦卖给我吗？"

这个小孩买了梦以后，就往那座岛进发。他历经了千辛万苦才到达岛上，果然发现岛上住着一位富翁，于是就自告奋勇地做了富翁的佣人。他发现花园里真的有许多茶花，茶花一年一年地开，他也一年一年地把种茶花的土一遍一遍地翻掘。就这样，茶花越长越好，富翁也就对他越来越好。有一天，他由白茶花的根底挖下去，真的掘出了一坛黄金！

买梦的人回到了家乡，成了最富有的人；卖梦的人虽然不停地在做梦，但他从未圆过梦，最终还是一无所有。

人因梦想而伟大，有了梦想才能成就人生的辉煌。而那些只会做梦却不去实践的人，就像那个卖梦的孩子一样，无论多么美丽的梦想都不会给自己带来什么结果。行动是梦想的起点，幸运降临给那下定决心行动的人，而你什么时候开始懒惰，幸运就会离开。如果你有一个梦想，要实现它必须先从行动开始。

　　一张地图，无论它绘制得多么详细，比例尺有多么精密，但它不能使它的主人在地面上移动哪怕一寸；一部法典，无论它多么的公正，但它绝不能预防罪恶的发生；一本教你如何做事的经典，无论它写得多么精彩，但它绝对不会给你赚回一分钱来。唯有行动，才是你做事的起点，才能使你的梦想、你的计划、你的目标成为一股活动的力量，才能将你的美梦变成现实。

行动的第一步往往最为艰难

有信心地踏出第一步，你不需要看到整个楼梯，只要踏出第一步就好。

——马丁·路德·金

　　一旦确定了自己的人生目标，就要立即行动。然而有的人总是犹豫不决、优柔寡断，正是这种瞻前顾后的思想使他们停滞不前，即使生活再给他们一次机会，他们也同样抓不住。卓越的人与之相反，他们对自己认准的事，总是积极地采取行动，勇敢地迈出第一步，不干则已，一旦行动就必定要一个结果。"好的开始是成功的一半"，只有勇敢地跨出第一步，成功就在眼前。

　　1983 年，伯森·汉姆徒手攀上纽约帝国大厦顶层，在创造了吉尼斯世界纪录的同时，也赢得了"蜘蛛人"的称号。美国恐高症康复协会主席诺曼斯得知这一消息后，致电汉姆，打算聘请他做康复协会的心理顾问，并亲自去拜访他。

　　当诺曼斯来到费城郊外汉姆的住所时，这儿正在举行一个庆祝会，十几名记者正围着一位老太太拍照采访。原来伯森·汉姆 94 岁的曾祖母听说汉姆创造了吉尼斯世界纪录，特意从 100 千米外的葛拉

斯堡罗徒步赶来，她想以这一行动为汉姆的纪录添彩。谁知这一异想天开的想法，无意间竟创造了一个百岁老人徒步百里的世界纪录。《纽约时报》的一位记者问她："当你打算徒步而来的时候，你是否因年龄关系而动摇过？"

老太太精神奕奕，朗朗地笑着说："小伙子，打算一气跑100千米也许需要勇气，但是，走一步路是不需要勇气的，只要你走一步，接着再走一步，然后一步再一步，100千米也就走完了。"恐高症康复协会主席诺曼斯紧接着问伯森·汉姆："你的诀窍是什么？"

伯森·汉姆看着自己的曾祖母说："我和曾祖母一样，虽然我害怕400多米高的大厦，但我并不恐惧一步的高度。所以，我战胜的只是无数个'一步'而已。"

勇气不是一蹴而就的，是靠每一个小目标的达成而慢慢得到的。伯森·汉姆徒手攀上大厦顶层，是用无数一步的高度累积而来。每一个成功者在前进伊始都曾有怯懦、胆小、犹豫的时候，只不过他们超越了这些障碍，以坚定的勇气迈出了生命中的第一步。

拿出一点尝试的勇气来，你会发现很多事情并不是你想象中的那么可怕。上帝不会眷顾任何一个人，他给予了之后，便把所有的主动权都交给了我们。大胆地迈出第一步，你会更加热爱生活，因为你迈出的第一步就是通往成功人生的第一步。

花园里，父亲带着自己4岁的小儿子正在荡秋千。孩子站在踏板上紧紧地抓住绳子，害怕极了，不停地哀求爸爸把他放下来。"这没有什么，很多孩子会玩，你不用害怕。"父亲一边说一边将他稳稳地扶住。"爸爸，我不想玩这个，我会摔下去的。"小儿子哭着说。

"这样吧，爸爸先给你做个示范。"说完，父亲就上了秋千开始摇荡起来。"爸爸，你真行！"见爸爸在秋千上荡得很高很高，小儿子高声欢呼起来。

"那么，你也来试试好吗？"他问小儿子。

小儿子终于同意试一下，但仍然很害怕。

旁边的哥哥看见了，顿时大笑起来："你是在荡秋千吗？怎么一点也不像呀！"

父亲连忙摇手示意，哥哥立刻明白了，连忙说道："哦，我忘了，在我第一次荡秋千时还不如弟弟呢。""是吗？"弟弟听见哥哥这样说，便立刻来了精神，用力在秋千上摇荡了几下。

"爸爸也是这样的。"父亲趁机鼓励儿子，"我第一次站上秋千的踏板时比你还要恐惧，站在那里一动不动，根本不敢晃动。你比我好多了，我相信用不了几天你就会荡得很高很高。"

不经历风雨，怎么有彩虹的美丽，没有失败，哪来的成功？瀑布从万丈悬崖上奔泻而下，像一道道闪闪发光的珠帘，雷鸣般的轰响震撼全山，我们经常被这种雄壮的景观深深震撼，登上崖顶，我们发现令人震撼的瀑布在上面只不过是一条平凡的小溪。如果它不跨出那一步，冲下悬崖，就只能做一条平凡的河流，在山涧缓缓流淌。

行动的第一步很艰难，但是如果你敢于踏出第一步，往往就会获得成功。敢于迈出第一步，会有挫折，也可能会失败，但是历经坎坷之后便是成功的大路；不敢迈出第一步，也就永远不会失败，但是也永远品尝不到成功的喜悦。

用勇气为行动开路

凡是我不了解的现象，我总是勇敢地迎着它走上去，不让它吓倒。

——契诃夫

那些获得成功的人们，如果当初在一次次人生的挑战面前，因恐

惧失败而退却，放弃尝试的机会，则不可能有所谓成功的降临。没有勇敢的尝试，就永远无法掌握事物真正的内涵，而唯有勇敢地去做，才能获得宝贵的体验。纵然在行动的过程中失败了，那也并无所憾，毕竟人们都是从一次又一次的失败中汲取经验，最后获得成功的。

在一次例行的业余跳伞训练中，学员们背着降落伞登上运输机，准备进行高空跳伞。

突然，他们看到有位盲人带着导盲犬正随着大家一起登机。更令人惊异的是，这位盲人和导盲犬的背上，各背着一架降落伞。

飞机起飞之后，所有参加这次跳伞训练的学员们，都围着那位盲人，七嘴八舌地问他为什么会参加跳伞训练。

其中一名学员问道："你根本看不到东西，怎么能够跳伞呢？"

盲人轻松地回答道："那有什么困难的？等飞机到了预定的高度，开始跳伞的警告广播响起，我只要抱着我的导盲犬，跟着你们一起排队往外跳，不就行了？"

另一名学员接着问道："那……你怎么知道什么时候该拉开降落伞？"

盲人答道："那更简单，跳出去之后，从一数到五，我自然就会把导盲犬和我自己身上的降落伞拉开，只要我不结巴，就不会有危险啊！"

又有人问："可是……落地时呢？跳伞最危险的，就在落地那一刻，你又该怎么办？"

盲人胸有成竹地笑道："这还不容易，只要等到我的导盲犬吓得歇斯底里地乱叫，同时手中的绳索变轻的刹那，我做好标准的落地动作，不就安全了？"

成功的人与失败的人，他们的区别并不在于能力的大小，而是在于是否相信自己的判断，是否具有适当冒险与采取行动的勇气。就像那个盲人，如果没有对跳伞运动的认真研究，就不可能有对行动步骤的合理安排，没有足够的勇气，也就没有将跳伞运动付诸行动的行为。所以，用勇气为行动开路，用智慧操纵事情的发展，是成功的两个重要因素。

巴顿将军说过："要无畏、无畏、无畏。记住，从现在起直至胜利或牺牲，我们要永远无畏。"要获得成功，少不了胆量，也少不了勇气。勇气是产生于人的意识深处的对自我力量的确信，是对自我能力能压倒一切的信念，是相信自己可以面对一切紧急状况、处理一切障碍，并能控制任何局面的信心，是穿越重重险阻，历经磨难走向成功的意志。勇气，是一种阳光般的力量，源自于潜意识深处的积极暗示。

一位父亲很为他的小孩苦恼，都已经十五六岁了，一点男子气概都没有。他去拜访一位禅师，请求这位禅师帮他训练小孩。

禅师说："你把小孩留在我这里3个月，在这3个月不允许你来看他。3个月后，我一定可以把你的小孩训练成一个真正的男人。"

3个月后，小孩的父亲来接小孩。

禅师安排了一场武术比赛来向父亲展示这3个月的训练成果。被安排与小孩对打的是教练。教练一出手，这小孩便应声倒地。但是小孩刚倒地，便立刻又站起来接受挑战。倒下去又站起来……如此来来回回总共16次。

禅师问父亲："你觉得你小孩的表现够不够男子气概？""我简直羞愧死了，想不到我送他来这里受训3个月，我所看到的结果是他这么不经打，被人一打就倒。"父亲回答。禅师说："我很遗憾你只看到表面的胜负，你没有看到你的儿子那种倒下去立刻站起来的勇气及毅力，那才是真正的男子气概！"

一个永不丧失勇气的人是永远不会被打败的，因为他坚信风雨

过后就是阳光。在现实生活中，许多事情需要勇气做支撑。放弃需要勇气，拒绝需要勇气，尝试需要勇气，冒险需要勇气……甚至连说话都需要勇气。一个人如果缺乏勇气，就失去了承担责任的基础，就只能生存于他人的庇护之下，无法面对人生的任何压力和挑战。

勇气是一种敢于面对现实、不怕困难、勇于进取、积极争取胜利的优秀品质；勇气是一种战胜恐惧的有力武器，是克服害怕失败、害怕丢脸等恐惧心理最有力的武器。所以，用勇气为行动开路吧，当你的心头树起一个"勇"字之后，你会发现没有什么事是你办不到的，你在不知不觉中就已经成为一个所向披靡的勇士。

不要被别人的议论挡住你行动的步伐

应当细心地观察，为的是理解；应当努力地理解，为的是行动。

——罗曼·罗兰

无论是科学家、军事家、政治家、思想家，很多成功的人，他们在一生中能够成就一番事业，其中都有一个重要的因素就是：不被别人的议论左右，善于专心致志地做一件事情。当我们赞叹、羡慕、向往和崇拜天才人物的成功时，不如从现在开始培养自己的专注习惯，不被别人的议论挡住你行动的脚步。

亨利是一个聪明伶俐的小男孩，唯一的缺点就是不够有主见，总是为了别人所说的话放弃自己要做的事情。某一天，亨利想试着用蔓越莓烤一个小蛋糕，他兴致勃勃地将这个"伟大"的计划告诉了小伙伴亨特和玛丽，但却在无意中听到了两个小伙伴在背地里偷偷说用蔓越莓做蛋糕是一件愚蠢的事。于是，亨利退缩了，他的蔓越莓蛋糕也始终没能做成。

　　为了他人一句议论就停止了前进的脚步，这实在是一件愚蠢的事。很多时候，我们并不是真的无法凭借个人的力量去做完一件事情，只是在他人议论声中渐渐丧失了信心，变得怯懦、自我怀疑，进而主动放弃了行动，也就放弃了有所成就的机会。

　　不要被别人的议论挡住你的脚步，现在就开始行动。大多数人只能庸碌地过一生，并不是因为他们懒惰和愚笨，而是在于他们没有在别人的议论声中坚持下来。要成功首先要开始行动，向目标前进，不管面对多大的反对声，都不要停住你的脚步，一直向前。

　　在遇到困难的时候，我们需要做的就是及时调整自己的思路，不能因为"别人都说是不可能的"而放弃自己对梦想的坚持，要相信困难只能成为你的一块磨砺石，而绝非拦路石。没有什么是绝对的，也没有什么是不可能的。成败的差距不仅在于客观事实，也在于毅力和方法。今日在你眼中这件事是绝对不可能的，或许不久它就能被实现。

　　为什么别人都认为不可能的事情，最终都成为现实呢？关键的一点，就是抛弃了"不可能"的念头，只想着如何解决问题，想着如何全力以赴，穷尽所有的努力。如果你真的希望能解决问题，真的渴望寻找到好的方法，那么，请去除你心灵上的限制，不要再用"不可能"来逃避问题。

不要总是将希望寄托于明天

　　我们生活在行动中，而不是生活在岁月里；我们生活在思想中，而不是生活在呼吸里。

——菲·贝利

　　总有人将希望寄托于明天，认为明天就会有一个美好的将来在等着自己。就是因为如此，人们在不知不觉中放弃了很多良好的机遇，放弃了行动的最佳时机，放弃了许多宝贵的时间。"活在今天"这个观念并不是非常深奥，却很少有人做到。

雄鹰看到了一只鸡妈妈正领着自己的孩子悠闲地晒太阳，便飞了过去："鸡妈妈，你为什么不能像你的祖先一样在天上飞呢？"

鸡妈妈转身看着自己的孩子们，对老鹰说："你看，我有这么多的孩子需要看护，我没时间呀！等他们长大了让他们飞吧。唉！我这辈子是没指望了！"老鹰只好飞走了。

第二年的春天，老鹰又发现了一只健壮、丰满的大花鸡带领着她的孩子在散步。那只大花鸡就是去年老鹰见到的鸡妈妈的一个女儿。老鹰问大花鸡怎么不飞到天上享受飞翔的快乐。

大花鸡答道："你看，我已经老了，飞不动了，还是等我的孩子长大以后让他们飞吧！唉，我这辈子是没指望了！"

第三年，老鹰依旧看见一只鸡妈妈带领自己的孩子在山坡上觅食，但他再也没有劝鸡飞上天的打算，他知道鸡永远都不可能飞上天了。

"明天，明天，还有明天"，很多人总是在这样的自我安慰中度过一个又一个今天，殊不知，时间不停息地奔赴终点，当你把今天应该完成的事拖到明天去做时，这个"明天"就足以把你送进坟墓了。

每个人的生命都是有限的，当拖延成为你的习惯时，死神也就在不知不觉中来临了。你可以给自己时间，但生命却不会给你时间。如果你感到不安、恐惧，过多的思考只能增加你的这种不安感。行动起来，你会发现原来并没有什么可怕的。但又有人问：何时行动是最好的呢？回答就是现在！

有一天晚上，伟大的所罗门王做了一个梦。在梦里，有一位智者告诉了他一句至理名言，这句至理名言涵盖了人类的所有智慧，能使他得意的时候保持平常心，不会忘乎所以；失意的时候能够百折不挠，始终保持快乐平和的状态。

但是，所罗门王醒来之后却怎么也想不起来那句至理名言。于是，所罗门王找来了最有智慧的几位老臣，向他们讲了那个梦，要求他们把那句至理名言想出来，并拿出一枚大钻戒，说："如果想出来那句至理名言，就把它刻在戒面上。我要把这枚戒指天天带在手上。"

一个星期过后，几位老臣兴奋地前来送还钻戒，戒面已刻上了一句可以让人胜不骄、败不馁而且永远保持快乐的至理名言："只活在今天！"

如果你活在过去，沉醉于往日的成败，你只能是在浪费现在；如果你耽于幻想明天，自我陶醉，那你永远达不到自己理想的那个高度。过去可以反省，未来可以憧憬，但可以行动的时刻，只有现在。昨天是一张已经过期的支票，明天是一张还未填写数字的空白支票，只有今天的支票是最有效的，我们要好好把握，好好珍惜。

敢于行动，就能创造奇迹

始终处于判断之中，这是傻瓜的特征。

——托·富勒

大多数人总是习惯将生活中的很多事情提前贴上"不可能"的标签，然而成功者却不然。他们往往会向这一思想发出挑战。因为他们知道，"不可能"绝非永远，敢于行动，奇迹才能发生。只有行动才能赋予你生命的力量。

有一位小沙弥问老师父："我们寺内，千年以来出了无数的高僧、无数的名师，佛堂内化育过无数的众生，可是，我们佛桌上那只木鱼，听过多少经书，受过多少佛号，为什么现在还是一只木鱼，没有成佛呢？"

老师父微微一笑问他："你来这里多久了？"小沙弥说："已经两年了。"

老师父问："那你懂得念经？"小沙弥说："懂。"

老师父问："懂不懂得礼佛？"小沙弥说："懂。"

老师父问："懂不懂得修持？"小沙弥说："懂。"

老师父笑了起来，说道："你看你自己说了那么多'懂、懂、懂'，那你成佛了没有？"小沙弥脸红地说："还没有。"

老师父说："那就对了，那只木鱼说了无数声的'咚、咚、咚'，毕竟永远只是只木鱼，因为佛法不是用来说，而是用来做的。只会说不会做是不会成佛的。"

光有语言没有行动，无论怎样也不能成就一番事业。我们常说"我要做"，而很少去做。没有干不成的事业，只有不肯行动的人。行动不一定会给人一个满意的结果，但如果不发出行动的话，就一定会没有任何结果。

这是一个快速竞争的时代，不进则退，慢进也是退，只有快速行动，才能使我们在激烈的竞争中获得更为有利的位置，才能把握住一个个转瞬即逝的机会。每一个成功者绝不会是"语言的巨人，行动的矮子"，每一个成功者都是实战派，绝非理论派。因此，我们要养成立即行动的好习惯，才能一步步走向成功。

著名服装设计师皮尔·卡丹是个敢于冒险的人，而他对马克西姆餐厅的经营策略更是体现了这位现代企业家和服装设计大师在关键时刻的决策能力和才干。马克西姆餐厅创建于1893年，是法国著名的高档餐厅，但是，发展到20世纪70年代，经营却越来越不景气，到 1977 年时，已濒临倒闭。

　　这时皮尔·卡丹决定买下马克西姆餐厅。朋友都以为皮尔·卡丹在开玩笑，纷纷劝阻他："这个餐厅本来就不景气，如果要买下来肯定耗资巨大，等于自己给自己背一个包袱。"还有人对他说："不要让自己走向破产，头脑要冷静一点。"但是，皮尔·卡丹自己却认为：马克西姆虽然目前不景气，但历史悠久，牌子老，有优势。它经营状况不佳的主要原因在于档次太高，而且品种单一，市场也局限在国内，只要从这几个方面加以改进，肯定可以收到成效。而且，趁其不景气的时候购买，才能以低价买进。

　　1981 年，皮尔·卡丹终于以巨款买下了马克西姆这一巨大产业。经营伊始，他立即着手改革，以图走出困境。首先，增设档次，在单一的高档菜的基础上再增加中档和一般的菜点。其次，扩大经营范围，除菜点外，兼营鲜花、水果和高档调味品。另外，皮尔·卡丹还在世界各地设立马克西姆餐厅分店，取得了良好的经济效益。事实证明他当初的冒险是非常正确的。

　　敢于行动是一种良好的习惯和态度，也是每一个成功者共有的特质。什么事情你一旦因恐惧而拖延，就会永远停住你前进的脚步。如果你一旦开始行动，通常就能坚持到底。凡事只要敢于行动就已是成功的一半。

　　人是有惰性的，骨子里或多或少总是有些拖延的习惯。当你遇到难题的时候，为了逃避而不愿意去面对它，但是你的问题依然存在，不会自动消失。当然，你可以掩盖它，忽略它，但它永远存在。你自认为立刻行动去做事会有痛苦，其实，痛苦只存在于你下决心去完成它的瞬间。敢于行动的人，人生中大部分充满了快乐，别再为某一个决定而犹豫了，相信自己，敢于行动，就能创造奇迹。

亮出你的行动力

伟大的目标如不伴随行动，那也一文不值。

——尼布勒马

守株待兔的行为，根本就是在浪费时间和生命。许多人终其一生，都在期待着一个机会令他成功，这种行为等于是把自己的命运交给不可知的外力来决定。事实上，机会无处不在，关键是在机会出现时，我们是否有足够的行动力来抓住机会。如果你想成功，就应该做到在困难和挫折面前不退缩，用行动的力量战胜一切不可预知的困难。

麦迪第一次做业务员，虽然年轻但他却表现得很自信。

在去拜访客户前，麦迪先要做一些准备工作。他把自己关在屋里，站在镜子前，把名单上的客户念了20遍，然后对自己说："在本月之前，你们将向我购买广告版面。"

他怀着坚定的信心去拜访客户，第一天，他和30个难缠的客户中的3个谈成了交易；在第一个星期的周末，他又达成了两笔交易；到第一个月的月底，30个客户只有一个人不买他的广告。

在第二个月里，麦迪没有去拜访新客户。每天早晨，只要那个拒绝买他广告版面的客户的商店一开门，他就进去请这个商人做广告，可对方每次都是拒绝。麦迪仍继续前去拜访。

到这个月的最后一天，商人说："你已经浪费了一个月的时间来请求我买你的广告版面，我现在想知道的是，你为何要坚持这样做。"麦迪说："我并没有浪费时间，我一直在训练自己在逆境中的坚持精神。"

商人点点头，紧紧地握住麦迪的手说："我也要向你承认，你已经教会了我坚持到底这一课。对我来说，坚持比金钱更重要，为了向你表示我的感激，我要买下你的一个广告版面，当作我付给你的学费。"

具有行动力的人并不盲目，正如麦迪，在客户一次次拒绝的情况下，他仍然坚持付出行动，做事循序渐进，胸有成竹，按照计划一步一步地去实现自己的目标，行动力就是成功的宣言。

要提升自己的人格、发展自己的个性，最重要的是亮出你的行动力，做你想做的事情，在困难中磨炼自己的勇气、忍耐力、魄力和决断力。敢于坚持自己的立场，就可以取得因你的勇气而带来的胜利，毕竟胜利总是属于那些敢于坚持的人。

19世纪中期，在美国宾夕法尼亚洲已经发现了石油，成千上万人奔向采油区。原油产量飞速上升。

而洛克菲勒经过考察，认为不应该在原油生产上投资，由于盲目开采，油市的行情必定下跌。果然不出洛克菲勒所料，由于疯狂地钻油，导致油价一跌再跌，每桶原油从当初的20美元暴跌到10美分。那些钻油先锋一个个败下阵来。三年后，原油一再暴跌之时，洛克菲勒却认为投资石油的时候到了，但是却遭到了好友的反对。

"我们赚了这么多钱，拿来投资原油吧，怎么样？"他跟克拉克商量道。

"想投资暴跌的泰塔斯维原油？你简直疯了，约翰。"克拉克不以为然。

"据说尹利镇到泰塔斯维计划修筑铁路，一旦完工，我们就能用铁路经过尹利运到克利夫兰……"

尽管洛克菲勒磨破了嘴皮，克拉克仍旧是无动于衷。于是洛克菲勒开始单独行动，他拿出4000美元，与英国人安德鲁斯合伙开设了一家炼油厂，独家包揽了石油的精炼和销售。安德鲁斯采用一种

新技术提炼煤油，使自己的公司迅速发展。洛克菲勒迅速扩充了炼油设备，日产油量增至 500 桶，年销售额也超出了 100 万美元。

1865 年，洛克菲勒的公司共缴纳税金 3.18 万美元，它仅雇用了 37 人，却创下了 120 万美元的销售总额。由此，洛克菲勒成了美国十大超级富豪之一，洛克菲勒家族成了美国最富有的家族之一。

洛克菲勒的成功展示了行动力的强大。他一直行动，无论遇到多大的困难，仍坚持自己的立场，也正是这种行动力成就了洛克菲勒辉煌的人生。

有些人坐等机会，希望好的运气从天而降；而成功者却是积极准备，一旦机会降临，就能牢牢把握。我们相信人生中充满了机会，而许多人的成功其实和运气无关，应归功于当机立断、敢作敢为、坚持不懈的强大行动力。

第四章

慢一秒钟，你的境遇就会不同

效率是成功的最佳保证

世界上只有两种物质：高效率和低效率。世界上只有两种人：高效率的人和低效率的人。

——萧伯纳

效率可以让人保持行动的活力，是成功不可或缺的要素。"无头绪地、盲目地工作，往往效率很低，正确地组织安排自己的活动，首先就意味着准确地计算和支配时间。"有些人工作起来非常忙，似乎有许多事情要做，却往往顾此失彼，缺乏成效。因此，效率是必须要注意的问题。只有掌握了优先把时间用在有意义的活动上的技巧，才能使你的生活和工作更有效率。

在美国近代企业界里，与人接洽生意能以最少时间产生最大效率的人，非金融大王摩根莫属。

摩根每天上午9点30分准时进入办公室，下午5点回家。有人对摩根的资本进行了计算后说，他每分钟的收入是20美元，但摩根说好像不止这些。所以，除了与生意上有特别关系的人商谈外，他与人谈话绝不超过5分钟。

通常，摩根总是在一间很大的办公室里，与许多员工一起工作，他不是一个人待在房间里工作。摩根会随时指挥他手下的员工，让大家按照他的计划去行事。员工走进他那间大办公室，是很容易见到他的，但如果没有重要的事情，他是绝对不会欢迎任何人的。

摩根能够轻易地判断出一个人来接洽的到底是什么事。与他谈话时，一切转弯抹角的方法都会失去效力，他能够立刻判断出来人的真实意图。这种卓越的判断力使摩根节省了许多宝贵的时间。

从摩根的事例中，我们可以看出，一个成功者最可贵的本领之一就是与任何人交往都能简捷迅速，高效率是成功者具有的特征。一个人要高效率地完成自己的工作，就必须善于利用自己的时间。能否对时间进行有效的管理，直接关系到自己工作效率的高低。时间是有限的，不合理地使用时间，计划再好、目标再高、能力再强，也不会产生好的效果。浪费时间就等于浪费自己的生命和金钱。

效率是成功的重要保证，在今天，社会发展如此之快，没有效率的生活、学习和工作肯定要被淘汰，要想立足于这个竞争的社会，必须要重视效率。

杰克在一家超市工作，每天从早晨8点一直做到下午5点，经常下班的时候，已经累得筋疲力尽。他对这份工作不是很满意，为了有更好的工作，他想去考注册会计师。他以前从未接触过会计学的知识，所以难度很大。

起初，杰克对于时间的管理也毫无头绪，不知道该怎么办，自然毫无效率。但他很快就发现，有大量的时间无意识之间就从他身边溜走了。比如他是早晨 6 点起床的, 在他做早餐等水开的这段空闲时间, 他就经常是站在厨房等待, 有时候是在屋子里来回转悠。于是, 他利用这段时间复习一下前一天学过的知识, 效果相当好。他原来从住处到公司需要 1 小时, 后来为了节省时间, 他搬到距离公司较近的地方去了, 这样只需要 20 分钟就可以了, 于是他又省下了 40 分钟。原先他上班时在车上就是等待到达, 现在他把这段时间也充分利用了起来。这段时间他可以看 10 页书。中午超市有 90 分钟的吃饭时间, 杰克只要花 15 分钟就可以吃完, 于是他把这段时间也利用起来了。原来下班回到家, 杰克就强打精神坐在桌子前面看书。现在, 杰克的做法是先躺在床上听 15 分钟的音乐, 然后再开始学习, 待学习累了, 就去做晚饭, 这样一边做饭一边休息。吃完饭, 他又接着学习。

几个月后, 杰克已经取得了注册会计师资格, 并要去一家会计事务所上班了, 工资也涨了很多。

生活中, 很多成功者正是利用时间的这种特性, 不断充实时间的容量, 进而提高行动效率的。没有什么比珍惜时间、提高效率更重要。然而许多人仍不明白这个道理, 他们每天忙忙碌碌, 自觉不自觉地把大部分时间用来处理急事, 每天下来, 他们总是身心疲惫不堪, 但是却没有完成几件要事。

整天被急事缠身的人, 时间和精力都白白浪费了, 但是却没有取得什么成就。卓有成就的人知道怎样分配时间, 他们具有自我矫正的能力, 知道自己把时间花在什么地方。凡是在事业上有所成就的人, 都有一个诀窍: 提高效率, 变 "闲暇" 为 "不闲", 也就是不偷清闲, 不贪逸趣。

想提高效率，就要找对方法

良好的方法能使我们更好地运用天赋的才能，而拙劣的方法则可能阻碍才能的发挥。

——贝尔特

当今，越来越多的人认可了一个新的观念，那就是做任何事情都要讲究效率和效益。如何来获得效率和效益？这就需要方法。一旦方法对路，一个人的工作效率就会凸显出来，其工作能力也会得到大家的认同。

许多人在工作中并不懂得这个道理，他们可能并不缺少工作的热情，但工作成效却不尽如人意。因为他们在工作开始时并没有仔细地思考过，或者说是盲目地开始了工作。只注重宏观的效果，缺少对微观的把握，尽管从表面看来他们也很勤奋，但结果总无法令人满意。

在一家国内知名的证券公司工作的小李，毕业于国外的一所金融学院，有着别人羡慕的教育经历，人生的天平似乎早早地倾斜在他这一边。他也是公司公认的勤奋员工，但是三年过去了，他仍然只是一名普通的职员。这是为什么呢？问题就在其工作方法上。

每一次领导布置一项任务时，小李都会以百分之百的热情投入工作，他会找到所有需要的数据进行分析，然后进行大量的统计工作。每天他都在不停地进行统计与分析，每当遇到一项复杂的数据时，他都非要弄个明明白白不可。这种勤奋刻苦的精神是难能可贵的，可是效果如何呢？他似乎陷入了一种"分析陷阱"，不能自拔。随着时间一天天地过去，他并没有拿出一个切实可行的办法。

工作不同于学术研究，勤奋笃实的作风固然没错，但探究"为什么"远不如"什么对目前的工作有益"更重要。以错误的方法工作，直接导致了小李工作效率的低下，虽然消耗了大量精力，也花去了大把的时间，却没有形成正比关系产出。

这是一个重视过程、更重视结果的年代，我们不仅要勤奋，更要用合理的方法做事。只有正确的方法才能提高解决问题的效率，才能保证成功。

有一家效益相当好的大公司，决定进一步扩大经营规模，高薪聘请营销人员。广告一打出来，报名者云集。

面对众多应聘者，公司招聘负责人说："为了能选拔出高素质的营销人员，我们出一道实践性的试题，就是想办法把梳子尽量多地卖给和尚。"

绝大多数应聘者感到困惑不解，甚至愤怒：出家人剃度为僧，要梳子有什么用处？岂不是神经错乱，拿人开涮？没过一会儿，多数应聘者纷纷拂袖而去，最后只剩下三个应聘者：甲、乙、丙。负责人对他们三人交代："以10天为限，到时请各位将销售成果报给我。"

10天很快过去了。

甲卖出去了一把梳子。他历尽辛苦，受到众和尚的责骂和追打。幸好在下山途中遇到一个小和尚一边晒太阳，一边使劲挠着又脏又厚的头皮。甲灵机一动，赶忙递上了梳子，小和尚用后满心欢喜，于是买下一把。

乙卖出去了10把梳子。他去了一座名山古寺，由于山高风大，进香者的头发都被吹乱了。乙找到了寺院住持说："蓬头垢面是对佛的不敬，应在每座庙的香案上放把梳子，供善男信女梳理头发。"住持采纳了乙的建议，那山共有10座庙，于是住持便买下了10把梳子。

丙卖出去了 1000 把梳子。他到一个久负盛名、香火极为旺盛的深山宝刹，朝圣者如云，施主络绎不绝。丙对住持说："凡来进香朝拜者，多有一颗虔诚之心，宝刹应有所回赠，以做纪念，保佑其平安吉祥，鼓励其多做善事。我有一批梳子，您的书法超群，可先刻上'积善梳'三个字，然后便可成为赠品。"住持大喜，立即买下 1000 把梳子，并请丙小住几天，共同出席了首次赠送"积善梳"的仪式。得到"积善梳"的施主与香客很是高兴，一传十，十传百，朝圣者更多，香火也更旺了。这还不算完，好戏还在后头。住持希望丙再多卖一些不同档次的梳子，以便分层次赠给各种类型的施主与香客。

就这样，丙在看来没有梳子市场的地方开创出了很有潜力的市场。

简单的故事却向我们昭示了一个深刻的道理：很多时候，方法比勤奋更重要。

爱因斯坦曾经提出过一个公式：$W = X+Y+Z$。这里，W 代表成功，X 代表勤奋，Z 代表不浪费时间、少说废话，Y 代表方法。从这个大家公认的公式中我们可以知道，正确的方法是成功的三要素之一，如果只有勤奋刻苦的精神和脚踏实地的作风，而没有正确的方法，是不能取得成功的。

小的目标更容易助人加速前进

你要确实地掌握每个问题的核心，将工作分段，并且适当分配时间。

——富兰克林

生活中人们常常不自觉地给自己戴上望远镜，注视着远方的一个又一个目标，感觉每一个都那么遥不可及。忙碌了多时，目标却依然在遥远的天边，海市蜃楼般若隐若现。那么何不试着将目标分割成一个个的小目标呢，或许你会发现，其实你距离成功，只有一小步。

"二战"期间，英国著名记者西华·莱德赴战场进行采访。有一次，他从一架受损的运输机上跳伞逃生，落在缅印边境的一片丛林中。当地人告诉他，这儿距印度最近的市镇也有140英里。在当时找不到任何代步工具的情况下，这几乎是段地狱般的路程。为了活命，西华·莱德拖着落地时扭伤的双脚一瘸一拐地走下去。不过战前研究过心理学的西华·莱德知道如何才能让自己轻装上阵，他努力地控制自己不去想那个让人备感沉重的数字。一路上，他只是不停地在心底重复一句话：我要走完下一英里。奇迹发生了，西华·莱德回到了印度。

这段经历公布于世后，在西华·莱德的家乡肯德郡引起不小的轰动，许多年轻人把"走完下一英里"作为自己的座右铭，而这恰恰是西华·莱德在途中的唯一念头。

"二战"结束后，西华·莱德接了一个每天写一个广告的差事，出于信任，广告商并没跟他签订合同，也没明确一共要写多少个广告。心无旁骛的西华·莱德就这样不停地写下去，结果连续写完了2000个广告。他在事后颇为感慨地说："如果当时签的是一张写2000个广告的合同，我一定会被这个数目吓倒，甚至把它推掉。"

西华·莱德的成功其实很简单，他并不时时提醒自己完成这么长的一段路程是多么的困难，而是将长远路程分解为多个易于达到的"一英里"，每达到一个"一英里"，都会体验到"成功的感觉"，这种"感觉"会强化他继续走下去的自信心，并推动他稳步发掘潜能去达到下一个"一英里"。

梦想也是一样，可以两年实现也可以10年实现，两年实现和10年实现没有本质的差别。当有一个目标时候，我们要做的是对自己

做一个计算：我离那个目标有多少距离，需要花多少时间走到……

在 1984 年东京国际马拉松邀请赛和 1986 年米兰国际马拉松邀请赛上，名不见经传的矮个子选手山田本一出人意料地两度摘冠，从而引起人们的极大关注。面对蜂拥而至的各种议论、猜测，山田本一听之任之，不做任何解释。直到 10 年后，他才在自传中揭开谜底："每次比赛之前，我都先乘车把比赛线路仔细地看一遍，并把沿途醒目的标志画下来，比如第一个标志是银行，第二个标志是一棵大树，第三个标志是一座红房子……这样一直画到赛程的终点。比赛开始后，我就以百米冲刺的速度奋力向第一个目标冲去；等到达第一个目标后，我又以同样的速度向第二个目标冲去。40 多千米的路程，就被我分解成这么几个小目标轻松地跑完了。起初，我并不懂这样的道理，我把目标定在终点线上的那面旗帜上，结果跑到十几千米时就疲惫不堪了。我被前面那段遥远的路程给吓倒了。"

山田本一行事方式昭示着同一个道理：对于正在跋山涉水的人来说，最重要的不是忧虑目标有多远，而是要学会分割目标，然后一步一步走下去。而只走一小步，是不需要下多大决心的。在我们生活中，很多人做事之所以会半途而废，往往不是因为难度较大，而是觉得成功离得太远。很多人之所以失败的原因，不是因为他们的目标太大不可能完成，而是因为他们没有给自己订阶段性的目标。

一个庞大宏伟的目标会给心灵压上沉重的包袱，而懂得将路程分割是一种至高的智慧。任何一个高的目标都可以分成许多小的目标来实现，即使你不能一下子达到最高目标，你只要一步步向前走，最终就能实现。每一个小目标的实现都是为你下一个更高的目标做准备的。这种分步实现目标的方式，能够让你时刻都保有起点时的饱满状态，轻松跑完全程。做任何事情，无论多么难，你只要做到分几步走，就一定会成功。

做事情要分清轻重缓急

世界上的一切都必须按照一定的规矩秩序各就各位。

——莱蒙特

有人说："只要勤奋就能创造高效率。"其实在最短的时间内完成最多的目标才能创造出高效率，而其前提就是做好重要的事情。做事之前分清轻重缓急，设定优先顺序，一件一件地做，这样你的效率自然会很高。有时也许会出现看似紧急实则无谓的事，这时，你只有把握好"重要的事情优先"的原则，才能在繁杂的生活中有效地利用时间，让你的生活变得井然有序。

学徒工偷了店铺里的一袋钱被发现了，店主提出了三种处罚方式让他自己选择：第一种是罚款 200 元，第二种是在树上吊一个时辰，第三种是吃 100 个辣椒。

学徒工想：还是吃辣椒合算，既不破财，也不痛苦。于是他选择了第三种。他开始吃辣椒，刚吃了几个勉强还可以忍受，当他吃到第 20 个时，他感觉到嘴里火辣辣的痛，心里像烧着一团火，难受极了。他又勉强吃了 5 个，实在受不了了，他跪在地上哀求店主说："我再也不吃这要命的辣椒了。你还是把我吊起来算了。"他又被一条结实的绳子吊了起来，不到 5 分钟，他就感觉头晕目眩，绳子勒进了肉里，浑身像是被砍了下来一样，痛得他大声叫起来，他高声地叫道："快放我下来，我要选择第一种方式，我情愿被罚 200 元钱。"

人有两种能力是很难得的：一是思考的能力，二是按事情轻重处理的能力。我们在处理事情的时候，首先要学会思考，善于从事情中抓住最重要的东西，分清轻重缓急，弄清楚之后再动手去做。故

事中的学徒工，正是因为对事情缺乏全面思考，结果只会弄得他苦不堪言，承受加倍的痛苦。

凡事都有轻重缓急，重要性最高的事情应该优先处理，不应将其和重要性最低的事情混为一谈。我们在工作中常常会遇到千头万绪、十分繁杂的情况，往往会被这些情况弄得晕头转向、不辨东西。对于那些零零散散的事务，我们可以先找到其中最迫切需要解决的问题，并且集中力量解决它。

生活中的你，是不是从早忙到晚，感觉自己一直被事情追着跑？但你的忙乱也许不是因为事情太多，而是因为你没有将重要的事摆在第一位。

分清楚轻重缓急，并不是说只做最重要的一件事，而完全忽略其他的事，而是要分辨出哪些是属于当时最重要的一件或两件事，并坚决把它们做好；其他的事则可以根据自己的需要、能力及兴趣依次去做。懂得安排自己生活节奏的人，他们通常能够把握事情的实质，把握主流，解决最根本的问题，按优先顺序开展工作，将要事摆在第一位，这样才能高效率地把事情处理好。

过分苛求完美是效率的阻碍

苛求意味着断送。

—— 雨果

人生是没有完美可言的，完美只是在理想中存在。生活中处处都有遗憾，这才是真实的人生。生活中，许多人喜欢不计后果地追求完美，但真正的完美没有几个人能追求到。

有一位先生娶了一个体态婀娜的太太，两个人很恩爱。这个太太眉清目秀、性情温和，美中不足的是长了个酒糟鼻子。

　　这位丈夫对于太太的鼻子终日耿耿于怀。一日外出经商，行经贩卖奴隶的市场，宽阔的广场上人声沸腾，众人争相吆喝出价，抢购奴隶。广场中央站着一位身材单薄、瘦小清癯的女孩子，正以一双汪汪的泪眼，怯生生地环顾着这群如狼似虎、决定她一生命运的人。这位丈夫仔细端详女孩子的容貌，突然间，他被深深地吸引住了。好极了！这个女孩子的脸上长着一个端端正正的鼻子，丈夫决定不计一切买下她！

　　这位丈夫以高价买下了长着端正鼻子的女孩子，兴高采烈地带着女孩子日夜兼程赶回家门，想给心爱的妻子一个惊喜。到了家中，把女孩子安顿好之后，他以刀子割下女孩子漂亮的鼻子，拿着血淋淋而温热的鼻子，大声疾呼：

　　"太太！快出来哟！看我给你买回来的最宝贵的礼物！"

　　"什么样贵重的礼物，让你如此大呼小叫的？"太太狐疑不解地应声走出来。

　　"喏！你看！我为你买了个端正美丽的鼻子，你戴上看看。"

　　丈夫说完，突然抽出怀中锋锐的利刀，一刀朝太太的酒糟鼻子砍去。霎时太太的鼻梁血流如汪，酒糟鼻子掉落在地上，丈夫赶忙用双手把端正的鼻子嵌贴在伤口处。但是无论丈夫如何的努力，那个漂亮的鼻子始终无法粘在妻子的鼻梁上。

　　世界就是这样，有些事，可以通过努力改变；有些事，无论如何努力都难以改变。对于我们不能改变的，不管喜欢与否，我们只能接受它们，不要抗拒。

　　这个世界上没有任何一种事物是十全十美的。我们向往完美，追求无瑕，一直尽己所能去改善所有的不理想，但对于那些无能为力的事情，坦然面对是比苛求改变更明智的选择。

在国外，有一位著名的女高音歌唱家，仅仅30多岁就已经誉满全球，而且还有一个温柔体贴的丈夫和活泼可爱的儿子。一次，她到邻国开独唱音乐会，入场券早在一年以前就被抢购一空。当晚的演出受到了极为热烈的欢迎。演出结束后，歌唱家和丈夫、儿子从剧场里走出来的时候，一下子被早已等候在那里的观众团团围住。人们七嘴八舌地与歌唱家攀谈着，其中不乏赞美和羡慕之词。

有的人恭维歌唱家大学刚刚毕业就开始走红，进入了国家级的歌剧院，成为扮演主要角色的演员；有的人恭维歌唱家25岁时就被评为世界十大女高音歌唱家之一；也有的人恭维歌唱家有个腰缠万贯的丈夫，而膝下又有个活泼可爱、脸上总带着微笑的小男孩……

人们议论的时候，歌唱家只是在听，并没有表示什么。当人们把话说完以后，她才缓缓地说："我首先要谢谢大家对我和我的家人的赞美，我希望在这些方面能够和你们共享快乐。但是，你们看到的只是一个方面，还有另外的一个方面没有看到。那就是你们夸奖的活泼可爱、脸上总带着微笑的小男孩，不幸是一个不会说话的哑巴；而且，在我的家里，他还有一个姐姐，是需要常年关在装有铁窗的房间里的精神分裂症患者。这些都是我们看起来完美背后不完美的东西。"

歌唱家的一席话使人们震惊得说不出话来，大家你看看我，我看看你，似乎很难接受这样的事实。这时，歌唱家又心平气和地对人们说："这一切说明什么呢？恐怕只能说明一个道理，那就是上帝给谁都不会太多，我们必须学会满足，知道感恩。"

在这个世界上，一颗感恩的心就足以让不完美的生活完美化、幸福化。如果过度贪婪和苛求，便会因心理负担的增加而不快乐。人生中的很多苦恼都是因"追求完美"和"得到更多"而导致的。事实上，感恩和知足才是我们生活中更需要学习的课题。

最完美的商品只存在于广告中，最完美的人只存在于悼词中。完美永远是可望而不可即的。当我们不再注意自己是否完美时，或许已经具备了往日渴求的完美。

先处理好关键的环节

最美好的事往往也是最困难的，需要你去认真挑战。

——瑟尔玛·汤普森

有个著名的人力资源培训专家曾说过："要解决问题，首先要对问题进行正确界定。弄清了'问题到底是什么'就等于找准了应该瞄准的'靶子'。否则，要么是劳而无功，要么是南辕北辙。"一件事情无论有多少环节，总有一个是最关键的，只要我们集中精力先处理这个环节，其他环节也就自然而解了。

1927年，阿迪·达斯勒的事业刚刚起步，但是他们因制作了几种款式新颖的鞋子投放市场，受到人们的欢迎，订单源源不断地寄来，工厂生产忙不过来。

为了解决这个问题，工厂想办法招聘了一批生产鞋子的技工，但还是远远不够。该怎么办呢？

达斯勒召集大家开会研究对策。主管们提了很多建议，但都不行。这时候，一位叫作杰克的年轻小工举手要求发言。

"我认为，我们的关键问题不是要找更多的技工，其实不用这些技工也能解决问题。""为什么？"

"因为关键的问题是提高生产量，增加技工只是手段之一。"

大多数人觉得他的话不着边际，但达斯勒很重视，鼓励他讲下去。

杰克涨红了脸，怯生生地说："我们可以用机器来做鞋。"

这在当时可是一件新鲜事，立即引起大家的哄堂大笑："孩子，用什么机器做鞋呀，你能制造这样的机器吗？"

杰克面红耳赤地坐下了，但是他的话却深深触动了达斯勒，他说："这位小兄弟指出了我们的一个思想盲区：我们一直认为我们的问题是招更多的技工，但这位小兄弟却让我们看到了：关键的问题是要提高效率。尽管他不会制造机器，但他的思路很重要。因此，我要奖励他500马克。"

老板根据小工提出的新思路，立即组织专家研究生产鞋子的机器。4个月后，机器生产出来了，为公司日后成为世界知名品牌奠定了良好的基础。

遇到难题，首先要找到问题的关键。假如不是杰克指出公司面临的关键问题是提高生产率而不是找更多的工人，达斯勒的公司就不会有更大的发展。解决问题最重要的一点就是要抓住问题的关键点。也就是要找准"靶子"。找不准靶子，就会无的放矢。靶子找准了，靶心突出了，就能很好地解决问题。

现实中有很多问题亟待我们解决，但是，如果你首先就冲着快点解决问题的目标而去，而不着眼于问题的关键点，那么你很可能会像足球运动员未瞄准球门就匆忙射门一样，结果只能是白费力气。

有一家核电厂在运营过程中遇到了严重的技术问题，导致了整个核电厂生产效率的降低，但却找不到问题所在。于是，他们请来了一位全国顶尖的核电厂建设与工程技术顾问。顾问穿上白大褂，带上写字板，四处走动了两天，在控制室里查看数百个仪表、仪器，记录笔记，并且进行计算。

离开前，顾问从衣兜里掏出笔，爬上梯子，在其中一个仪表上画了一个大大的记号。"这就是问题所在。"他解释说，"把连接这个仪表的设备修理、更换好，问题就解决了。"

顾问走后，工程师们把那个装置拆开，发现里面确实存在问题。故障排除后，电厂完全恢复了原来的发电能力。大约一周之后，电厂经理收到了顾问寄来的一张 1 万美元的"服务报酬"账单。

电厂经理对账单上的数目感到十分吃惊。尽管这个设备价值数十亿美元，并且由于机器的故障损失数额巨大，但是以电厂经理之见，顾问来到这里，只是到各处转了两天，然后在一个仪表上画了一个记号就回去了。对于这么一项简单的工作收费 1 万美元似乎太高了。

于是，电厂经理给顾问回信说："我们已经收到您的账单。能否请您将收费明细详细地逐项分列出来？好像您所做的全部工作只是在一个仪表上画了一个记号，1 万美元相对于这个工作量似乎是比较高的价格。"

过了几天，电厂经理收到顾问寄来的一份新的清单，上面写道："在仪表上画记号：1 美元；查找在哪一个仪表上画记号：9999 美元。"

仅仅就在仪表上画一个记号就要收费 1 万美元，在我们看来确实有点不可思议，但正是这个记号表明了问题的关键，工程师才可以顺利解决问题，避免造成更大的损失。

治病讲究"对症下药"，解决问题也是一样的道理，要找对关键，抓住问题的"症结"。当你在工作中遭遇难题，一筹莫展的时候，不妨让自己冷静下来，仔细分析一下问题，找到"症结"，对症下药，问题就能顺利地解决。

别被琐事牵着鼻子走

整天只知道为琐碎的小事忙碌的人，必定成不了大器。

——拉罗什富科

生活中，总有一些人被琐事牵着鼻子走，弄得筋疲力尽，尽管自己已经付出了极大的努力，却不知道这样做是不是对。他们是自我的放浪者，不懂得时间的价值，也不会有什么效率可言。凡是在事业上有所成就的人，都十分注重时间的价值。无论是老板还是打工族，一个高效能的人士总是能判断自己面对的顾客在生意上的价值，如果有很多不必要的废话，他们都会想出一个收场的办法。

当一个分别很久，只求见上一面的客人来拜访罗斯福时，他总是在热情地握手寒暄之后，便很遗憾地说他还有许多别的客人要见。这样一来，他的客人就会很简洁地道明来意，告辞而去。

以沉默寡言和办事迅速、敏捷而著称的成功者，都是实力雄厚、深谋远虑、目光敏锐的人，他们说出来的话，句句都很准确、到位，都有一定的目的，他们从来不愿意在这里多耗费一点的宝贵资本——时间。当然，有时一个待人做事简捷迅速、斩钉截铁的人，也容易引起别人的一些不满，但他们绝对不会把这些不满放在心上。为了要在事业上有所成就，为了要恪守自己的规矩和原则，他们不得不减少与那些和他们的事业没什么关系的人来往。

一个人的精力是有限的。那些整天被琐事缠身的人，时间和精力都被消磨了，而耽误了重要的事情，这就是为什么很多人整日劳碌不堪却没有任何成就。

安妮在一家公司上班，我们来看看她这一天的安排：

1. 做出下季度的部门工作计划，第二天上午交给老板。

2. 约见一个重要的客户。

3. 11:30 去机场接 5 年没见面的大学同学，并把他送到酒店里。

4. 要去一趟医院，诊治花粉过敏症。

5. 去银行办理相关的手续。

6. 下班后和先生约会，因为今天是一个纪念日。

我们来看看安妮是怎么完成这一天的行程的。

因为前一天晚上睡晚了，所以安妮早晨起床有些迟，她匆忙打车到公司，还是迟到了 5 分钟。一进办公室，就听到电话响，是老板，提醒她明天一上班就要交计划书。她打开电脑，开始一一回复客户和公司的邮件，不停地打电话答复分公司的问询。最后一个电话结束，已经 11 点了。向上司告假，匆忙赶到机场，还好刚过 10 分钟，打同学的手机，原来飞机晚点。12 点见到同学，送到酒店，一起吃饭。这顿饭有点心不在焉，因为 14:30 要和客户见面，所以一边吃饭一边打电话和客户约定地点。14 点跟同学告别，赶到约定地点。因为花粉过敏，和客户约见的时候一个劲儿打喷嚏，连说 sorry，真是狼狈。回到公司，刚刚坐定，想写工作计划，银行打电话来催。赶到银行，银行突然需加一份文件，气得她跟银行工作人员理论了半天，又返回公司。这时差一个小时就下班了，她觉得太累了，不想再写那份计划书了，先给同学打了一个电话，聊聊天感觉好了许多。放下电话，看到满桌堆着的文件，忽然觉得特烦，决定整理已拖了几个星期的文件。整理完文件，已经到了下班时间。18:00 跟老公约会，一起吃晚饭庆祝纪念日，有点累，不断打哈欠。回到家，老公休息了，她却不得不泡了一杯浓浓的咖啡，坐在电脑前，继续完成工作计划。

这就是安妮忙碌的一天，一天下来，我们看着她似乎很忙碌，其实并没有多大的成效。正因为无数的琐事牵绊了她，使她顾此失彼，缺乏成效。很多人和安妮的状况一样，总会有一些琐事来干扰我们的工作，它们可能有一点价值，但如果我们毫无节制地沉溺于此，就是在浪费大量宝贵的时间。

每个人都必须认清自身真正应该做的事务是什么，而不要陷入那些无谓而繁杂的事务之中。一旦你陷入其中，不但你的工作效率会降低，你的生活质量也将随之降低。成功其实是有章法的，做事

情不能眉毛胡子一把抓，把重要的事情摆在第一位，不被一些无意义的琐事浪费时间和精力，这样才能一步一步地把事情做得有节奏、有条理，收到良好的效果。

想实现效率，准备自然要充分

社会犹如一条船，每个人都要有掌舵的准备。

——易卜生

准备工作做得越充分的人，成功的可能性就越大。人生充满机遇，它对于每个人来说都是公平的，有些人能够抓住机遇，这些人是幸运的也是有准备的，他们往往在机会来临之前就已经在物质精神方面做了充分的准备。机遇不喜欢空等的人，它总是垂青于那些做好准备的人。当我们抱着一个积极的态度对待机遇时，那么它就会降临在我们身边。

维斯康公司是美国 20 世纪 80 年代最为著名的机械制造公司。詹森在该公司每年一次的用人招聘会上被拒绝了，但是詹森并不灰心，他发誓一定要进入这家公司工作。

詹森假装自己一无所长，请求公司分派给他任何工作，他将不计任何报酬来完成。于是，他被分派去打扫车间的废铁屑。

一年下来，詹森勤勤恳恳地重复着这种既简单又劳累的工作。直到 1990 年初，公司的许多订单因为产品质量问题纷纷被退回。为了挽救颓势，公司迅速召开紧急会议，寻找解决方案。当会议进行一大半还不见眉目时，詹森闯入会议室，提出要见总经理。在会上，他就问题出现的原因做了令人信服的解释，并且就工程技术上的问题提出了自己的看法，随后拿出了自己的产品改造设计图。这个设计非常先进，既恰到好处地保留了原来的优点，又克服了出现的弊病。

原来，詹森利用清扫工能到处走动的特点，细心察看了整个公司各部门的生产情况，并一一详细记录，发现了所存在的技术问题并想出了解决办法。他花了一年时间搞设计，做了大量的统计数据，终于设计出了科学实用的产品改造设计图。之后詹森被聘为公司负责生产技术问题的副总经理。

詹森的成功就在于他在做好自己工作的同时，还能够了解各方面的生产情况，为自己的将来做好充分的准备。其实无论我们做什么，都是在为将来做准备，如果我们树立起这种意识，用锻炼自己成长的积极心态来对待自己正在做的事情，就能把工作当成机会，把指派当成锻炼，从而为明天的成功积累更多的资本。

任何时候，我们都需要扪心自问：你是否有为将来做准备的意识？是否善于为自己的将来做准备呢？如果你的回答不是特别肯定的话，那么，你就必须改变自己的生活态度，做一个善于"准备"的人，不管机遇什么时候降临，都能抓住。

韦伯斯特是美国历史上有名的政治家。一次，议员海尼在议会上发表的演说词，在韦伯斯特看来几乎无可辩驳，但第二天上午议会再开会时，韦伯斯特重任在肩，感到自己终究不能不予以答辩。这时候，他已经没有充分的时间可以准备了，但问题又是关系到美国国运的大问题。当时的情况是，议会的结果，在很大程度上取决于韦伯斯特的答辩。韦伯斯特一个人，既没有书籍也不能得到其他人的帮助，他只有依靠平时储存于心的材料，写成了一篇答复海尼的演说词。他的演说，赢得了其他议员的有力支持。

但是韦伯斯特并不是天生的演说家。在菲利普斯就学期间他还很羞怯，甚至不敢在课堂上讲话。他的早期演讲也很不成样子——冗长乏味，还夹杂着诸多毫无价值的东西。他的演讲技巧是律师期间

学就的，他刻苦训练自己，搜集素材，擅长从对手那里学习演讲技巧，做足一切的准备，因而才成了政界上出色的演讲家。

天下没有免费的午餐，机遇总是偏爱那些有准备的人。假使韦伯斯特平日里没有积累材料，那么在两场会议之间短暂的时间里，怎能做出那样著名的答辩词呢？如果他在体力、精神、道德等各方面没有足够的积累，那他的名字也许就不会被人们铭记。

世界首富比尔·盖茨说："亲爱的朋友，我认为你们应该重视那万分之一的机会，因为它将给你带来意想不到的成功。有人说，这种做法是傻子行径，比买奖券的希望还渺茫。这种观点是有失偏颇的，因为开奖券是由别人主持，丝毫不由你；但这种万分之一的机会，却完全是靠你自己的主观努力去完成。"

头脑的准备，包括方方面面。面对机遇时迸发出来的智慧和灵感即非天生所备，也非一日之成，而是我们在长久以来不断的积累、总结和完善中所获得的。这就需要我们平时善于学习知识、善于观察事物、善于积累素材，用勤奋和思考来提升自身的素质，丰盈自己的头脑。

用好备忘录，提高你的效率

不善于利用时间的人，总是首先抱怨没有时间，因为他把时间都耗费在穿、吃、睡和聊天上，去考虑该做什么，只是什么也不去做。

——拉布吕耶尔

如果想要尽快提高你的办事效率，最简单快捷的办法就是使用日常备忘录，它能让你用最少的时间，以充沛的精力去提高办事效率。

一旦你养成了使用备忘录的习惯，就可以避免因遗忘而造成工作上的损失。你会因为没有把事情或工作忘了而心安；你可以把苦思冥想的时间省下来，用在其他的工作上；你总能知道你的约会、计划和文书工作，你因用不着分心于其他事而变得工作起来相当有效率。同时，它还能记录你的工作状况，让你能看清楚自己在某段时间里的变化，从而引导你采取正确的工作方法与技巧走向新的目标；它还能提醒你在适当的时候发个邮件、打个电话，与同事、朋友保持联系……总之，当你使用日常备忘录时，你就能亲身体验到它带来的积极变化，为你的成功提供有力的保证。

世界500强企业之一的宝洁公司，很多年来一直坚持填写一页纸的备忘录。从众多的意见中选取出事实，不遗余力地将其浓缩在一页纸上，才能把复杂的问题简化成简单的问题，他们把这种管理称为一页备忘录。宝洁公司强烈地厌恶任何超过一页的备忘录，推行简单高效的卓越工作方法。

一次，宝洁公司的一位经理向总经理查德·德普雷递交了一份厚厚的备忘录，上面详细介绍了他对公司问题的处理意见。没想到，查德·德普雷看到后连翻都没翻，就非常生气地在上面加上了一条命令："把它简化成我所要的东西！"然后吩咐将这份备忘录退回。

还有一次，一位主管递上来的报告非常复杂，查德·德普雷在后面批示道："我不理解复杂的问题，我只理解简单明了的！"

这就是宝洁的风格。他们坚持只用一页便笺进行书面交流。宝洁要求员工不遗余力地将报告提炼浓缩到一页，把问题搞清楚，把事情搞透彻才是最主要的，那些长篇大论就显得毫无必要。

对此，查德·德普雷曾这样解释道："我工作的一部分就是教会他人如何把一个复杂的问题简化为一系列简单的问题，只有这样，我们才能更好地进行下面的工作。"

在宝洁，为了贯彻这种"一页备忘录"的原则，备忘录的写作甚至被当作一种训练的工具。对资历较浅的人员来说，一个备忘录重写 10 次是常见的事。公司资深经理或新任的品牌经理，在草拟备忘录时，一般也要至少打上五六遍草稿，才能达到"在一张纸上做到细致、慎思、严格"的要求。通过不断地重写备忘录，宝洁希望能够训练员工更加周密地思考问题，有效地沟通。

"一页备忘录"的威力在于重点鲜明，比主旨散布在十多页上的分散式、复杂式的报告要简洁清楚。同时，"一页备忘录"也解决了很多问题。首先，只有少量的问题有待讨论，审核的速度才能加快，工作效率才能提高；其次，避免浪费大量的、不必要的时间；最后，这种精练的文章形式，使要报告的事情的含金量大大提高。

如果平时不记"备忘录"，只用脑子去记，突然要用的时候却要化很长时间才能想起来，或者根本就想不起来了。有时候，不做备忘录，你可能就会忘记你要做的事情，等到你再想起来时，可能为时已晚了。如果你养成做日常备忘录的习惯，那么你就可以随时翻翻手上的备忘录，它就会提醒你要去做什么。这样一来，你的办事效率自然就能有大幅度地提升了。

不要忽视榜样的力量

人越是贤明，越低着腰向他人学习。

——培根

向他人学习，并且善于总结经验教训，才能多一些坦途，少一些坎坷。毫无疑问，每个人都会有缺陷，但这并不能抹杀他们的能力。如同将军不一定比士兵更能砍杀一样。我们要怀着一颗谦卑的心，经常自我省察：如果是我碰到这样的问题，会怎么做？为什么他能够处理得这么完美？为什么他能够提升到这个位置，我暂时还有哪些不足？"三人行，必有我师焉"，我们要善于从别人身上发现优点，学习我们尚不具备的能力。

道尼斯先生来到一家进出口公司工作后，晋升速度之快，令周围所有人都惊诧不已。一天，道尼斯先生的一位朋友好奇地向他询问了这个问题。

道尼斯先生听后笑了笑，简短地回答道：

"这个嘛，很简单。当我刚开始去杜兰特先生的公司工作时，我就发现，每天下班后所有人回家了，可是杜兰特先生依然留在办公室工作，而且一直待到很晚。另外，我还注意到，这段时间内，杜兰特先生经常寻找一个人帮他把公文包拿给他，或是替他做些重要的事务。

"于是我下定决心，下班后，我也不回家，待在办公室内。虽然没有人要求我留下来，但我认为自己应该这么做，如果需要，我可以为杜兰特先生提供他所需要的任何帮助。就这样，时间久了，杜兰特先生养成了有事叫我的习惯。"

道尼斯是个幸运的人，因为他有个好老板；他更是一个聪明的人，因为他懂得向老板学习。老板之所以是老板，肯定有他独特的地方。他的勤奋，他的方法，他的变通，他的果敢……总有值得我们学习和借鉴的地方，就看你能否当个有心人。

成功守则中最伟大的一条定律是：待人如己，也就是凡事为他人着想，站在他人的立场上思考。当你面对那些比自己优秀的人物时，不要总是想"他就是运气好而已""他其实还不如我呢"，你应该多看到他身上一些优点，懂得换位思考，只有这样你才能舍弃敌对情绪，学会发现别人身上的优点，这才是对你真正有益的。

在西点军校，有这样一个传统，第一学年结束的晚上为"角色转换夜"，这天新学员们成为"头等生"，而高年级学员变成"平民"。新生们可以用高年级学员平时的命令和标准去考验他们，看他们能做到几分。

西点学员斯科特·斯奈尔的几个同学已经为这个夜晚做好了准备，他们站在学员上尉沃伦·温特罗德面前，希望能难倒他。

"温特罗德，拉斯克水库的水有多少加仑？"

"当水溢出泄洪道时，有7800万加仑，长官。"

"有什么要闻，温特罗德？"

"长官，在今天的《纽约时报》上，据报道……"

"斯科菲尔德对纪律的定义是什么，温特罗德？"

"长官，斯科菲尔德对纪律的定义是：'纪律使士兵成为自由国度战争时可以信赖的对象，纪律并非来自于严酷或暴虐的惩戒，相反，这种惩戒更可能的是破坏，而不是造就一支军队……'"

"温特罗德，《星条旗》的第二版是什么内容？"

"长官，《星条旗》第二版是这样的：'啊，这一天终于来到，自由的人民终将站起来，站在他们热爱的家乡和激战后的废墟中间……'"

大家难不倒他。他在那里站了几个小时，回答了所有尖锐的问题并滔滔不绝地讲出了三年来他并不需要了解的各种小事。

温特罗德那天晚上惟妙惟肖的新生角色扮演，激励着斯奈尔之后三年刻苦学习新生常识，以期做得更好。

正是这种榜样的力量激励着斯奈尔更加努力，从而超越完善自我。许多成功的人士曾受到别人的激励，鼓舞人心的榜样能向你展示什么是可能的，并给你提供非常有价值的动机、力量和成功的希望。著名的将军威廉·T.谢尔曼说："我们的荣誉来自谦逊，我们看到了

每个人身上的优点，去尊崇、超越，从而完善自我。"

　　有人说："过去是迈向未来的踏脚石，若不知道踏脚石在何处，必然会绊倒。"向榜样学习，就是及时总结经验教训，找到自己的踏脚石，不断完善自己，一步一步迈向成功。带着一个良好的心态，宠辱不惊，面对生活给我们的任何考验，及时总结得失，才能自知、自尊、自信，奋进向前，成就卓越人生。

第五章

做好小事，才有可能成大事

细节是决定成败的关键点

小事成就大事，细节成就完美。

——戴维·帕卡德

生活的一切原本都是由细节构成，细节决定成败，但细节往往最容易被人忽视。世界上，想做大事的人很多，愿意把小事做细的人很少。千里之堤溃于蚁穴，有时候成败的关键正是这不起眼的细节。大道理谁都懂，却不是人人都能做到的。

国王的马夫牵着一匹战马来到铁匠铺。

"快点给它钉掌。"马夫对铁匠说，"国王要急着出征呢。"

"你得等等。"铁匠回答。

"我等不及了。"马夫不耐烦地叫道，"敌人正在向我们的国土推进，我们必须早日出发。"

铁匠开始埋头干活，钉了三个掌后，他发现没有钉子来钉第四个掌了。

"我还需要一个钉子，"他说，"得需要点儿时间。"

"我告诉过你我等不及了，"马夫急切地说，"我听见军号了，你能不能凑合？"

"我能把马掌钉上，但是不能像其他几个那么结实。"

"能不能挂住？"

"应该能，"铁匠回答，"但我没把握。"

"好吧，就这样，"马夫叫道，"快点，要不然国王会怪罪到我头上的。"

于是，国王骑上他的战马出发了。两军交上了锋，国王率领部队冲向敌阵。

可是国王还没走到一半，一只马掌掉了，战马跌翻在地，国王也被抛在地上。

国王还没有再抓住缰绳，惊恐的战马就跳起来逃走了。士兵们看不见国王在前面骑马指挥了，人心惶惶，纷纷转身撤退，敌人的军队包围了上来。

国王无力地哀叹道："一匹马，我的国家倾覆就因为这一匹马。"从那时起，人们就说：

少了一个铁钉，丢了一只马掌，

少了一只马掌，丢了一匹战马。

少了一匹战马，败了一场战役，

败了一场战役，失了一个国家，

所有的损失都是因为少了一个马掌钉。

这个著名的故事来自英国国王查三世逊位的史实。一个马掌钉，却颠覆了一个国家，使这个故事永载史册。莎士比亚感慨地说：

"马，马，一马失社稷。"

所谓的小事情因其小而被人们忽略了，然而它却可能造成大难题，给人们带来大麻烦。因此，无论做什么事情，千万不可忽视细节的存在，否则就有可能付出极其惨重的代价。其实，细节是一种创造，也是一种征兆，从中可以看出一个人的命运去向和事情的成败。一些明智的人善于从小事情做起，从而使自己的命运得到彻底的改变。

"13"在西方一向被认为是一个不吉祥的数字。然而，英国皇家卫队队长哈特菲尔德的墓志铭，却只有赫赫醒目的一个数字：13！

原来，在 20 世纪英国维多利亚女王时期的一个 13 日，星期五晚上，白金汉宫的卫兵哈特菲尔德被指控在夜间值勤时睡着了。几经渲染，这就成了一个不严惩不足以整军纪的大问题。不然，女王的安全就将受到威胁。就这样，哈特菲尔德被军事法庭判了死刑。

就在处决的前夕，哈特菲尔德终于想起了一个细节："我那天夜里没有睡觉，我听见议会大厦的钟声在午夜响了 13 下！"这实在是一个有力的证据。于是，法官决定暂缓执行，并命令进行一次补充调查。调查发现，那天夜里确实有不少人听见议会大厦的钟声在深夜响了 13 下，而且，他们都表示愿意出庭作证。一位专家检查了议会大厦的钟后确信，那天夜里，钟里的一根发条出现过异常，表示凌晨 1 点的那下钟声确实是在子夜刚敲过 12 下以后就立即响了起来，所以听者无疑就会认为是钟声响了 13 下。

哈特菲尔德被重新带进了军事法庭。这一次，他被宣布无罪释放。

不久以后，哈特菲尔德成了皇家卫队队长，而且一直活到 100多岁。按照他的遗嘱，人们在他的墓碑上刻下了一个醒目的数字：13！

细节往往就是事情的关键，它有可能就是事情发展的转折点。如果哈特菲尔德是个粗心大意的人，他的结局就是另外一个，即使不被判死刑，他也会因为职务疏忽而被国人指责。然而，是他的细心救了他，给自己的尽职尽责提供了一个极其有力的证据。关注细节，这也是哈特菲尔德后来能成为皇家卫队队长的原因。

生活中有很多小事，举手之劳便可完成，但是很多人都不愿意去做。成功者与一般人的区别就在于对待小事的态度。从一件小事入手，做好每一件小事，日积月累，相信你终将能够成就一番事业。

形象是最好的通行证

一句话，教养又可称为"圆满的人格"。这就是说，从任何角度去观察，都可看到某种令人心旷神怡的东西，可以感动周围的人，还能有效地改善人之间的关系。我想，这就是教养的整体形象吧。

——拿破仑·希尔

当我们提到成功者的时候，你会想到什么？绝大多数人的心中可能会浮现出这样一幅画面：西装领带，气宇轩昂，站在众人瞩目的讲坛上，侃侃而谈，从容镇定。他可以是企业家、科学家、医生、导演等，但他们最终都会被统一到"成功者的模板"中。可见，人们对于成功者的形象是有所要求的。

戴尔一向很注重形象。他清楚地认识到，商业社会中，一般人是根据一个人的衣着来判断对方的实力，因此，他首先定做了三套昂贵的西服，然后他又买了一整套最好的衬衫、衣领、领带等，而这时他的债务已经达到了700美元。

每天早上，戴尔都会身穿一套全新的衣服，在同一个时间、同一个街道同某位富裕的出版商"邂逅"。戴尔每天都和他打招呼，并偶尔聊上一两分钟。这种例行性会面大约进行了一星期之后，出版

商开始主动与戴尔搭话："你看来混得相当不错。"

戴尔很轻松地告诉出版商："我正在筹备一份新杂志，打算在近期内争取出版。"

出版商说："我是从事杂志印刷及发行的。也许，我可以帮你的忙。"这正是戴尔所期待的。出版商邀请戴尔到他的俱乐部，和他共进午餐，在咖啡和香烟尚未送上桌前，已"说服"了戴尔答应和他签合约，由他负责印刷及发行戴尔的杂志。戴尔甚至"答应"允许他提供资金并不收取任何利息。

杂志所需要的 3 万美元资金和购买衣物的 700 美元都是通过戴尔的形象换来的。

穿着打扮，举止言行，可以看出一个人的素质和教养。在人际交往中，一个风度翩翩、潇洒俊逸的人，可以让人更乐于与之交往。良好的形象是一种礼貌，既是对自己的一种尊重，也是对别人的尊重。

良好的形象非常重要，它就如同一支美丽的乐曲，不仅能够给自身提供自信，也能给别人带来审美的愉悦；既符合自己的心意，又能左右他人的感觉，使你办起事来信心十足。所以，即使你现在尚未成功，在众人面前你也应该保持一个成功者的形象。

理查德是澳大利亚一个大农场的主人，他以当地特产的优质大豆为原料，创办了一家豆粉饼加工厂。由于经营有方，业务很快发展到了全澳洲，还发展到了欧洲地区。

一天，他收到了一张来自伦敦的大订单，他亲自带领工人连夜加班，终于在规定的时间内完工，将货物发往了伦敦。可是，几天之后，伦敦公司却打来电话，说货物"有质量问题"，要求退货。

理查德非常纳闷，他的产品向来以质量过硬著称，况且，这批产品由自己亲自监工生产，怎么会出现质量问题呢？一定是其他环节出现了问题！想到这里，理查德收拾完行李后就立即飞往伦敦。

当西装革履、风度翩翩的理查德出现在伦敦公司的总经理面前时，对方竟然惊讶地张大了嘴巴。虽然还不明白退货的问题出在哪里，但感觉敏锐的理查德已从对方的细微变化中捕捉到了什么。

在随后两天的相处中，理查德不卑不亢、侃侃而谈，充分表现出一个现代企业家应有的气质和风度，最终不仅使"质量问题"烟消云散，还和那位总经理成了好朋友，成为长期的商业伙伴。

可是，"质量问题"究竟是怎么回事呢？理查德仍然不知道。因为他和对方谈的多是企业管理和人生修养方面的问题，他们根本没有再提什么质量问题。直到多年之后，理查德向那位总经理询问后才得知真正原因。

原来，这批货是伦敦公司的一个部门经理向理查德订的，但在向总经理汇报后，总经理得知这批货是由澳大利亚农民加工生产时，他在脑海里就凭空臆想出了一个蛮横的农民形象。他顾虑重重，对那批货看也不看，就做了退货的决定。当形象良好、个性十足的理查德突然出现在他面前时，他才知道自己犯了个多么可笑的错误。

从这个故事中，我们可以充分地感受到形象相对于一个人的重要性。亨利·福特曾说："好形象是一个人事业成功的通行证。"你正在成功的路上，最需要的就是拥有足够的自信和实力，而良好的形象无疑是增加你的信心、提高你的实力的一个重要的砝码。所以，无论何时，都请记住确定你拥有一副良好的仪表形象，因为他能让你的人生之路走得更顺畅。

举止是内在修养的镜子

品德，应该高尚些；处世，应该坦率些；举止，应该礼貌些。

——孟德斯鸠

　　文明的语言、礼貌的举止能够体现一个人的内涵和修养。判断一个人修养的高低，不是看他的学识和才华，而是看他言谈举止间能否以礼待人。一个人的举止就像是个气垫，里面可能什么也没有，但是却能奇妙地减少颠簸。

　　安妮和茱蒂同时到一家著名广告公司应聘美编。仅从两个人的作品上看，水平不相上下。不过安妮在思路方面略胜一筹，因为她已做过3年的美编。两个人一起被通知参加试用，但只能留下一个。

　　安妮上班时间从来都是一身T恤、短裤的打扮，甚至光脚穿一双凉拖鞋，也不顾电脑室的换鞋规定，穿着鞋就往里走，还振振有词地说："以前公司里的人都这样。"相反，茱蒂是第一次工作，多少有点拘谨，穿着也像她的为人一样——文静、雅致之外，带着少许灵气。她从来不通过发型、化妆来标榜自己是搞艺术的，只是在小饰物上显示出不同于一般女孩子的审美观，说话也温温柔柔的，十分可爱。

　　有一天中午，办公室弥漫着腥臭的味道，弄得所有人都互相用猜疑的目光观察对方的脚，想弄清到底谁是"发源地"。后来，大家听见窗台下面有响声，一看，原来那里放着一个黑色塑料袋，打开一看，居然是一大袋海鲜。众人的目光不约而同地集中到安妮的身上，没想到她坦坦荡荡地说："小题大做，原来你们是在找这个。嗨，这可怪不得我，这里的海鲜一点都不新鲜。"这时茱蒂端来一盆水："安妮姐，把海鲜放在水里吧，我帮你拿到走廊去，下班后你再装走。"安妮红着脸把袋子拎走了。

　　结果，试用期结束，安妮背包走人，尽管她的方案比茱蒂做得好，但是老板不想因为留下这样一个太不拘礼节的人而得罪一大批雇员。

　　一个人的举止会折射出很微妙的东西，像安妮那样的人因为在举止间不重礼节而抹杀了自己能力的锋芒。有的时候，言行举止往往就是对人最有用的东西。纽约一家极具规模的百货公司的人力资源部经理谈到他雇人的标准时说，他宁可雇用一个有可爱的微笑、小学还没有毕业的女孩子，也不愿意雇用一个冷若冰霜的博士。在我们涉足社会时，一定要注意这个名为"举止"的小细节，否则纵然你是颗灿烂的宝石，也可能被埋没。

言谈举止间以礼待人，这是公共生活中人与人之间相互关系的行为准则和道德规范。言谈举止彬彬有礼是人与人之间互敬互爱、消除隔膜的桥梁。许多人往往忽略对自己个人修养的培养，以致养成出口粗俗的习惯，也许他们口中飞出的粗俗之语并没有什么针对性，他们自己心中也没有要伤害他人的想法，但粗俗的语言对一个人的形象很有杀伤力，在人际交往中必然会吃足苦头。谁想与一个举止粗俗，没有礼貌的人交往呢？

有个年轻人骑马赶路，忽见一位老人从这儿路过，他便在马上高声喊道："喂！老头儿，离客店还有多远？"老汉回答："五里！"年轻人策马飞奔，急忙赶路去了。结果一气跑了十多里，仍不见人烟。他暗想，这老头儿真可恶，说谎话骗人，非得回去教训他一下不可。他一边想着，一边自言自语道："五里，五里，什么五里！"猛然，他醒悟过来了，这"五里"，不是"无礼"的谐音吗？于是拨转马头往回赶。追上了那位老人，急忙翻身下马，亲热地叫声"老大爷"，话没说完，老人便说："客店已走过去了，如不嫌弃，可到我家一住。"

这则故事通俗而明白地告诉人们在人际交往过程中举止礼貌的重要性。粗俗的言行与得体的举止将产生截然相反的交际效果。和别人打交道，言谈举止适当，这是一个人内在修养的表现，是进入交往大门的通行证。举止得体，可使对方感到亲切，交往便有了基础。举止不得体，往往会引起对方的不快甚至恼怒，双方陷入尴尬境地，致使交往受阻甚至中断。

言谈举止文明并不是一句空话，需要我们在实际的生活小事中去做好。有的人一开口就滔滔不绝，但是别人却不爱听、听不懂，或者根本就不想听。究其原因，问题很可能就出现在他的神态举止上。而善于说话的人，其一举手、一投足间，都会影响着交谈的效果。我们应该严格要求自己的言谈举止，让自己成为一个受欢迎的人。

细节往往最能打动人心

没有感情这个品质，任何笔调都不可能打动人心。

——狄德罗

所有的细节构成了生命的全部，生活的大海往往都是由一些小小的溪流组成的，一些小小的细节才构成了生命的内涵。生命中，那些看来微不足道的事情中都蕴藏着巨大的机遇，而成功者与一般人的最大区别往往体现在对待这些微不足道的小事上。

一家大的酒店在招聘酒店管理者，很多有管理学高学历的人慕名而来，有的甚至还是内部高层推荐的。但是在众多面试者中，大酒店的经理选中了一个年轻人负责这家酒店的管理工作。

"我想知道，"酒店经理的一位朋友问他，"你为什么喜欢那个年轻人，他既没带一封介绍信，也没任何人推荐。"

"你错了，"酒店经理说，"我早就注意到了他。他在门口蹭掉脚上的土，进门时随手关上了门，说明他做事小心仔细；当看到那位残疾老人时，他立即起身让座，表明他心地善良、体贴别人；进了办公室，他先脱去帽子，回答我提出的问题干脆果断，证明他既懂礼貌又有教养。"酒店经理看了看朋友了然的眼神，接着又说："其他所有的人都从我故意放在地板上的那本书上迈过去，而这个青年却俯身拾起那本书，并放在桌上。当我和他交谈时，我发现他衣着整洁，头发梳得整整齐齐，指甲修得干干净净。难道你不认为这些足以说服我让他做酒店的管理者吗？"

成功的道理，常常就是这样简单得令人难以置信。正是年轻人在一个个小的细节中得体的举止打动了酒店经理，使他在众多竞争者中脱颖而出。有时候，我们应该换一种眼光审视眼前小事对人生目标有何影响。我们发现了它的价值，就会加倍重视它。无论事情多么小，决定去做，就要"集中优势兵力"，做得比别人好。也许，在轻轻松松做好一件件小事的同时，我们的实业大厦已经悄悄落成了。

自古以来，人类就是处于一个共生的状态。人际交往就是一个与他人共享资源和信息的过程。假如你想在人际交往中打动别人的心，为何不先迎合别人，满足别人的需要，再考虑如何实现自己的需要呢？那些事业有成的人，离不开良好的人际关系，而建立良好的人际关系就是用一颗真诚的心来对待对方。把每一件简单的事做好就是不简单，把每一件平凡的事做好就是不平凡，在每一个看似平凡的细节中打动人心，也能使自己收获快乐。

一个衣衫褴褛的男人走进一家糕点店，他想买一个玛德琳蛋糕。铺子里的小伙计正在为是否要像对待普通顾客那样对他而感到犹豫不决。这时，店主却抢先了："让我来做。"

说着店主亲自把装好的玛德琳蛋糕递到那人手中。在接过钱的同时，店主又深深地鞠了一躬："谢谢光临！"待那个男人出了店门后，小伙计不解地问店主："为什么今天您特地亲自接待呢？"

"因为平时来光顾我们店的每一位顾客都是值得感谢的。但是，今天这位顾客的情况又有所不同。"

"什么不同呢？"

"今天的这位顾客为了品尝一下我们店里的玛德琳蛋糕而把自己

的一分钱、两分钱，甚至是把自己仅有的一点儿积蓄都倾囊而出了。恐怕再也没有比这更难能可贵的事了吧？对于这样的顾客，作为店主的我亲自来接待是理所当然的，这可是商人的经营之道呀！"

用心对待每一个顾客，才能打动顾客的心。一声问候，一个微笑，却是让人心里充满了温暖和一种被尊重的感激。而这些微小的举动却体现了店主的诚意与善心，这是商人的经营之道，也是人际关系的交往之道。

要想打动人心，就要先让周围的人感受到你的真心。当你用自己真诚的心把一个个不显眼的小事情做好时，别人也会从中感受到你的尊重与真诚。这些小的细节可能对你没什么，只是举手之间就可以很好地完成，却是无意间最打动人心的。

保持一种忧患意识

忧患激发天才。

——霍勒斯

自古以来，人们就懂得"居安思危"的道理。安逸舒适是每个人所追求的生活目标，但一个人如果缺乏忧患意识，过于安逸舒适，可能就会缺乏斗志，举步维艰，不能适应环境的改变，赶不上时代的脚步，也就会被社会所淘汰。

挪威人对沙丁鱼情有独钟，尤其喜欢吃鲜活的沙丁鱼。然而，沙丁鱼捕获后运抵海港时，大多数会死去，存活的寥寥无几。因此，市场上活沙丁鱼的价格要比死鱼高许多。渔民为此伤透脑筋，他们总是千方百计地想办法让沙丁鱼活着回到渔港。虽然经过种种努力，绝大部分沙丁鱼还是在中途因窒息而死亡。

令人惊奇的是，有一条渔船总能让大部分沙丁鱼活着回到渔港。渔民们都想知道船长是用什么方法使沙丁鱼活着到港的，但是船长严格保守着秘密。一直到船长去世，谜底才揭开。

原来是船长在装满沙丁鱼的鱼槽里放进了一条以鱼为主要食物的鲇鱼。

鲇鱼进入鱼槽后，由于环境陌生，便四处游动。沙丁鱼见了鲇鱼变得十分紧张，左冲右突，四处躲避，加速游动。这样沙丁鱼缺氧的问题就迎刃而解了，沙丁鱼也就不会死了。

这就是著名的"鲇鱼效应"。古希腊的一位哲学家说过："人的一半是在危机中度过的。"鲇鱼效应告诉我们：一个人的生活过于安逸，那么当他面对逆境时，也无法摆脱逆境的困扰，终究会在逆境中灭亡。

人天生就是有惰性的，总愿意安于现状，不到迫不得已多半不愿意去改变已有的生活。鱼槽中没有鲇鱼存在的沙丁鱼，久久沉迷于无变化、安逸的生活时，却忽略了周遭环境等的变化，当危机到来时就只能坐以待毙，窒息而死。

有一只小鸟儿很羡慕游手好闲、养尊处优的家鸡。"为什么我每天都要在天空中飞翔，只有筋疲力尽的时候才能落在枝头上休息一会儿，而那群家鸡却什么也不用做，只要每天吃虫和睡觉，无忧无虑的，多好啊！"于是，有一天它自动放弃飞翔，加入到了家鸡的行列。它原本是一只能够飞得很高很高、唱得很美很美的鸟儿。但为了博得家鸡们的好感，它不得不深藏起自己的本领。即使偶尔"飞翔"，也只是像家鸡一样拖着翅膀贴着地面瞎扑腾；而当歌唱时，也是像家鸡一样拿捏着嗓子喔喔乱叫。

有一天，鸟儿所在的家鸡群碰到了一只凶恶的狐狸。所有的家鸡都不再快乐，而是四散逃窜，但这是徒劳的，没有一只鸡能够逃

出狐狸的利爪。在生死存亡关头，鸟儿想到了以前飞翔的能力，可这时它却无论如何也不能像过去那样利箭似地冲上蓝天，只是飞出去不过一丈远，便像块石头一样重重地摔在了地上。狐狸一脸狞笑，一步步走向受伤的鸟儿……

当被狐狸咬断脖子时，鸟儿悔恨交加地说："我真不该为了贪图一时的安逸而放弃自由的飞翔啊！"

现实生活中，可以见到许许多多这样的鸟儿，他们陶醉在安逸的生活中扬扬自得，这只能使他们变得更加懒惰，在自我的狭小领域中自以为是，导致眼光的短浅和心胸的狭窄。

现实生活中，人总是害怕辛苦而主动放弃了奋斗。当外界的环境安逸的时候，就会放松警惕，而只是享受懒散的生活；人生的竞争是激烈并且残酷的，一旦环境发生变化，只有那些有准备的人才能获得生存的机会。

一个人，必须能够应对不断变化的社会环境，具有深远而犀利的洞察力，让自己始终保持高度的竞争力，切不可在浑浑噩噩中度日，即使在安逸的环境中，我们也需要时刻保持忧患意识，积极地提升自身的能力，开阔自己的视野，才能在汹涌的时代大潮中立于不败之地。所以，请不要让安逸蒙蔽你的双眼，时刻保持危机意识，打起十二分精神努力拼搏，些许风雨有助于飞得更高，学到更多本领。

不必纠结于无关紧要的小事

一个心胸宽广的人不会把时间花在一些小事情上。小事情会使人偏离自己本来的主要目标和重要事项。

——汤普森

生活中有很多的人，他们原本是很开朗活泼的，然而为了一些无关紧要的小事斤斤计较，常常觉得别人不了解自己，觉得自己被别人误解，因此，他们变得敏感、烦躁、懦弱，于是他们被朋友排斥和孤立，他们感到孤独……其实，有时承担一些无关紧要的误解是最简单的、最明智的选择。

主人沏好茶，随手把暖瓶往地上一搁，匆匆进了里屋。

做客的父女俩待在客厅里。忽然，"叭"的一声，地板上的暖瓶倒了。父女俩的的确确没碰它。一进客厅，主人下意识地瞅着热气腾腾的地板，脱口说了声："没关系！没关系！"

父亲马上做出表示："太对不起了，我把它碰倒了。""没关系。"主人又一次表示这无所谓。

从主人家出来，女儿问："爸，是你碰的吗？""我离得最近。"

"可你没碰！你一动也没动。""那你说怎么办？""暖瓶是自己倒的！地板不平，放下时就晃，晃来晃去就倒了……""这，你叔叔怎么能看见？""可以告诉他呀。"

"那样不好，孩子。"爸爸说，"还是说我碰的好。这样，既不会伤害你叔叔的面子，我也不会因难于证明自己而苦恼了。毕竟一只热水瓶值不了几元钱，不是什么大事，何必那么认真呢？"

父亲的话给女儿上了一堂交际课。有时候，我们不必要为了一些小事去争执和理论，因为有些事情是无法分清谁是真正的责任人的。这时如果能够替别人承担一些无关紧要的误解，也会给自己带来极大的方便。我们懂得去维护别人的面子这种行为本身就是有所回报的。

我们在生活中也面临着很多这样的小事，对于这种小事的处理，我们经常选择去据理力争，在这个过程中，我们除了让别人感觉到尴尬，自己也会变得不快乐。其实生命是很短暂的，有时候为了一

些无谓的小事发生争执，真是对生命的一种浪费。

卡耐基在第二次世界大战结束后不久参加了一个宴会。在宴会上，有一位坐在卡耐基旁边的先生讲了一个幽默故事，然后在结尾的时候引用了一句话，还特意指出是《圣经》上说的。

卡耐基一听就知道他说错了。他看过这句话，然而不是在《圣经》上，而是在莎士比亚的书中，他前几天还翻阅过，他敢肯定这位先生一定搞错了。于是他纠正那位先生说："这句话出自莎士比亚的书。"

"什么？出自莎士比亚的书？不可能！绝对不可能！先生你一定弄错了，我前几天才特意翻了《圣经》的那一段，我敢打赌，我说的是正确的，一定是出自《圣经》！如果你不相信，我可以把那一段背出来让你听听，怎么样？"那位先生听了卡耐基的反驳，马上说了一大堆话。卡耐基正想继续反驳，忽然想到自己的朋友里诺就坐在自己的身边，里诺是研究莎士比亚的专家，他一定会证明自己的话是对的。

于是卡耐基对里诺说："里诺，你说说，是不是莎士比亚说的这句话？"

里诺盯着卡耐基说："戴尔，是你搞错了，这位先生是正确的，《圣经》上确实有这句话。"随即卡耐基感到里诺在桌下踢了自己一脚。他大惑不解，出于礼貌，他向那位先生道了歉。在回家的路上，满腹疑问的卡耐基埋怨里诺："你知道那本来就是莎士比亚说的，你还帮着他说话，真不够朋友。还让我向他道歉，真是颠倒黑白了。"里诺一听，笑着说："我可爱的戴尔，我们只是参加宴会的客人，你以为证明了你是对的，那些人和那位先生会喜欢你，认为你学识渊博吗？不，绝不会。为什么不保留一下他的颜面呢？为什么要让他下不了台呢？他并不需要你的意见，你为什么要和他抬杠呢？"

在无关轻重的事情上争论不休是对生命的最大浪费。这样的事情本身毫无意义，争论还会让自己成为不受欢迎的人。在这一点上，聪明的人常常选择用难得糊涂的方式来使自己获得脑筋和耳朵的清静。

守时的人更为可信

不守时间就是没有道德。

——蒙森

生活中我们也许大多数时候很注意守时，但是往往忽略一些小事，认为迟到几分钟可能没有关系，当我们发现自己存在这些问题的时候也得过且过，认为小事不必太在意。但是，要知道的是，不论你是有意或无意失信，只要有过一次，你在别人那里可能就一点信用也没有了。因为守时是纪律中最原始的一种，无论是在生活还是工作中，我们应该有守时的这个好习惯。

约翰是一个时间观念很差的人，他在一家软件公司上班，有一次，一家高科技公司的经理约他在星期三上午9点到经理办公室去，面谈公司软件的项目。这是他努力争取很久的客户。

约翰去见该经理的时候，比约定的时间迟到了15分钟。等他到时，经理已经离开了办公室，去出席一个会议了。过了几天，约翰再去见该经理。经理问他那天为什么迟到，害得自己白等了半天。约翰回答道："先生，那天我9点15分就来了！""但是约定的时间是9点钟呀！"经理提醒他。

约翰还是不服气，以狡辩的语气回答道："我知道。但是我以为迟到了15分钟是无关紧要的，你就等不及了吗？"

经理很严肃地说："无关紧要？你要知道，准时赴约是件极重要的事。在这件事上，你已经失去了你所向往的那笔业务，因为在当天下午，公司又接洽了另一个人。我要告诉你，你不能认为我的时间不值钱，等一二十分钟是不要紧的。老实告诉你，在那一二十分钟的时间里，我还预约好两个重要的谈判项目呢！"

正因为约翰缺乏守时的观念，从而失去了已经到手边的好机会。在交往中守时是一个人品格和作风的体现。一个不守时的人给人留下的印象是不可靠，凭此一点，就会失去与人深入交往的基础。一个人守时是言而有信、尊重他人的表现。

如果我们约好了时间，就不能迟到，经常看到一些人迟到了，却振振有词地为自己找各种理由："堵车了"，"出门之前有访客"……正因为我们在小事情上的疏忽，在别人眼里我们已经成为一个没有任何信用可言的人。而那些成功的人士都懂得要守时，哪怕只是一件小事，他们也会严格要求自己。

有一次，康德去拜访老朋友威廉·彼特斯，约定3月2日上午11点之前到达。离朋友家12英里远的时候，发现必经的桥坏了。

康德下了马车，看了看桥，中间的确已经断裂了。河面虽然不宽，但水很深，而且结了冰。

"附近还有别的桥吗？"康德焦急地问。

车夫回答说："有，先生。在上游6英里远的地方还有一座桥。"

康德看了一眼怀表，已经10点钟了。

"如果赶到那座桥，我们以平常速度什么时候可以到达农场？"

"我想大概得12点半。"

康德又问："如果我们经过面前这座桥，以最快速度什么时间能到达？"

车夫回答说："最快也得用40分钟。"

康德跑到河边的一座很破旧的农舍里，客气地向主人打听道："请问你的这间房子要多少钱才肯出售？"

农妇大吃一惊："您想买如此简陋的破房子，这究竟是为什么？""不要问为什么，您愿意还是不愿意？"

"那就给 200 法郎吧！"

康德付了钱，说："如果您能马上从破房上拆下几根长木头，在 20 分钟内把桥修好，我将把房子还给您。"

农妇把两个儿子叫来，让他们按时修好了桥。

马车平安地过了桥，飞奔在乡间的路上，10 点 50 分，康德赶到了老朋友的家。

在门口迎候的彼特斯高兴地说："亲爱的朋友，您可真守时啊！"

伟大人物除了在不同的领域取得各自迥异的成就外，其内心深处所持有的品质总是相似的。康德除了哲学上的成就，他的这一件小事也给我们上了一堂发人深省的哲学课。

乔伊斯·巴特勒教授认为：当一个人的所有性格特征和承诺一样庄严神圣时，他的一生就拥有了比他的职位和成就更伟大的东西，这比获得的财富更重要，比天才更伟大，比美名更持久。守时是一种礼貌，也是对他人的尊重。守时虽然是一个众人周知的道理，然而并不是每个人都能做到。把它作为一时的准则来执行很轻松，但要作为一生的标准就有点难，这是对一个人是否真诚的考验。

守时这样一件看似毫不起眼的小事，其实能够折射出一个人的修为习惯。它是生活中为人处事、交际往来的重要课题，也是对他人守信和尊重的表现。守时可得人和。守时，也就是守住信誉，而一旦守住你的信誉，你也必然会迎来更多的信任与尊重。

做生活的有心人

细节在于观察，成功在于积累。

——爱默生

在我们的日常生活、工作和学习中，很多看起来微不足道的细节被忽略了，然而，有一天当这件小事成就别人一番事业的时候，我们开始懊悔不迭，后悔当初丢弃的草率。世界上很多事业成功的人，他们的成功之路各不相同，但是他们都有一个相似点，就是在生活中是个有心人，善于发现细节处蕴藏的机会。而许多的失败者，并不是因为他面对的困难大，而是因为他忽略了使他成功的一些"小事"。

亚瑟到一家广告公司面试。广告公司在这座大厦的20层。大厦管理很严，两位精神抖擞的保安分立在两个门口旁。

他上前询问："先生，请问2010房间怎么走？"保安抓起电话，过了一会儿说："对不起，2010房间没人。"

"不可能吧？我刚才还跟他们打过电话，再说今天是他们面试的日子，您瞧，我这儿有面试通知。""对不起，先生，2010还是没人。"

时间一秒一秒地过去，他心里虽然着急，也只有耐心地等待，同时祈祷该死的电话能够接通。已经超过约定时间10分钟了，保安又一次彬彬有礼地告诉他电话没通。面试通知明确规定："迟到10分钟，取消面试资格。"即使打通也不可能参加面试了。

他犹豫了半天，只得自认倒霉地回到了家里。晚上，他收到一封电子邮件："先生，您好！也许您还不知道，今天下午我们就在大厅里对您进行了面试，很遗憾您没通过。您应当注意到那位保安先生根本就没有拨号，大厅里还有别的公用电话，您完全可以自己询问一下……"

成功之门永远是为细心的人敞开。在我们的生活中也是一样的，如果你想成为一个优秀的人才，就应该具备各方面的能力，在处理突发事件时，能够留心细节，调整解决问题的思路，及时做出改动，才不会局限于条框中。亚瑟正因为忽略了生活中的一些细节，致使自己处于一种被动的局面，最后面试失败而被淘汰。

成功人士总是喜欢在一些所谓的小事上下功夫，他们知道，要想拥有不平凡的人生，注定要先从平凡的小事开始。没有人是在毫无准备和行动的条件下就突然成功的，成功也不是一蹴而就的事情。生活之中处处充满了学问，随时都有机遇的出现，而机遇总是偏爱那些有心的人，只要你擦亮自己的眼睛，留心观察就能把握住机遇。

有家高科技公司，公司上层发现员工一个个萎靡不振。经多方咨询后，他们采用了一种简单而别致的治疗方法——在公司后院用圆润光滑的小石子铺成一条石子小道。每天上午和下午分别抽出 15 分钟时间，让员工脱掉鞋，在石子小道上随意行走散步。起初，员工们觉得很好笑，觉得在众人面前赤足很难为情，但时间一久，人们便发现了它的好处，原来这些小石子起到了一种按摩的作用。

后来，很多人知道了这件事，然而只有一个年轻人由此受到启发开始做生意。他选取了一种略带弹性的塑胶垫，将其截成长方形，然后将小石子一分为二，粘满胶垫，经过反复修改，他开始批量生产。随后的半个月里，他每天都派人去做推介。产品的代销稳定后，他又开拓了几项上门服务：为大型公司在后院中铺设石子小道，为幼儿园、小学在操场边铺设石子乐园，为家庭铺设室内石子过道、石子浴室地板、石子健身阳台等。紧接着，他将单一的石子变换为多种多样的材料，如七彩的塑料、珍贵的玉石，以满足不同人士的需要。

　　小石子铺就了这位年轻人的成功之路，成为改变其人生的契机。或许每天出门都能碰到几件新鲜事吧，笑一笑之后，谁能抓住这新鲜背后的契机，谁就拥有了更多的资本和乐趣。有时候，改变命运的不仅仅是知识，还有无数个让人豁然开朗的小故事。我们要做的就是善于抓住隐藏在生活中的细节，对于平日司空见惯的东西，不妨换个角度去想想，也许成功的机遇就这样来到了你身边。

第六章

世界上没有一个懒惰的天才

勤奋是造就天才的摇篮

精神的浩瀚、想象的活跃、心灵的勤奋：就是天才。

——狄德罗

许多时候，我们不是没有成功的能力，更不是缺乏成功的机会，只是被自己的远大理想所吓倒。很多人想找一条通往成功的捷径，其实成功并不是那么难，也没有那么遥远。因为没有比脚更远的路，任何事情都是靠自己的勤奋一步一步干出来的。

丹·禾平大学毕业的时候，恰逢经济大恐慌，失业率很高，工作很难找。在试过了投资银行业和影视行业之后，他找到了开展未来事业的一线希望：去卖电子助听器，赚取佣金。谁都可以做那种工作，禾平也明白。但对他来说，这个工作为他敲开了机会的大门，他决定努力去做。

在近两年的时间里，他不停地做着一份自己并不喜欢的工作，如果他安于现状，就再也不会有出头之日。但是，首先他便瞄准了业务经理助理一职，并且取得该职位。往上升了这一步，便足以使他鹤立鸡群，看得见更好的机会，这是一个崭新的开始。

丹·禾平在助听器销售方面卓有建树，以至公司生意上的对手——电话侦听器产品公司的董事长安德鲁想知道禾平是凭什么本领抢走自己大笔生意的。他派人去找禾平面谈。面谈结束后，禾平成了对手公司助听器部门的新经理。然后，安德鲁为了试试他的胆量，把他派到人生地不熟的佛罗里达州3个月，考验他的市场开拓能力。结果，他没有沉下去！"全世界都爱赢家，没有人可怜输家"的精神驱使他拼命工作，结果他被选中做公司的副总裁。一般人如果是在10年誓死效忠的打拼之后能获得这个职位，就已视为无上荣耀，但禾平却在6个月不到的时间里如愿以偿。

就这样，丹·禾平凭着强烈的进取心和勤奋，在短期内取得了优异的成绩。

如果每个人都能够像丹·禾平一样勤奋努力，求取新的知识，努力争取年年有所变化，就一定能够得到丰厚的回报。

一个人的发展与成长，天赋、环境、机遇、学识等外部因素固然重要，但更重要的是自身的勤奋与努力。没有自身的勤奋，就算是天资奇佳的雄鹰也只能空振双翅；有了勤奋的精神，就算是行动迟缓的蜗牛也能雄踞塔顶。成功不能单纯依靠能力和智慧，更要靠每一个人自身孜孜不倦地工作。

勤奋可以给个人和民族创造辉煌。如果不勤奋，不付出一定的劳动，肯定不会成就一番事业。只有那些真诚付出的人，才会赢得一番收获。

1967年夏天，美国跳水运动员乔妮·埃里克森在一次跳水事故中身负重伤。脖子以下全部瘫痪。

她曾经绝望过，但她拒绝了死神的召唤，开始冷静思索人生的意义和生命的价值。后来，乔妮决定要成为一个画家。她捡起了中学时代曾经用过的画笔，用嘴衔着，开始练习。

她的家人怕她因不成功而伤心，纷纷劝阻她："乔妮，别那么死心眼了，我们会养活你的。"可是，他们的话反而激起了她学画的决心，"我怎么能让家人一辈子养活我呢？"她更加刻苦了，常常累得头晕目眩，汗水把双眼弄得火辣辣的痛，甚至有时委屈的泪水把画纸也打湿了。她的辛勤劳动没有白费，她的一幅风景油画在画展上展出后得到了美术界的好评。

1976 年，她经过不懈努力又出版了自传，轰动了文坛，她收到了数以万计的热情洋溢的信。两年又过去了，她的《再前进一步》一书又问世了，该书以作者的亲身经历告诉残疾人，应该怎样战胜病痛，立志成才。后来，这本书被搬上了银幕，影片的主角就是由她自己扮演，她成了青年们自强不息的偶像。

只有勤奋和努力，才能不停地学习、进步，在成功的路上才会少走一些弯路，多一些平坦。乔妮用自己的勤劳战胜了病痛，用勤劳使自己成为一个被人们尊重的人。上帝不会把所有的门窗同时关死，他总会留下一线希望，一线生机，等待我们去发现。我们需要用辛勤、耐心与等待去寻找。

勤奋刻苦是一所高贵的学校，所有想有所成就的人都必须进入其中，在那里可以学到有用的知识，培养独立的精神和坚忍不拔的习惯。其实，勤劳本身就是财富，如果你是一个勤劳、肯干、刻苦的人，采的花越多，酿的蜜也越多，你享受到的甜美也越多。勤奋能激活人内在的激情，能使人增长才能，热爱人生。

将努力发挥到极致

不管饕餮的时间怎样吞噬着一切，我们要在这一息尚存的时候，努力博取我们的声誉，使时间的镰刀不能伤害我们。

——莎士比亚

努力不一定成功，但成功者一定是努力了。人的天赋就像火花，它既可以熄灭，也可以燃烧，而迫使它熊熊燃烧的办法只有一个，那就是努力。一个人能否成功，不是看他有多高的天赋，关键在于它是否肯为自己的梦想付出努力。

杰克·伦敦在童年时，整天跟着一群恶棍在旧金山海湾附近游荡，把大部分的时间花在偷盗等勾当上。有一天，当他漫不经心地走进一家公共图书馆时，偶然看到了名著《鲁滨孙漂流记》。他看得如痴如醉，竟然舍不得中途停下来回家吃饭。第二天，他又跑到图书馆去看别的书。从这以后，一种酷爱读书的情绪便不可抑制地左右了他。一天中，他读书的时间达到了 10 ~ 15 小时，从荷马到莎士比亚，从赫伯特斯宾基到马克思，能找到的所有著作，他都如饥似渴地读着。

19 岁时，他进入加利福尼亚州的奥克德中学，不分昼夜地用功，只用了 3 个月的时间就把 4 年的课程念完。通过考试后，他进入了加州大学。

他渴望成为一名伟大的作家。在这一雄心的驱使下，他一遍又一遍地读《金银岛》《基度山伯爵》《双城记》等书，之后就拼命地写作。后来，他写了一篇名为《海岸外的飓风》的小说，这篇小说获得了《旧金山呼声》杂志所举办的征文比赛头奖。1903 年，他有 6 部长篇以及 125 篇短篇小说问世。他成了美国文艺界最为知名的人物之一。

杰克·伦敦的经历说明，一个人的成就和他的勤奋程度永远是成正比的。试想，如果杰克·伦敦不是那么勤奋和努力，写作不是那样废寝忘食，他绝对不会取得日后的成就。

为了梦想付出努力，这是生命的意义所在。没有一个人的才华是与生俱来的，在成功的道路上，除了勤奋和为之付出的努力，没有任何捷径可走，在每个成功者的身上，我们都可以看到这种努力的精神。

玛莉·马特琳出生时是一个正常的孩子，但出生 18 个月后，她因高烧失去了听力和说话的能力。但是，她并没有被生活的磨难打倒，依旧对生活充满了激情。她从小就喜欢表演，总是一个人默默地练习表演。长大后，她时常被邀请用手语表演一些聋哑角色。

1985 年，19 岁的玛莉参加了舞台剧《上帝的孩子》的演出。她饰演的是一个次要角色，可就是这次演出，使玛莉走上了银幕。

女导演兰达·海恩丝在看过《上帝的孩子》之后，决定将其拍成电影。可是为物色女主角——萨拉的扮演者，导演大费周折。她用了半年时间先后在美国、英国、加拿大和瑞典寻找，但都没找到中意的。

于是她又回到了美国，观看了舞台剧《上帝的孩子》的录像。她发现了玛莉演技高超，立即决定起用玛莉担任影片的女主角，饰演萨拉。

玛莉扮演的萨拉，在全片中没有一句台词，全靠极富特色的眼神、表情和动作，揭示主人公矛盾复杂的内心世界——自卑和不屈、喜悦和沮丧、孤独和多情、消沉和奋斗。玛莉十分珍惜这次机会，她勤奋、严谨、认真地对待每一个镜头，用心去做每一个动作，因此表演得惟妙惟肖，让人拍案叫绝。

1987 年，玛莉·马特琳凭着在《上帝的孩子》中的出色表演，获得第59届奥斯卡金像奖的最佳女主角，手里拿着小金人的玛莉·马特琳激动不已，她实现了自己人生中的飞跃，成为美国电影史上第一个聋哑影后。

一个依靠勤奋获得成功的斗士，在她身上所显示出的坚韧是那么超脱，不同寻常。在生活中，有些人一遇到挫折、困难，就停滞不前，怨天尤人，却忘记用自己的勤奋努力与坚强意志去战胜困难。其实，任何一个人的成功都是他勤奋努力的结果，玛莉·马特琳不就是我们学习的榜样吗？

命运对待每个人都是公平的，都很重视。只要不断地努力，每个人都可以品尝到成功的果实。不管我们的身体条件如何，只要有一颗健全的心，全力以赴，锲而不舍，就会得到命运的垂青，成为生活的主角，赢得辉煌的未来。不能坐等着天上掉馅饼，一切的成功都取决于自己的努力。

懒惰是成功的拦路虎

懒鬼起来吧！别再浪费生命，将来的坟墓内有足够的时间让你睡的。

——富兰克林

勤劳的人充实、自信，时常能感到"幸福的疲倦"。懒惰的人失落、萎靡，即使衣食无忧也不能感到幸福。比尔·盖茨说："懒惰、好逸恶劳乃是万恶之源，懒惰会吞噬一个人的心灵，就像灰尘可以使铁生锈一样，懒惰可以轻而易举地毁掉一个人，乃至一个民族。"如果你是一名懒惰者，那么，你就永远不会和卓越者有任何关系。

一个人死后，在去阎罗殿的路上，看见一座金碧辉煌的宫殿。宫殿的主人请他留下来居住。这个人说："我在人世间辛辛苦苦地忙碌了一辈子，现在只想吃和睡，我讨厌工作。"

宫殿主人答道："若真是这样，那么世界上再也没有比这里更适合你居住的了。我这里有山珍海味，你想吃什么就吃什么，不会有人来阻止你；我这里有舒服的床铺，你想睡多久就睡多久，不会有人来打扰你。而且，我保证没有任何事情需要你做。"

于是，这个人就住了下来。

开始的一段日子，这个人吃了睡，睡了吃，他感到非常快乐。渐渐地，他觉得有些寂寞和空虚了，便去见宫殿主人。他抱怨道："这种每天吃吃睡睡的日子，过久了也没有意思。我对这种生活已经提不起一点兴趣了。你能否为我找一个工作？"

宫殿的主人答道："对不起，我们这里从来就不曾有过工作。"

又过了几个月，这个人实在忍不住了，又去见宫殿的主人："这种日子我实在受不了了。如果你不给我工作，我宁愿去下地狱，也不要再待在这里了。"

宫殿的主人轻蔑地笑了："你认为这里是天堂吗？这儿本来就是地狱啊！"

懒惰就是地狱，生性懒惰，却想进入天堂，这无疑是一种异想天开。懒惰不改，要想获得成功，注定是要失败的。毫无疑问，懒惰者是不能成大事的，因为懒惰的人总是贪图安逸，总想天上能够掉馅饼，这对成功来说是大忌。

懒惰是成功的拦路虎，它给个人带来的是毁灭，它从来没有什么好的声音。

一位哲学家看到自己的几个学生并不是很认真地听他讲课，而且学生们对自己将来要做什么也含混不清，于是，哲学家打算给学生上一节特殊的课。

哲学家带着自己的学生来到了一片荒芜的田地，田地里早已是

杂草丛生。哲学家指着田里的杂草说："如果要除掉田里的杂草，最好的方法是什么呢？"

一位学生想了一下，对哲学家说："老师，我有个简便快捷的方法，用火来烧，这样很节省人力。"哲学家听了，点点头。

另一个学生站起来说："老师，我们能够用几把镰刀将杂草清除掉。"哲学家也同样微笑地点点头。

第三位学生说："这个很简单，去买点除草的药，喷上就可以了。"

听完学生的意见，哲学家便对他们说道："好吧，就按照你们的方法去做吧。如果你们不能清除掉杂草，那4个月后，我们再回到这个地方看看吧！"

学生们于是将这块田地分成了三块，各自按照自己的方法去除草。

用火烧的，虽然很快就将杂草烧了，可是过了一周，杂草又开始发芽了；用镰刀割的，花了4天的时间，累得腰酸背疼，终于将杂草清除一空，看上去很干净了，可是没过几天，又有新的杂草冒了出来；喷洒农药的，只是除掉了杂草裸露在地面上的部分，根本无法消灭杂草。几个学生失望地离开了。

4个月过去了，哲学家和学生们又来到了自己辛苦工作过的田地。学生们惊讶地发现，曾经杂草丛生的荒芜田地现在已经变成了一块长满水稻的庄稼地。学生们脸上露出了不解的神情。

哲学家微笑着告诉他的学生：要除掉杂草，最好的办法就是在杂草地上种上有用的植物。

这确实是一次不寻常的人生之课。清除杂草如此，克服懒惰也应该如此。只有勤奋才能彻底战胜懒惰，这才是最根本的应对之道。

古罗马人有两座圣殿：一座是勤奋的圣殿，另一座是成功的圣殿。他们在安排座位时有一个秩序，就是必须经过前者，才能达到后者。

那些试图绕过勤奋去寻找成功的人，总是被排斥在荣誉的殿堂之外，因为勤奋是通向成功的必经之路。

克服拖延的陋习

拖延的是生命，浪费的是激情。

——罗曼·罗兰

"我今天已经做了很多事，可以奖励自己放松一下了……""明天什么事也没有，不如明天做……""今天天气很难得，不能待在屋里……"这样的话并不新鲜了，拖延在我们的生活中随处可见，如果哪天你把一天的时间记录一下，会惊讶地发现，拖延这个坏习惯让我们耗掉了很多时间。

其实，拖延就是纵容惰性，它容易消磨人的意志，使你对自己失去信心，怀疑自己的毅力，怀疑自己的目标，一拖再拖，最终一事无成。成功者为了打败拖延这个敌人，往往会给自己制定一张严密而又紧凑的工作计划表，然后坚决地去执行它。

人们问富兰克林："你怎么能做那么多事呢？""您看看我的时间表就知道了。"富兰克林说道。他的作息时间表是什么样的呢？

5点起床，规划一天的事务，并自问："我这一天要做些什么事？"上午8~11点、下午2~5点，工作；中午12~1点，阅读、吃午饭；晚6~9点，吃晚饭、谈话、娱乐、检查一天的工作，并自问："我今天做了什么事？"

朋友劝富兰克林说："天天如此，是不是过于……"

"你热爱生命吗？"富兰克林摆摆手，打断朋友的话，"那么别浪费时间，因为时间是组成生命的材料。"

富兰克林说："把握今日等于拥有两倍的明日。"然而今天该做的事拖延到明天，明天也无法做好的人，占了一半以上。不能做好今天的事，就无法做大事，无法成功。所以，应该经常抱着"必须把握今日去做完它，一点也不可懒惰"的想法去努力才行。

对于拖延的坏习惯，我们每个人都可以进一步反省一下，看看可以采取哪些方法改掉这个陋习。要改掉这个陋习，并不需要你在精神上作出很大的努力，拖延这个坏习惯完全是由你自己造成的，丝毫没有任何文化环境的影响。拖延，只会让机会白白溜走，而一个办事干练、为人精明的人都具有直率和迅速的性格，他们看准机会，就会迅速付出行动。

查尔斯是一个打猎爱好者，他最喜欢的生活是带着钓鱼竿和猎枪步行50千米到森林里，过几天以后再回来，筋疲力尽、满身污泥，却快乐无比。

这一嗜好唯一不便的是，他是个保险推销员，打猎钓鱼太花时间。有一天，当他依依不舍地离开心爱的鲈鱼湖，准备打道回府时，突发异想：在这荒山野地里会不会也有居民需要保险？这样我不就可以在户外逍遥的同时工作了吗？结果他发现果真有这种人：他们是阿拉斯加铁路公司的员工。他们散居在沿线50千米各段路轨的附近。可不可以沿铁路向这些铁路工作人员、猎人和淘金者卖保险呢？

查尔斯就在想到这个主意的当天开始积极计划。他向一个旅行社打听清楚以后，就开始整理行装。

查尔斯沿着铁路沿线开始了他的工作。很快他就成为那些与世隔绝的家庭最欢迎的人，不只因为没有人跟他们打交道，而他却前来卖保险，还因为他代表了外面的世界。不但如此，他还学会理发，替当地人免费服务。并且无师自通地学会了烹饪，由于那些单身汉吃厌了罐头食品和腌肉，他的手艺自然使他变成了最受欢迎的贵客。

同时，他也正在做自己最想做的事，徜徉于山野之间、打猎、钓鱼，过着自己想要的生活。

今日想到就立刻付诸行动，努力做到，一定不要拖延，因为明日还有新的计划和新的事情，正是那超强的行动力让查尔斯获得更多的机会。那些在事业上成功的杰出人士总能够克服一般人都会具有的拖延，因为他们知道时间的易逝、时间的可贵，所以，对于时间，他们总是像对待生命那样珍惜。

命运无常，良机难在。歌德说："把握住现在的瞬间，你想要完成的事务或理想，从现在开始做起。只有勇敢的人才会拥有天才的能力和魅力。因此，只要做下去就好，在做的过程当中，你的心态就会越来越成熟。那么，不久之后你的工作就可以顺利完成了。"人的成功就在于，每当有某种天才的、美妙的设想出现在心里的时候，他们绝不会拖延，而是抓住机会，动手去做。只有克服拖延的坏习惯，我们才能跑在时间的前头。

用责任感督促自己勤奋起来

人是文化的创造者，也是文化的宗旨。真正有文化的人的基本品质，就应该是意识到他对继承人和他的事业的继承者，即对孩子们所负的责任。

——高尔基

有很多词汇对任何年龄、性格、种族的人都有非凡的意义，比如"爱""责任""理想"等。其中，"责任"这个词汇有特别之处。对于婴幼儿来说，责任是成长；对于青少年来说，责任是发展自己、学得智慧；对于中年人来说，责任是家庭、事业；对于老年人来说，责任是总结人生、沉淀智慧、启示后人。

当然，每个人所处的环境又会决定他在自己的人生阶段中承担着怎样的责任，一般来说，一个人承担的责任越大，那么他的价值也就越大。当你需要对很多人负责的时候，那么你就要更加勤奋和努力，成为人中领袖。

威尔玛·鲁道夫从小就"与众不同"。因为小儿麻痹症，不要说像其他孩子那样欢快地跳跃奔跑，就连正常走路都做不到。寸步难行的她非常悲观和忧郁，当医生教她做一点运动，说这可能对她恢复健康有益时，她就像没有听到一般。随着年龄的增长，她的忧郁和自卑感越来越重，甚至拒绝包括父母在内所有人的靠近。这给她的家人带来了巨大的痛苦和愧疚感，却拿她毫无办法。也有个例外，邻居家那个只有一只胳膊的老人却成为她的好伙伴。

这天，她被老人用轮椅推着去附近的一所幼儿园，操场上孩子们动听的歌声吸引了他们。当一首歌唱完，老人说道："我们为他们鼓掌吧！"她吃惊地问道："我的胳膊动不了，你只有一只胳膊，怎么鼓掌啊？"老人对她笑了笑，解开衬衣扣子，露出胸膛，用手掌拍起了胸膛……老人对她笑了笑，说："每个人的生命都是背负着责任的，你要对自己的人生负责，你也有责任让父母和身边的人幸福，而非传递痛苦。只要努力，一只巴掌一样可以拍响。"

一句话猛然把威尔玛·鲁道夫敲醒。那天晚上，她让父亲写了一张纸条，贴到了墙上，上面是这样的一行字："一只巴掌也能拍响。"从那之后，她开始配合医生做运动，无论多么艰难和痛苦，她都咬牙坚持着。有一点进步了，她又以更大的受苦姿态，来求更大进步。甚至父母不在时，她自己扔开支架，试着走路。蜕变的痛苦是牵扯到筋骨的。她坚持着，她相信自己能够像其他孩子一样行走、奔跑。她要行走，她要奔跑……11岁时，她终于扔掉支架，她又向另一个更高的目标努力着，她开始锻炼打篮球和参加田径运动。

1960 年罗马奥运会女子 100 米跑决赛，当她以 11 秒 18 第一个撞线后，掌声雷动，人们都站起来为她喝彩，齐声欢呼着这个美国黑人的名字：威尔玛·鲁道夫。

那一届奥运会上，威尔玛·鲁道夫成为当时世界上跑得最快的女人，她共摘取了 3 枚金牌。

成就威尔玛·鲁道夫的是什么？答案有很多，但毫无疑问，老人给她带来的启示唤醒了她对人生的责任感，对家人的责任感。这督促她勇敢地触碰自己心底的伤结，更加努力和勤奋地面对人生。也是这份爱与责任为她打开了一扇光明之门，成为她走过那段灰暗日子的精神支柱。

责任是一个人成长的动力。一个人要想跨进成功的大门，就必须持有一张门票——责任感。责任感是每个人都必须具备的品质，同时也是一个人走向成熟的重要标志。

在火车上，一位孕妇临盆，列车员广播通知，紧急寻找妇产科医生。这时，一位妇女站出来，说她是妇产科的。列车长赶紧将她带进用床单隔开的病房。毛巾、热水、剪刀、钳子什么都到位了，只等最关键时刻的到来。产妇由于难产，非常痛苦地尖叫着。那位妇产科的妇女非常着急，将列车长拉到产房外，说明产妇的紧急情况，并告诉列车长她其实只是妇产科的护士，并且由于一次医疗事故已被医院开除。现在这个产妇情况不好，人命关天，她自知没有能力处理，建议立即送往医院抢救。

列车距最近的一站还要行驶一个多小时。列车长郑重地对她说："你虽然只是护士，但在这趟列车上，你就是医生，你就是专家，我们相信你。"

车长的话感动了护士，她准备了一下，走进产房前又问："如果万不得已，是保小孩还是大人？"

"我们相信你。"护士明白了，她坚定地走进产房。列车长轻轻地安慰产妇，说现在正由一名专家在给她手术，请产妇安静下来好好配合。

出乎意料，那名护士单独完成了她有生以来最为成功的手术，婴儿的啼声宣告了母子平安。

那对母子是幸福的，因为遇到了热心人；那位护士也是幸福的，她不仅挽救了两个生命，而且找回了自信与尊严。因为责任，因为信任，她由一个不合格的护士成了一名优秀的医生。

一个人应该为自己所承担的责任感到骄傲，因为他已经向别人证明，他比别人更突出、更强、更值得信赖。

美国总统林肯曾这样说过："我——对全美国人，对基督世界，对历史，而且，最后，对上帝负责。"林肯成就了自己伟大的人生，得到了世人的尊敬与敬仰，应该说这与他的责任感不无关系。想证明自己最好的方式就是去承担责任。

勤奋耕种，才能收获梦想的果实

天才就是无止境刻苦勤奋的能力。

——卡莱尔

勤奋成就梦想，再美好的愿望如果不付诸行动，不勤奋努力，也只是空想。勤奋是一笔价值远远超过金子的财富，金子虽然珍贵，但却是不会失而复得的。纵然你有黄金万两，但若一味挥霍，就会坐吃山空，唯有勤劳才是永不枯竭的财源。

有一个农夫，他感觉自己将不久于人世，便把三个儿子叫到身边，对他们说："我死了以后，这间房子和田地都是你们的，你们可以平分。

另外，我还有一罐财宝埋在田地里面，这些财宝足以让你们一辈子吃穿不愁。有一天我会告诉你们那些财宝埋藏的具体地点。"老农夫说了一大通，儿子们听着，眼睛都发亮了。可老农夫直到死的那一刻，也没有告诉儿子们藏宝地点。

儿子们照着父亲的遗言平分了田地，都希望那罐财宝能埋在自己所分的田地里。因为父亲确实说过财宝埋在祖传的田地里，于是，他们三个人分头挖掘自己的田地。他们整天早出晚归地翻耕，但除了几块破瓦片，什么财宝都没有找到。一年过去了，那罐财宝仍然没有找到，不过田里的收成比以往任何一年都要好。

他们终于领悟了父亲临死前所说的话语：辛勤劳动就能创造财富。原来，"辛勤劳动"就是父亲留给他们的最重要的财宝。

人自身的劣势并不可怕，可怕的是缺少勤奋的精神。懒惰是人的本性，稍不留神就会流露出来，我们要勤，就要忌"懒"、忌"惰"，因此我们要时刻提醒自己："成事在勤，谋事忌惰。"要知道，人生短暂，懒惰就如自杀。勤奋的人瞧不起懒惰的人，心灵的恬静是勤奋的人始终追求的，而懒惰的人缺少的是行动，他们是思想的巨人、行动的矮子。

爱迪生说："天才是百分之九十九的汗水加百分之一的灵感。"一句话道出了天才之为天才的真谛。也许正在学习画画的你，看到《蒙娜丽莎》会惊艳它的美丽，赞叹达·芬奇的巧夺天工，可是，如果没有刻苦的练习，又怎么会有他日后的成就呢？无论一个人的资质是多么优秀，要想获得成功，都必须付出努力。先天的聪慧秉性并不是我们获得成功的保证。

贝多芬1770年12月16日出生在波恩的一个音乐世家。他从小就接受音乐的熏陶，与音乐结下了不解之缘。然而他初学音乐的经历是痛苦的。由于母亲去世，父亲嗜酒如命，毫不顾家，两个弟弟年龄又小，照料家庭的重担落在了贝多芬的身上。他只得一边挣钱养家，一边要同嗜酒挥霍的父亲做斗争。除此之外，强烈的求知欲又促使他多方求索。他设法到波恩大学旁听伦理哲学课，学习古典文学，阅读莎士比亚、歌德、席勒等人的作品，用多种的知识丰富自己。

在1796年时，贝多芬突然患上了耳疾，可他没在意，认为很快就会好的。偏偏他的耳疾不仅没有好转，还更加严重起来。到1819年，贝多芬彻底丧失了听觉，而他的心也彻底地碎了。

面对命运的严酷打击，贝多芬没有屈服，他从痛苦和折磨中站了起来，他的心又重新回到希望和坚强这边，他还发誓要更加勤奋："我要向命运挑战！我要扼住命运的咽喉，不让它毁灭！"从此，他便努力编写乐曲，奋发向上。

就这样，贝多芬战胜了病痛，创作了大量令人称绝的交响乐，以及其他一些音乐作品，成了一位举世闻名的大音乐家和作曲家。

1824年5月7日，贝多芬带领他的乐队演奏他自己创作的《第九交响曲》。演奏完时，他们所在的演出地区——维也纳的晚会会场响起了震耳欲聋的掌声。

天道酬勤是亘古不变的真理。先天的资质再好，也需要后天的刻苦努力。勤奋耕种，才能收获梦想的果实。

勤奋是成功的根本，只要勤奋就能克服一切困难，成就一番事业。如果没有勤奋，就是有再好的条件，也很难取得最佳效果。让我们把勤奋移到身体里，植到心灵中，让它开出灿烂的花朵，结出梦想的果实。

第七章

习惯是日复一日地养成的

好习惯可以赢得巨大价值

既然习惯是人生的主宰，人们就应当努力求得好的习惯。

——培根

习惯是一种顽强的力量，它能主宰人的一生。好的习惯可以助我们赢得巨大的价值，而坏的习惯也能毁掉我们的一生。那些成功人士，很注重习惯对自身的影响，所以他们努力地在生活中积累自己的好习惯。

年轻时的富兰克林发现，成功的关键在于完善的个性。经过精心总结，他认为这完善的个性应包括以下13个原则：节制、寡言、秩序、果断、节俭、勤奋、诚恳、公正、适度、清洁、镇静、贞洁、谦逊。

通过进一步研究，富兰克林发现仅仅知道这13项原则并不能使

131

自己成功。只有经过刻苦的修炼，把这13项原则变成自己的13种习惯，才有成功的可能。

于是，他认真为自己准备了一个本子，每一页打上许多格子。他当时非常清楚，一段时间只专注于一项修炼，才是最有效的。否则，会适得其反。于是他头一个星期只专注于"节制"，每天检查自己为人处世是否"节制"，并在本子上做上记号。

一个星期后，由于天天盯住自己是否"节制"，并坚持每天监督，他惊喜地发现，这"节制"慢慢地在他身上生根了。

尝到了甜头，第二个星期他每天盯住第二项——"寡言"，并对第一项"节制"复习巩固；第三个星期盯住第三项——"秩序"，再对第一项、第二项复习巩固。没想到到13个星期后，他发现自己的举手投足、为人处世、待人接物发生了根本性的改变。

一年后，富兰克林完全变了，这种变化已融入他的血液，渗入他的灵魂，浸透到他每一个细胞里。

富兰克林深深地意识到好的习惯对自己走上成功的影响，所以他刻苦地将每一个好的习惯从书本修炼到自身。其实，习惯的养成，就是对动作的积累，是脑神经指令的重复。当你把一种行动做得多了，脑神经所受的刺激和记忆就越深刻，这时候你的反应也就更加熟练，久而久之就形成了一种习惯。

良好的习惯是人一生中最宝贵的财富，一个习惯养成一种品格，一种品格决定一种命运。拥有良好习惯的人，总是让自己人生走向良好的一面，生活中充满了快乐和幸福，实现自己人生中的巨大价值。

高斯非常善于思考，这种良好的思维习惯在他小时候就已经表现出来了。高斯的父亲是泥瓦厂的工头，每星期六他总是要发薪水给工人。在高斯3岁时，有一次当他正要发薪水的时候，高斯站了起来说：

"爸爸，你弄错了。"然后说了另外一个数目，原来3岁的高斯趴在地板上，一直暗地里跟着爸爸计算该给谁多少工钱，重算的结果证明小高斯是对的，这把在场的人都惊得目瞪口呆。

高斯10岁时，有一次他的数学老师让全班同学解答一道习题："计算出 1+2+3+4……+100＝？"这个题目在今天早已家喻户晓，可是在那个时候、那个场合，对于一群小学生来说，还真不容易。要算出这么长的算术题耗时不少，孩子们都想争取第一个算出来，于是都紧张地算了起来。

只有高斯还没有开始动手，他在想，难道一定得经过这么复杂的计算过程吗？这时候，老师看见了他，走上前来问他怎么了，为何还不开始计算，高斯说他已经知道答案了，是5050。老师十分诧异，问他是否提前做过这道题。高斯告诉老师他没算过，他通过观察发现这一组数字中1加100等于101，2加99等于101……这样的等式一共有50个。因此这道题可以简化为"101×50＝5050"。

也许你会说高斯很聪明，实际上他只是把善于思考养成了一种习惯而已，这种习惯又形成了他善于思考的性格，所以在他遇到难题的时候，他总是受习惯的驱使去开动脑筋，积极思考。也正是因为这种积极思考的好习惯，使高斯成为近代数学的奠基者之一，在历史上颇有影响。

世界著名心理学家威廉·詹姆士说："播下一个行动，收获一种习惯；播下一种习惯，收获一种性格；播下一种性格，收获一种命运。"养成良好的习惯，是每个人拥有成功人生的第一课。好习惯一旦养成，就具有一定的稳定性，它可以让你的人生发生巨大的变化，使你一生受益无穷，促使你实现自己宏伟的人生目标。

持久专注地做每一件事

一个人不能骑两匹马，骑上这匹，就会丢掉那匹。聪明人会把凡是分散精力的要求置之度外，只专心致志地学一门，学一门就要把它学好。

——歌德

林肯致力于解放黑奴，并因此成为美国最伟大的总统；莱特兄弟专心于发明飞机，结果征服了天空，成功的人永远是专注于他的梦想的，正是因为他们都全身心地灌注于自己的目标，把非凡的意志和顽强的毅力投入于梦想当中，所以才取得了举世瞩目的巨大成功。

不断地勤奋努力，全身心地投入，相信每个人都能开拓出自己的一片天地。当你专注于自己的学习，不再惦记着电视上正在放映着的动画片，不再挂念那盒没有吃完的巧克力时，你会发现自己的学习效率、学习成绩都会得到快速的提高。

有的人想成为知名的企业家，有的想成为闻名于世的艺术家，有的想成为学贯古今的学者，还有的想成为叱咤风云的政治家，还有军人、运动健将……人的想法往往很多，他们可能也下定决心为了自己的梦想努力过，只是这种决心并未持久和专注，因此，他们也看似整日奔波忙碌，但最终却是一无所得。

有一个很有名望的主教正在花园中虔诚地祷告。此时，一名心慌意乱的侍女跑过，焦急地寻找她丢失的孩子。

由于心焦情切，她并没有注意到跪在那里祈祷的主教，结果在他身上绊了一跤后，半句道歉的话也未说，就往前走了。

主教经她一踩，心中颇为恼怒。就在他祈祷完时，侍女找到了小孩，高高兴兴地走回来。一看到主教满面怒容地站在那里，她吃了一惊，也大为惶恐。主教生气地说："你可不可以解释一下刚才的行为？"

侍女回答说："对不起，主教，我刚才一心惦念着孩子的安危，所以没有注意到你在那里。当时，你不是正在祈祷吗？你所祈祷的对象，不是比我的孩子还要珍贵千万倍吗？你怎么还会注意到我呢？"

主教低头不语。

用心不专是一个人生活中的大忌，生活中很多人难以做到专心致志。他们做任何事情都不能竭尽心力，于是就像凿井，花了许多时间和精力凿开许多浅井，却不会花同样的时间和精力去凿一口深井，所以，他们最终喝不到甘甜的井水。主教都不能完全专注于自己的本职——祷告，可见，专注的确不是很容易的事情。不过，当你对自己做的事情感兴趣的时候，你就会不知不觉专注于它。

酷暑的阳光，不足以使火柴自燃，而用凸透镜聚光于一点，即使是冬日的阳光，也能使火柴和纸张燃烧，这就是"专注"的巨大威力。一个用心不专的人往往一事无成；而当一个人把他所有的精力凝缩成一点时，他会成为一把所向披靡的利刃，战无不胜。

反省是进步的阶梯

反省是一面莹澈的镜子，它可以照见心灵上的玷污。

——高尔基

一个人之所以能够不断进步，在于他能够不断自我反省，找到自己的缺点或者做得不好的地方，然后不断改正，以追求完美的态度去做事。每天我们都应该抽出几分钟来进行自我反省，这对我们来说应该是很简单的一件事，却可以纠正为人处世的不足。

爱因斯坦小时候不爱学习，成天跟着一帮朋友四处游玩，不论妈妈怎么规劝，他都听不进去。这种情况发生转变是在爱因斯坦16岁那年。

一个秋天的上午，爱因斯坦提着渔竿正要到河边钓鱼，爸爸把他拦住，给他讲了一个故事："昨天，我和隔壁的杰克大叔去给一个工厂清扫烟囱，那烟囱又高又大，要上去必须踩着里边的钢筋爬梯。杰克大叔在前面，我在后面，我们抓着扶手一阶一阶爬了上去。下来的时候也是这样，杰克大叔先下，我跟在后面。钻出烟囱后，我们发现一个奇怪的情况：杰克大叔一身上下都蹭满了黑灰，而我身上竟然干干净净。

"当时，我看着杰克大叔的样子，心想自己肯定和他一样脏，于是跑到旁边的河里使劲洗。可是杰克大叔呢，正好相反，他看见我身上干干净净的，还以为自己和我一样呢，于是随便洗了洗手，就上街去了。这下可好，街上的人以为他是一个疯子，望着他哈哈大笑。"

爱因斯坦听完忍不住大笑起来，父亲却郑重地对他说："别人无法做你的镜子，只有自己才能照出自己的真实面目。如果拿别人做镜子，白痴或许会以为自己是天才呢。"

爱因斯坦听了，惭愧地低下了头。

从此以后，爱因斯坦不再去找那群顽皮的伙伴。在他以后的人生历程中他时时反省自己，终于成为人类历史上最伟大的物理学家之一。

能够时时审视自己的人，一般来讲，他的过错都非常少，因为他会时时考虑：我到底有多少力量？我能干多少事？该干什么？我的缺点在哪里？为什么失败了（成功了）？这样就能轻而易举地找出自己的优点和缺点，为以后的行动打下基础。

在日常的生活中，我们常常会遇到如何要求别人，如何对待自己的问题。待人与律己的态度，可以充分反映一个人的修养，也是决定他能否与人很好地相处的重要因素。试想，一个在课堂上都大声喧哗的同学，如果指责课间休息时玩耍的同学吵闹，这种指责会让别人信服吗？

列夫·托尔斯泰在青年时期，曾有过一段放荡的生活，生活很不检点，整天醉生梦死，有很多的不良习惯，如贪玩、赌博。但不久，他立即醒悟，认真地进行了自我反省。他认为，自己的放荡行为等同于禽兽，对自己十分不满。他又把错误的原因详细列出来，写在日记本上，共有8点：1.缺乏刚毅力；2.欺骗自己；3.有少年轻浮之风 4.不谦逊；5.脾气太躁；6.生活太放纵；7.模仿性太强；8.缺乏反省。这一次反省，好像一个霹雳打在他的身上。他决心结束放荡生活，改正不良习惯，于是跟他哥哥尼古拉来到高加索，在炮兵队里当一个下级军官，并迈上文学创作之路。

列夫·托尔斯泰的故事告诉我们，一个人要想进步，要想成就一番事业，就必须具有自我反省和自我修正的能力。在反思和调整的过程当中认清自我，读懂现状，明确未来，才能成为一个有正确方向感的聪明舵手，才能驾驭好自己的命运大船。人生天地间，浮浮沉沉、起起落落是常有的事情，这就要求我们必须随时自我反省，修正自己的错误，扬长避短。一个不会自我反省的人永远也长不大。学会自我反省的人，就等于掌握了自我完善和健康成长的秘方。

保持节俭的生活作风

节俭是你一生中食之不完的美筵。

——爱默生

如今，我们谈起节俭，似乎让人感觉近似于"抠门儿"，是一件很丢面子的事。其实，节俭是一种美德，无论到什么时候都不会过时，而节俭也是个人理财中最重要的元素之一，节俭不是不爱生活，而是用更理性的态度去享受生活。节俭是我们累积财富的一种手段，但是要做一个节俭的人确实很不容易的。

英国女王伊丽莎白二世比达拉斯或阿拉伯的任何石油富豪和巨贾更为富有，据说，她的财产价值不下25亿英镑。虽然如此富有，女王仍然十分注意节约。有句英国谚语常挂在女王的嘴边："节约便士，英镑自来。"

在白金汉宫，不仅照明，而且供暖也是保持在最低限度，女王还用小电炉来暖和宽敞的大厅。应邀到郊外农村的皇家住宅去做客的人，被告知需带毛衣，因为那里"暖气并非24小时供应"，还请应邀者自带酒去，因为"我们并不是大酒鬼"。

皇宫里相当部分的家具已经"老掉了牙"，几乎要散架了。自维多利亚女王时代以来，皇宫里的家具从未更新过。当参观皇宫者看到经过修补的沙发和地毯、已经很不像样的挂毯时，无不为之惊叹。

女王坚持只用上面印有查尔斯王子纹章的特制牙膏，因为这种牙膏可以挤到一点也不剩下。女王如果看见掉在地上的一根绳子或带子，也要捡起来塞进口袋里，认为这些东西会有用场。女王很喜欢马，但在马厩里，马不是睡在干草上，而是睡在旧报纸上，因为干草太贵。

"节约便士，英镑自来。"英国女王都这样对自己要求了，何况我们呢？其实节俭是一种简单淳朴的生活作风，无论我们在身体上还是在精神上，保持这种勤俭节约的生活态度，对我们每个人都是有益的。

不论你是富有还是贫穷，都应该对金钱保持一个正确的态度，该省则省，当用则用，把钱花对地方，才能升华生命的意义。一个懒惰成性、习惯奢侈的人不可能取得事业上的成功。事实上，大凡事业上有所成就的人，他们都是勤劳节俭的人。

尽管山姆·沃尔顿是世界级富翁，但他从没购置过豪宅，一直住在本特威尔，开着自己的旧货车进出小镇。镇上的人都知道，本特威尔是个"抠门儿"的老头，每次理发都只花5美元，这是当地理发的最低价。但是，这个"抠门儿"的老头却向美国5所大学捐了数亿美元，并在全国范围内设立了很多奖学金。

山姆·沃尔顿的几个儿子也都继承了他"抠门儿"的性格。美国大公司的高层一般都有自己豪华的办公室，但沃尔玛现任总裁吉姆·沃尔顿的办公室却只有20平方米，董事会主席罗宾逊·沃尔顿的办公室则只有12平方米，而且办公室内的陈设也都十分简单，以至于沃尔玛被人们形容成"'穷人'开店穷人买"。

正因为沃尔玛的"节俭"，使得它在短短几十年的时间内，迅速扩大发展起来。目前，沃尔玛在美国拥有连锁店1702家，超市952家，"山姆俱乐部"仓储超市479家；在海外还有1088家连锁店。2000年，沃尔玛全球销售总额达到1913亿美元，超过了美国通用汽车公司，仅次于埃克森·美孚石油，位居全球500强企业第二。

节俭不是口号，要靠实际行动，在身体力行中，我们更能体会到节俭的意义和价值。在我们的生活中，适当的"小气"可以生财。它不同于吝啬，而是一种理财哲学，是一种生活的智慧，是对自己所拥有的资源进行最合理配置的方法和艺术，是用最少的钱获得最大的享受，用最合理的安排来获取最大的利益。节俭不仅能使我们的财富更多一些，而且能使我们的生活更有情趣，更富有挑战性。

自古以来，只有勤俭节约致富，却从未有过挥霍家财创富的先例。挥霍无度只会败坏家产，坐吃山空最终受苦受穷的人只会是自己。一个人修身养性需要勤俭节约，一个国家富强进步同样也需要勤俭

节约。

主动调整生活的节奏

对节奏的敏感，正如一般的音乐能力一样，是人类的心理和重量本性的基本特质之一。

——普列汉诺夫

这个世界节奏太快，快得让每个人都得绷紧了弦，甚至随时奔跑起来。空气中似乎弥漫了紧张压抑的气息，我们的表情和行为都充满着紧张，我们总是焦虑和不安，紧张已经像一张大网牢牢地伸到每个人的生活和工作中。

人们日出而作，日落而息，一日三餐，劳逸结合，张弛有序，这种生活的模式是依据人的生理节奏、大自然的变化节奏、天体的运转节奏等设计建立起来的。它内在的根据是人对这些节奏规律的把握和顺应。人类的全部文明实践已证明，认识、把握和顺应了这些节奏，人的世界才变得更加美好，人的生活才变得轻松而愉快。

著名的设计师安德鲁·伯利蒂奥曾经是一个疲于奔命的工作狂。每天，他把大量的时间用在设计和研究上，除此之外，他还负责很多方面的事务。时间长了，他的设计受到了很大影响，常常到最后关头才拿出作品，并且因为时间紧凑，作品的质量常常不尽如人意。

其实，他的时间有很大一部分浪费在管理其他乱七八糟的事情上，而最重要的设计工作反而只能占用一小部分时间。

有人问他："为什么你的时间总是显得不够用呢？"他笑着说："因为我要管的事情太多了！"但他没弄明白，关键的原因在于他没有分清工作内容的主次。

后来，一位教授见他整天忙得晕头转向，仍然没有取得骄人的成绩，便对他说："人大可不必那样忙！"

就是这句"人大可不必那样忙"给了安德鲁很大的启发，他在听到这句话的一瞬间醒悟了。他突然发现自己虽然整天都在忙，但做出的真正有价值的事情实在是太少了。这样做实在一点好处也没有，反而会制约目标的实现。

如梦初醒的安德鲁从此调整了时间的分配，有了时间管理的意识。他除去了那些无关紧要的细小工作，把时间主要用在方案的设计上。因为时间得到了有效的运用，不久之后，他出版了传世之作《建筑学四书》，此书被称作建筑界的"圣经"。

这个故事说明了什么呢？它告诉我们，人生有一个自然而美好的节奏，只有按着这个节奏一步一步走下去，才能到达美好人生的终点。生命需要积淀，需要思考，需要整理，而这些都与速度无关。有时候慢是为了更快，快慢之间，张弛之间，蕴含了一种朴素的辩证哲学。

生活中，有效利用财富的人很少，但更让人惋惜的是，懂得该如何利用时间的人更少。善于利用时间要比善于利用财富更重要，这恐怕是一个不用多加说明的常识。所以，时间管理学对于每个人来说都是有实用价值的。有效的时间管理可以让你的工作更为轻松有效，可以让你的生活更加美好。做任何事情都要有计划，分清轻重缓急，然后全力以赴地行动，这样才能成功。

四个20岁的青年去银行贷款。银行答应借给他们每人一笔巨款，条件是他们必须在50年内还清本息。

第一个青年想先玩25年，用生命的最后25年努力工作偿还，结果他活到70岁都一事无成，死去时仍然负债累累。他的名字叫"懒惰"。

第二个青年用前25年拼命工作，50岁时他还清了所有的欠款，但是那一天他却累倒了，不久便死了。他的遗照旁放着一个小牌，上面写着他的名字"狂热"。

第三个青年在 70 岁时还清了债务，然后没过几天他去世了，他的死亡通知上写着他的名字"执着"。

第四个青年工作了 40 年，60 岁时他还完了所有的债务。生命的最后 10 年，他成了一个旅行家，地球上的多数国家他都去过了。70 岁死去的时候，他面带微笑。人们至今都记得他的名字叫"从容"。

贷款给他们的那家银行就叫"生命银行"。

当我们一刻不停地向前奔跑时，因为从不停下来看风景，所以错过了生活的种种美好；因为没有时间思考，所以忘记了最初的理想和生存的意义。生活并不是一味地快，也不是一味地慢，有些人之所以跟不上生活的快节奏，是因为他们自己的步调乱了，太着急"赶路"而不懂得休息，心里太躁而不知道如何让它平静下来。虽然快节奏是现代生活的主旋律，但是适当的停歇是必不可少的。快和慢都是生活所必需的，学会快中有慢、忙里偷闲，才会使生活趋于平衡，保持合理的节奏。

节奏，是一切物种存活、行进、运动过程的形式，是调节物种休养生息的一种规律状态。节奏使一切物种的存活、行进、运动变得有条不紊、秩序井然。节奏是世界的枢纽，是生活的遥控器。

不要让不良习惯毁了你

习惯能成就一个人，也能摧毁一个人。

——拿破仑·希尔

良好的习惯使我们受益一生，而坏习惯会成为我们前进的绊脚石，最终一事无成，甚至会身败名裂。那些四肢不勤的懒人，永远不可能有所成就。习惯是一种强大的力量，坏习惯无疑是对我们一生都产生负面影响的，甚至要到手的成功都可能受坏习惯的驱使而丢掉。

一个穷人用几个铜板买了一本书，并且在里面发现了点金石的秘密。点金石是一块小小的石子，它能将任何一种普通金属变成纯金。书里说，点金石就在黑海的海滩上，和成千上万与它看起来一模一样的小石子混在一起，但真正的点金石摸上去很温暖，而普通的石子摸上去是冰凉的。于是，这个人变卖了他为数不多的财产，买了一些简单的装备，在黑海边搭起帐篷，开始翻捡那些石子。

他知道，如果他捡起一块摸上去冰凉的普通石子就将其扔在地上，他就有可能几百次捡拾起同一块石子，所以当他摸着冰凉的石子的时候，就将它扔进大海里。他这样干了一整天，却没有捡到一块点金石。然后他又这样干了一个星期、一个月、一年、三年，但是他还是没有找到点金石。但他仍继续这样干下去：捡起一块石子，是凉的，将它扔进海里；又捡起另一块，若还是凉的，再把它扔进海里……有一天，他捡起了一块石子，这块石子是温暖的……他仍把它随手扔进了海里。因为他已经形成了一种习惯。他已经如此习惯于做扔石子的动作，以至于当他捡起他真正想要的那一块石头时，还是将其扔进了海里！

在现实生活中，我们都是习惯的产物，谁不是遵从着某种习惯来生活的呢？但是，习惯有时会成为你获取成功的障碍。习惯就像飞驰的列车，惯性使人无法停止地向前冲。前方有可能是天堂，有可能是地狱，习惯就是你的方向盘。

我们的生活习惯各不相同，有的人习惯睡懒觉，有的人习惯早起锻炼身体；有的人总是乐观地看待一切，而有的人遇到一点儿小事就会愁眉不展；有的人节俭，有的人铺张；有的人多话，有的人寡言。如此等等，不一而足。或许在我们身上也有自己不习惯的习惯，

而且一直想要把它改掉，总是一拖再拖而没有付诸行动，终有一天，这些坏习惯会给自己带来无止境的害怕和后悔。

约瑟夫是一位贫困的工人，长期以来养成了抽烟的习惯，最终他也为此受到了惩罚。有段时期，约瑟夫抽烟抽得很凶。一次他在度假中开车经过法国，而那天正好下大雨，于是他只得在一个小城里的旅馆过夜。当约瑟夫凌晨两点钟醒来时，想抽支烟，但他发现烟盒是空的，于是他开始到处搜寻，结果毫无所获。这时，他很想抽烟。然而，如果出去购买香烟要到火车站去，大约有6条街的距离。因为此时旅馆的酒吧和餐厅早已关门了。他抽烟的欲望越来越强烈，不断地侵蚀着他的意志。最终他决定出去买烟。然而，当他经过路口时，一辆汽车疾驶而过，而此时他已被烟瘾折磨得神志不清，于是被汽车撞倒了，还好没有受到很大的伤害。

事后，约瑟夫承认，这一切都是抽烟造成的，如果不是长期养成抽烟的坏习惯，也许不会是这样的结果。

习惯是一点一滴、循环往复、无数重复的行为动作养成的。好的习惯是一种坚持，坏的习惯是一种对自己的纵容。有时候一个坏的习惯一旦定型，它所产生的后果是难以想象的，当你感觉到它的坏处时，很可能想抵制也来不及了。

培养认真的习惯

世界上有两种人。一种是生来就对一切都不起劲的，他们活着就是为了过日子，至于为什么过日子，他们是不去理解，不去追究的。另一种人是对一些事情很认真，很希望自己的生命不要浪费的人，然而，他们中却只有一部分人能够认真地去完成自己，而另一部分人却始终拿不出力量来。

——罗曼·罗兰

做事认真的习惯比有才气和博学更重要。许多人并没有具备才智过人的学识，但是他们却能取得令人瞩目的成绩，就在于他们认真。做事认真的人往往可以取得成功，在现实生活中，那些被生活所迫的人，为了能够赚到钱，他们在工作上通常比别人更认真和努力，也更能吃苦，而多数人并没有这种意识，这种人注定只能够拥有庸碌的一生。

乔·坎多尔弗是世界有名的推销大王。当他的第一个孩子降生时，他还是一位数学老师，微薄的收入经常让他力不从心，于是他决定去一家保险公司推销。

保险公司录用了他，要求他必须在未来的3个月中出售10份保险或赚取10万美元的保险收入。为了达到目标，他以每月35美元租了间小屋，并把妻子送回娘家，辛勤工作，每天都要比别人多干几个小时。

不断地努力使他在第一个星期就获得了92000美元的销售额。同年12月，坎多尔弗再次与保险公司签订了6个月代理商的合同。同时，作为对坎多尔弗的鼓励，公司付给他18000美元的酬金和奖励金。1976年，坎多尔弗的推销额达10亿美元。

坎多尔弗在谈到自己的成功时说："我成功的秘密相当简单，为了赚到钱，我可以比别人更认真和努力、更吃苦，而多数人不愿意这样做。"

想要成功，首先你要对成功有一种强烈的渴望。在挖掘人生的第一桶金时，先给自己一个渴望，这种渴望可以成为成功的动力和力量，推动你向前行进。正如乔·坎多尔弗，他必须要成功才得以生活，在成功的路上必然要付出毅力，无论大事还是小事都认真对待，对自己的每一个计划认真执行，在执行计划的过程中，如若失败，也认真地对自己执行惩罚。乔·坎多尔弗的成功，每一步都离不开

认真的习惯，正因为他如此认真地要求自己，他才能成功。

无论在生活还是工作中，那些认真用心的人总是深受人们的欢迎，这个世界同样也是给那些认真用心的人预备的，认真用心的人是积极进取的人，他们思想活络，考虑问题的时候深刻周全，在遇到困难时，他们敢于去主动出击寻找机会，在短暂失败的时候，不找任何借口，勇于承担责任。这些人无论遇到大事还是小事，一旦有了自己的信念，便认真地去执行。

电视上正在播放非洲孩子因为没有水喝而渴死的报道，主持人在节目结束的时候呼吁大家，只要捐上70美元就能给这些非洲孩子挖出一口水井。电视机前的小男孩正好看到了，他拉着妈妈的手央求道："妈妈，我要捐70美元给非洲的孩子挖一口井。"但妈妈根本就没当回事。

于是，小男孩每天都要向父母请求，小男孩的爸爸妈妈不得不认真地讨论这件事，他们告诉他可以通过自己的劳动来凑钱，比如做家务。

小男孩的第一份"工作"就是帮助妈妈打扫客厅的卫生，最后，他从妈妈那里得到了2美元。每当爸爸妈妈劝他放弃时，小男孩就说："我一定要赚到足够的钱，为非洲的孩子挖一口水井！"小男孩每天睡觉前都要祈祷一次：让非洲的每一个孩子都喝上洁净的水。附近居住的人知道了小男孩的梦想，被小男孩的执着感动了，纷纷帮助他。不久，小男孩的故事上了报纸和电视台，他的名字也传遍了整个国家。

一个月后，在小男孩家的邮筒里出现了一封陌生的来信，里面有一张30万元的支票，还有一张便条："但愿我可以为你和非洲的孩子们做得更多。"

在不到两个月的时间里，就有上千万元的汇款来支持小男孩的梦想。4年过去了，他的梦想已基本实现，在缺水最严重的非洲乌干达地区，有 56% 的人能够喝上纯净的井水了。

甘泉代表着的不仅仅是希望，还有一个小男孩的信念和梦想。正是因为小男孩对一口井的执着和认真，使他的梦想变成了现实，也给别人带来了希望。有时候我们总是过分地夸大自己与成功的距离，于是我们变得连梦想都不敢有了，这等于给自己的前进之路设置障碍。人活着应该给自己一个努力的方向，然后就去执着和认真地对自己的梦想付出行动，这样就会离成功又近了一步。

无论什么时候，一旦你有了梦想，就要对自己的梦想认真，然后执着地前进。这种认真的好习惯，能够促使你在平凡的事情上做出不平凡的成绩。用心生活，踏踏实实地做好自己的事情，试着做一名凡事认真的人，养成一种认真的习惯，才能逐渐积累经验，锻炼自己的能力，增长自己的学识，成为一名卓越的人，并获得更多更大的发展机会。

要永远坐在第一排

如果不敢去跑，就不可能赢得竞赛；如果你不敢去战斗，就不可能赢得胜利。

——瑞查德·德沃斯

一位哲人曾经说过，态度决定高度。如果凡事你都有永远争做第一的态度，你就能站在第一的高度。但凡失败者，都有甘居人后的心态，他们没有自信去追求成功；而成功者，都能对自己有一个非常清晰的认识，永不止步的追求第一，无数个第一累积起来铸就人生的辉煌。

20 世纪 30 年代，在英国一座普通的小城里，有一个叫玛格丽特的姑娘，从小就在父亲严格的管教下成长。父亲经常向她灌输这样的观点：无论做什么事情都要力争一流，永远做在别人前头，而不能落后于人。

父亲这种近乎残酷的教育理念，培养出了玛格丽特积极向上的决心和信心。在以后的学习、生活或工作中，她时时牢记父亲的教导，总是抱着一往无前的精神和必胜的信念，尽自己最大努力克服一切困难，做好每一件事情，事事必争一流，以自己的行动实践着"永远坐在前排"的誓言。

玛格丽特上大学时，学校要求学 5 年的拉丁文课程。她凭着自己顽强的毅力和拼搏精神，仅在一年之内便修完了 5 年的拉丁文课程。令人难以置信的是，她的考试成绩竟然名列前茅。

玛格丽特不光在学业上出类拔萃，她的体育、音乐、演讲也都出类拔萃。当年她所在学校的校长评价她说："她无疑是我们建校以来最优秀的学生，她总是雄心勃勃，每件事情都做得很出色。"

正是在这种"永远都要坐在前排"精神的激发下，40 多年以后，玛格丽特成为英国乃至整个欧洲政坛上的一颗耀眼的明星。她就是连续 4 年当选保守党领袖，并于 1979 年成为英国第一位女首相，雄踞政坛长达 11 年之久，被世界政坛誉为"铁娘子"的玛格丽特·撒切尔夫人。

"永远都要坐在前排"是一种积极、自信的人生态度，它可以激发你积极进取的精神，促使你努力把梦想变成现实。这种"永争第一"的习惯驱使玛格丽特去把握机会，所以，她终能站到第一的高度俯瞰风景。

也许你会说，第二名与第一名只是很微小的一点点差距。是的，只是一点差距，但是冠军永远只有一个，王者也只有一位。敢于争第一的人是勇士，第二个人则是俗人。因此，第一和第二差的不仅

仅是一个名次，而是一种人生态度。

一位赛车手一赛完车，就回来向母亲报告比赛的结果。他冲进家门叫道："妈妈，有 35 辆车参加比赛，我得了第二名！"

"这值得高兴吗？要我说——你输了！"母亲回答道。

"妈妈，你不认为第一次就跑第二是很了不起的事吗？而且有这么多辆车参加比赛。"他抗议着。

"你用不着跑在任何人后面。如果别人能跑第一，你也能！"母亲严厉地说。

这句话深深刻进了儿子的脑海。

接下来的 20 年中，他称霸赛车界，成为运动史上赢得奖牌最多的赛车选手。他就是理查·派迪。

他的许多项纪录到今天还保持着，没人能打破。20 多年来，他一直没忘记母亲的责备——你用不着跑在任何人后面！

如果别人能跑第一，你也能。同样，如果别人能够成功，你也能。倘若你一直跟在别人的后面，你永远不会有大的作为，只有敢于去争取第一，敢于跑到别人的前面，你才能站到高峰。卓越的人生，只偏爱敢于争取辉煌的人。

在行动之前，先做出详细的计划

一个人不能没有生活，而生活的内容，也不能使它没有意义。做一件事，说一句话，无论事情的大小，说话的多少，你都得自己先有了计划，先问问自己做这件事、说这句话有没有意义，你能这样做，就是奋斗基础的开始奠定。

——戴尔·卡耐基

想要实现自己的梦想，就要付出超强的行动力，但具有行动力并不是说盲目地去行动，而是要对自己的行动有一个详细的计划。行动之前，先做计划，只有这样才能胸有成竹，做事有序，按照计划一步一步地实现自己的人生目标。

有一个人在很小的时候，把自己一辈子想干的大事列了一个表。表上列着：到尼罗河、亚马孙河和刚果河探险；登上珠穆朗玛峰、乞力马扎罗山和麦特荷恩山；驾驭大象、骆驼、鸵鸟和野马……每一项都编了号，总共有127个目标。从那以后，他就开始抓紧一切时间来实现他的那些梦想。

16岁，他和父亲到了佐治亚州的奥克费诺基大沼泽和佛罗里达州的埃弗格莱兹去探险。这是他首次完成了表上的一个项目。

20岁他已经在加勒比海、爱琴海和红海里潜过水了。他还成为一名空军飞行员，在欧洲上空做过几十次战斗飞行。

21岁时他已经到21个国家旅行过。

22岁刚满，他就在危地马拉的丛林深处发现了一座玛雅文化的古庙。同一年他就成为"洛杉矶探险家俱乐部"有史以来最年轻的成员。

26岁时，他和另外两名探险家来到尼罗河之源。紧接着尼罗河探险之后，约翰开始接连不断地加速完成他的目标：1954年他乘筏漂流了整个科罗拉多河；1956年探察了长达2700英里的刚果河；他在南美的荒原、婆罗洲和新几内亚与那些食人族人一起生活过；他爬上过阿拉拉特峰和乞力马扎罗山……

他就是著名探险家约翰·戈达德。

每个人在儿时都有自己的梦想，大多数人只是想想就忘了，更没有对自己的梦想认真地看待，随着年龄的增长，在一天天的生计奔波中将梦想放进了杂物间。为梦想列一张清单吧，然后按照计划，

一步一步地去实现自己的梦想，等到你把梦想变为现实的那一天，你将感到无限的满足。

我们大多数人常常是想得很多，做得很少。为了不造成遗憾，要及早把握成功的机会，让未来的你决定现在应该做的事情。当你把看似不可能实现的梦想列一个详细计划的时候，你只不过是要做好其中的一件件小事而已。

一位牧师想建一座伊甸园一样的水晶大教堂，朋友问他预算，他坦率地说："我现在一分钱也没有，重要的是，这座教堂本身要具有足够的魅力来吸引捐款。"教堂最终的预算为 700 万美元。大家劝他放弃这个不可实现的念头，他坚定地拒绝了，开始了自己的募捐计划。他拿笔在纸上写了 9 种募捐计划：

寻找一笔 700 万美元的捐款；寻找 7 笔 100 万美元的捐款；寻找 14 笔 50 万美元的捐款；寻找 28 笔 25 万美元的捐款；寻找 70 笔 10 万美元的捐款；寻找 100 笔 7 万美元的捐款；寻找 140 笔 5 万美元的捐款；寻找 280 笔 2.5 万美元的捐款；寻找 700 笔 1 万美元的捐款。

30 天后，牧师用水晶大教堂奇特而美妙的模型打动一个美国富翁捐出了第一笔 100 万美元。第 40 天，一对夫妻，捐出第一笔 2000 美元。60 天时，一位陌生人寄给他一张 100 万美元的银行本票。6 个月后，一名捐款者对他说："如果你的诚意和努力能筹到 600 万美元，剩下的 100 万由我来支付。"

第二年，他以每扇 500 美元的价格请求美国人认购水晶大教堂的窗户，付款办法为每月 50 美元，10 个月分期付清。6 个月内，1 万多扇窗户全部售出。10 年后，可容纳 1 万多人的水晶大教堂竣工，成为世界建筑史上的奇迹和经典，这座水晶教堂的所有花费已经超出预算，全部由牧师一人一点一滴募捐筹集。

梦想总是由无到有，由小变大，由少到多，这中间需要一个渴

望成功的人不断地努力与争取。募捐的计划成就了一个世界建筑史上的奇迹，这是牧师对计划的强大执行力的结果，牧师的信仰和百折不挠的信念战胜了那些看似无敌的物质力量。很多事情就是从一张纸、一支笔以及一个计划开始的。

梦想并不是遥不可及的。杰出的人，他们懂得如何去实现自己的梦想——为自己的梦想做一份详细的计划，摆脱懒惰的习惯，立刻行动起来，在追梦的路上走好每一小步，终会走出一个星光大道来。

第八章

生活离不开创意

智慧是永恒的财富

智慧的可靠标志就是能够在平凡中发现奇迹。

——爱默生

生活和工作中，我们常见有的人勤勤恳恳、循规蹈矩，但终其一生也成就不大。而充满智慧的人却在努力寻找一种最佳方法，在有限的条件中发挥才智的作用，将事情做到最完美。爱因斯坦曾说："想象力远比知识更重要。"而智慧却比知识的水平更高。因为智慧就是创造力。

售货员费尔南多是一个犹太人。一天，他去了一个小镇，由于身无分文而无法食宿，他便找犹太教堂的执事。执事对他说："礼拜五到这里的穷人特别多，每家都住满了，唯有金银店老板西梅尔家例外，可是他从不接纳客人。"

费尔南多肯定地说："他肯定会接纳我的。"之后，他就去了西梅尔家，等敲开门后，他神秘兮兮地把西梅尔拉到一旁，从大衣兜里取了一个砖头大小的沉甸甸的小包，小声说：

"请问您一下，砖头大小的黄金值多少钱？"

金银店老板眼睛一亮，可是这时已到了安息日，不能继续谈生意了，为了能做成这笔生意，他便连忙挽留费尔南多在自家住宿，打算到第二天日落后再谈。

于是，在整个安息日，费尔南多都受到热情款待。当周六晚上可以做生意时，西梅尔满面笑容地催促费尔南多把"货"拿出来看看。费尔南多故作惊讶地说："我哪有什么金子，只不过是想问一下砖头大小的黄金值多少钱而已。"

智慧是一个人永不贬值的财富。追求效率是这个社会对我们最基本的要求。在市场经济时代，做任何事情都应该有一个好的结果。工作不单要用力，而且要用心，要善于动脑筋。

我们不能选择自己出生的时间和地点，也不能选择生于什么样的家庭，也没有必要重新选择，因为那并不重要，智慧才是上帝赠予我们最大的财富和幸福，我们要做的就是努力学习，掌握知识，并最终变为自己的智慧财富。一个充满智慧的人，总是有办法用最少的付出，赢得最大的收获。

不可否认，勤奋和韧性是走向成功的必要条件，但是除此之外，我们还应当运用自己的智慧，在行动前积极思考，在行动之中及时调整实现目标的手段。人们脑海中的智慧如同燧石一样，只有不停地敲打，它才会发出耀眼的光芒。有勇气、有智慧的人们通常会选择走一条人迹罕至的道路，只有这样才有可能在成功的路上留下深深的足印。

每个人都有一座创意的宝库

谁还在"拾人牙慧"而不去创造，谁就将面临死亡。

——马克·吐温

世界上每天都有很多人在失败，但同时也有很多人在成功。那些失败者，他们都用千篇一律的方式在行动和处理事情；那些成功者，他们其实只是在平凡的事情上做了一点小小的改动，从而产生了一种新的方式，这种方式给他们带来好运，使他们成功。其实，每个人都有一座创意的宝库，关键在于你要敢于去挖掘。

有一个推销员自称是世界上最伟大的推销员。他曾经卖给牙医一支牙刷，卖给瞎子一台电视机。但朋友对他说："只有卖给驼鹿一个防毒面具，你才算是最伟大的推销员。"

于是，推销员来到一片森林里。"您好！"他对遇到的第一只驼鹿说，"您一定需要一个防毒面具。"

"这里的空气这么清新，我要它干什么？"驼鹿说。

"你要想在这个森林里生存下去，就得有一个防毒面具。"

"对不起，我真的不需要。"

推销员自信地说："您很快就会需要一个了。"说着，他便开始在驼鹿居住的森林中央建造一座工厂。

"你真是发疯了！"朋友说。

"我没有疯。我只是想卖给驼鹿一个防毒面具。"推销员认真地说。

当工厂建成后，许多有毒的废气从大烟囱中滚滚而出，不久，驼鹿就找到推销员说："现在我需要一个防毒面具了。"

"这正是我想的。"推销员说着便卖给了驼鹿一个防毒面具。

驼鹿说："别的驼鹿现在也需要防毒面具，你还有吗？"

"你真走运，我还有成千上万个。"

"可是你的工厂里生产什么呢？"驼鹿好奇地问。

"防毒面具。"推销员骄傲地回答。

人生来的第一行动便是创造，因为只有创造才能带给我们生存的机会。创意的最大特点在于与众不同。我们要在思路的探索和思维的方式上独具慧眼，提出新的创意，找到新的突破。

创新所要解决的是实践中不断出现的新情况、新问题。在我们的生活中，会遇到各种各样的难题，你是选择忽视这些难题的存在，还是选择先看别人如何解决，然后"拾人牙慧"，或者是自己进行积极思考，然后找到新的快速而有效的方法呢？如果你选的前两种，那么注定你只能居于人后，过一种庸碌的生活。不要说自己没有创意，创意是每个人从孩子的时候都有的，关键在于你是否敢于坚持自己的创意。

一天，一位父亲下班回家，刚进厨房，就闻到一股刺鼻的味道。儿了见到他直往后躲，想用身子挡住后面的一个大钵头——浓烈的怪味正来源于它。原来，淘气的儿子竟然把搁架上的酱油、醋、料酒、麻油、辣汁，还有虾油卤、番茄酱等，凡是瓶装的汁液，统统倒在一起，搅成黑乎乎的一钵！

天！父亲顿时火冒三丈，生气地说："你什么不能玩？啊？"

儿子低垂着头，怯怯地说："我……我想配一种药水，让蚊虫一叮就自己死掉！"看着孩子那副样子，父亲的怒火渐渐平息，尽管这餐晚饭弄得他和妻子前所未有的手忙脚乱，但他却没有打儿子，甚至再没说一句。孩子虽然做了件傻事，但其中蕴含的一种创造欲是极可贵的，父母没有权利扼杀它。

异想天开是孩子独有的一种宝贵的精神财富，一切伟大的发明与创新都是从异想天开开始的。很多父母在对待孩子时关爱有加，但所用的关爱方式常常是一厢情愿的，真正属于孩子们的天赋却被忽略掉了。他们总希望孩子按照自己的意愿去做事情，却忘记了孩子自己的想法其实才最重要。这其中被抹杀的最可惜的就是想象力。

创意，存在于我们生活的每个角落和细节，能否把握，在于你是否有心去发现。每个人的心中都有一座创意的宝库，我们应该发现和保护心中这份可贵的宝藏，试着挖掘自己的创意，让创意的点子源源不断，宝藏经久不衰。

创新是你独树一帜的旗杆

我创造，所以我生存。

——罗曼·罗兰

个性不是刻意追求就可以得来的，它是个性的思想和个性的创意的体现。创新无所不在，又处处隐藏。只要我们相信自己的能力，开发出创新的潜能，就能在不同的时空、对不同的事物进行创新。商界有句名言："谁聪明谁才能赚，谁独特谁才能赢。"思考的角度不同，才能收到意想不到的效果。

一个名字叫作亨利·兰德的人喜欢摄影，他有个漂亮的小女儿，非常喜欢让父亲为自己拍照，而且，每次她都想马上看到父亲为自己拍摄的照片。实际上从按下快门到拿到照片是一个很烦琐的过程。亨利·兰德告诉女儿，照片必须全部拍完，等底片卷回，从相机里拿下来后，再送到暗房用特殊的药品显影。而且副片完成之后，还要照射强光使之映在别的相纸上面，同时必须再经过药品处理，一

张照片才能完成。他向女儿作说明的同时，内心却问自己说："难道没有可能制造出'同时显影'的照相机吗？"

对摄影稍有常识的人，听了他的想法后都异口同声地说："哪儿会有可能。"并列举一打以上的理由说："简直是一个异想天开的梦。"但他却没有因受此打击而退缩。最后，他终于不畏艰难地完成了"立拍得相机"。这种相机的功能完全依照女儿的希望设计出来。从此，兰德企业就此诞生了。

"立拍得"相机正式投产后，该如何宣传和推销这种新式相机呢？经过慎重考虑，兰德请来了当时美国颇有名望的推销专家——霍拉·布茨。布茨一见"立拍得"顿生好感，欣然受命担任负责营销的经理。迈阿密海滨是美国的旅游胜地，每年来此度假的游客成千上万。精明的布茨认为这里是理想的推销场所。他专门雇用了一些专业的女游泳运动员，让她们在海滨浴场游泳时假装不慎落水，然后再由特意安排的救生员将其救起，惊心动魄的场面引来了许多围观的游客。这时，"立拍得"相机大显身手，眨眼工夫，一张张记录当时精彩场面的抢拍照片展现在人们面前，令游客们惊讶不已，推销员便趁机推销这种相机。靠着这些创意，"立拍得"相机由迈阿密走向全国，成了市场上的抢手货。

独辟蹊径才能创造出伟大的成绩，面对难题的时候我们需要换个角度思考，或许你能发现一片新的天空。创新，可以转变毫无生机的状态，使之蓬勃向上地发展。

或许你会抱怨：时代进步了，拥有创意是多么困难啊！汽车造了，飞机有了，我还能如何异想天开呢？其实创新就在我们身边每个地方，它无处不在，只是你并未留心，匆匆而过的你忽略了机遇，因此机遇也选择忽视你。鸡蛋饼是我们身边常见的，但是你能想到普通的鸡蛋饼里会蕴藏着大的机遇吗？

1904 年，在圣路易博览会上，一名男子租了个摊位卖热鸡蛋饼。他一直用纸盘子盛鸡蛋饼。一天，纸盘子用完了，他只好把鸡蛋饼直接卖给顾客，结果，饼里的配料都流到了顾客的袖子上。无奈之下，他只好改卖冰淇淋。然而，他的脑子里一直在思考着如何处理那些剩下的鸡蛋饼原料。突然，一个念头闪现在他的脑海中。第二天，他做了 1000 张鸡蛋饼，并用铁片把它们压扁，然后把这些饼卷成圆锥状，里面填上冰淇淋，中午之前，他就把这 1000 张装有冰淇淋的鸡蛋饼卖完了。

后来，他专门从事冰淇淋甜筒的制作，成为一名富商。

这个成功的男子用鸡蛋饼卷出的甜筒给我们上了生动的一课。创新是一项非常珍贵的能力，它能给我们许多意想不到的惊喜。只要我们平时处处留心，就会发现到处都充满了神奇的灵感。伟大的发明或许离我们并不遥远，好好培养自己的创新能力，我们也可以创造一份神奇。

勇于创新就能永远走在前面，有了创新的精神开路，成功就显得不那么困难。很多人之所以毫无建树，庸碌无为，很大程度上因为他们不敢创新。创新是世界进步的动力。有了创新精神，就有了前进的希望。

创新是为想象注入的一缕阳光

如果你的日常生活似乎是乏味的话，那么就不要责备它；责备你自己吧，责备自己没有诗人那样的想象力，以唤起日常生活的丰富性；因为对于一个创造者来说，没有贫乏这回事，不存在无足轻重的贫乏之地。

——里尔克

想象，为你的创新提供了方向，创新是为想象注入希望的那缕阳光。若让想象变为现实，不但需要敢于打破旧习去创新的勇气，还要有敢于行动的毅力。天下最可悲的一句话就是："我当时真应该那么做，却没有那么做。"每天都能听见有人说："如果我当时就开始做那笔生意，早就发财了！""我早就料到了，我好后悔当时没有做。"只可惜，天下没有卖后悔药的。因此，有了创意，就要尽快付诸行动。事实上，古今中外，有创意又敢行动的人几乎没有不成功的。

福特1863年7月出生于美国的密歇根州。他从小就在农场里干活，从那时起就对机器感兴趣。于是，他想用机器来代替人力和牲畜。

在福特还只有12岁的时候，他就开始构想制造一部能在公路上行走的机器，这个想法深深地在他的头脑中扎了根。他周围的人都劝他放弃这个念头，觉得他的想法是不切实际的。老福特想让儿子做自己的助手，但是福特却想成为一名机械师，他只用了一年的时间就完成了别人要三年才能完成的机械训练课程。从此，虽然老福特的农场里少了一个帮手，美国的工业史上却多了一位伟大的工业家。

福特认为这个世界上没有不可能的事，于是，他用了两年多的时间去研究他构想的新机器。福特每天都在梦想着能制造出第一辆汽车，他的创意受到大发明家爱迪生的赏识，爱迪生邀请他担任底特律爱迪生公司的工程师，让他有机会把自己的梦想变成现实。

终于，在1892年，福特成功地制造出了世界上第一部汽车引擎。到了1896年，世界上第一辆摩托车产生了。从1908年开始，福特致力于推广摩托车的销售，当时的摩托车以非常低廉的价格出售，以吸引越来越多的消费者。今天的美国，每个家庭都有一部以上的汽车，而底特律一跃成为美国最大的工业城市，成了福特的汽车之都。

这是一个敢于为自己的想象付出行动最终获得成功的例子。生活中的我们也一样，我们要有创意，但只有创意是不够的，还要有敢于将其付诸实践的勇气。不管你的计划多么周密，创意多么新颖，除非身体力行，否则永远不会有收获。再好的创意，如果没有行动，最后也只能被淹没在历史的洪流中。

创新就是让人们想那些不敢想的、做那些不敢做的事情，也就是任意地发挥自己的想象力。开始时，也许是空想，但如果你能全力以赴地为之奋斗，也许理想就能变成现实。

20世纪80年代初，日本新力公司总经理盛田昭夫认为，年轻人都喜欢音乐，青少年尤其爱好此道，不过他们欣赏音乐的场所只能在房间内或汽车中，出了门、下了车，音乐便离他们而去，所以许多年轻人往往因为音乐而不喜爱户外运动。盛田昭夫想：是否能够开发出一种可以让人们在房子、汽车之外欣赏音乐的产品呢？

当他把这个构想在公司的产品设计委员会上提出之后，除了一个年轻人兴致勃勃地表示这是个非常棒的构想之外，其他的人都认为不可思议而加以反对。盛田昭夫坚持自己的想法，力排众议，并开始着手开发这一产品。产品开发成功后，第一批的产量是3万台，许多人对于这3万台的销路表示忧虑，盛田为了鼓舞士气，信心十足地立下誓言："年底之前销售量若达不到10万台，我便引咎辞职。"

Walkman上市之后，立即引起年轻人的抢购，销售量势如破竹，几创纪录，到了当年年底，已突破40万台。不但盛田保住了总经理的职位，该产品还成为公司获利最多的商品。紧接着，Walkman在产品功能上再做改良，以扩大市场并应付竞争者的挑战。第三年，Walkman在全球的销售量已达到400万台，创造了该公司单一产品年度最高的销售量纪录，也再度证明了盛田昭夫的远见卓识。

这个世界上没有什么不可能，我们要成功就要不断挑战常规、挑战自我。我们平时也经常听到"没有做不到，只有想不到"这句话。自然，世界上有一些事是不可能做到的，但可以做到的事更多。很

多时候不是因为我们做不到，而是因为不敢想、不愿想。勇敢地去想、勇敢地去做，"不可能"的事也会变为可能。

有人曾说："想象力是灵魂的工厂，人类所有的成就都是在这里铸造的。"想象力具有神奇的力量，而创新是为想象力注入的那缕阳光，它可以帮助你实现看似不可触摸的梦想。有了对未来的想象和创新，生活就会焕发光彩。

从小事中激发无限创意

不会做小事的人，也做不出大事来。

——罗蒙诺索夫

在人类历史中，通过"偶见""察因"和"联想"而发现和发明不胜枚举。正是这样一桩桩巧合的事情，使人类得以不断进步发展。要有一双不平凡的眼，能够从一些平凡小事中发掘出他人不能发现的不平凡的东西，以此来激发你的创意。创意就在我们的身边，只要我们能从小处着眼、从小处着手，在这些细小而平凡的小事中就能挖掘出它蕴含的机会。

著名的瑞士 Swatch 手表的目标就是在手表的每一个细微处展现自己的精致、时尚、艺术、人性。此外，随着季节变化，Swatch 不断地变换着主题。针盘、时针、分针、表带、扣环……无一不是 Swatch 的创意源泉。它力图在手表这样一个狭小的空间里，每一个创意都得到最完美的阐释。Swatch 尤其受到年轻人的拥护，其每一款图像、色彩，在每一个细微处，都暗含年轻与个性的密码，或许这就是它风靡的原因。

"不要忽视小节，宇宙由原子构成"，虽然每一个细节看上去都很小，但是一个小变化，一个小改进，就可以创造出完全不同的产品、工序或服务。如果说创新是一种"质变"，那么这种"质变"经过了"量变"的积累，就自然会达到大的变革和创新。很多事情看似简单却很复杂，看似复杂却很简单。无论做什么事情，只有重视细节，从细节入手，才能取得有效的创新。

想要创意就要敢于创新自己的思维，我们从小到大接受的基本上是逻辑思维，也就是在现有的知识和经验之内的思维活动。逻辑思维有时候也可以完成一些发现和发明，但这都拘泥于我们已学的知识。创新思维就在于它具有新颖性和独创性，它突破了逻辑思维的严谨性，从某些事实中更深一步地找出新点子，寻求新答案。

因此，我们要打破思维束缚，尝试着从一件小事上发现无限的创意，以收获一个不一样的结果。创意是潜伏在你头脑中的金矿，它绝不是什么天才之类的独特力量和神秘天赋。运用好你的创意，就能顺利解决各种问题。

只要留心身边的小事，就会发现无限的创意；只有抓住了这些创意，才能成就伟大的人生。由普通的小事成就伟大灿烂的人生，需要你主动发挥自己的创新能力，用心思考身边那些普通的问题，或许你能创造出属于你自己的那片天空。

甩开标准答案的限制

毫无疑问，创造力是最重要的人力资源。没有创造力，就没有进步，我们就会永远重复同样的模式。

——爱德华·波诺

有人说："对科学行动与积累进行逻辑分析实在是科学发展的一大障碍；科学家越推崇逻辑，他们推理的科学价值就越低，这样说是绝对不过分的。逻辑学所关心的是正确性与确实性，与创新思维完全无关。"这段话虽然有一定的局限性，但却说明了常规思维对创新思维的限制。任何一个有创造成就的人，都是战胜常规思维的高手。他们不被过去的思维所困扰，能突破常规思维的束缚，甩开所谓标准答案的限制，从而摘得创新的硕果。

一天清晨，一个牧师正在家中准备第二天的布道词，他的小儿子约翰无所事事，烦躁不安，哭闹个不停。牧师随手抓起一本旧杂志，翻了翻，看见一张色彩鲜丽的世界地图。于是他把这一页撕下来，然后把它撕成小片，丢在客厅的地板上说：

"约翰，你把它拼起来，我就给你一块巧克力。"

牧师心想，他至少会忙上半天，自己也能安静地思考明天的布道词。谁知不到 10 分钟，儿子敲响了他书房的门，他已经拼好了。牧师十分惊讶，约翰居然这么快地拼好了。每一片纸头都拼在了它应在的位置上，整张地图又恢复了原状。

"约翰，你怎么这么快就拼好啦？"牧师问。

"噢，"约翰说，"很简单呀！这张地图的背面有一个人的图画。我先把一张纸放在下面，把人的图画放在上面拼起来，再放一张纸在拼好的图画上，然后翻过来就好了。我想，假使人拼得对，地图肯定拼得不错。"

拿破仑·希尔说过一句很著名的话，"你对了，整个世界就对了。"在现实生活中，当人们解决问题时，总是容易用过去处理这类问题时的方式或经验来解决新出现的问题。万事万物都不是一成不变的，有时候换一种思路、换一种心态看问题，就会豁然开朗。

作为时代的先行者，我们需要具备破旧立新的智慧和胆识，纵有千斤重量在身，依然大刀阔斧勇往直前。很多失败者之所以失败，在很大很大程度上是因为他们不敢创新，倒在了权威面前。

老师给同学们出了一道题目："公园的树上有 8 只鸟，开枪打死一只，还剩几只？"

孩子们觉得这是一个简单的问题，都抢着说答案。老师看见只有威廉没有吭声，他安静地坐在那里思考。

老师问："威廉，你觉得是几只呢？"威廉反问了一句："在公园里打鸟不是犯法的吗？"老师说："我们假设不犯法。"

"打枪人使用的是无声手枪吗？""不是。""枪声有多大？""80 ~ 100 分贝。"老师有点摸不着头脑："这些问题跟还剩几只鸟有关吗？"

"是的。"威廉继续问道，"您确定那只鸟真的被打死啦？""确定。拜托，你告诉我还剩几只鸟不就行了吗？"

"我还想问一句，树上有没有关在笼子里的鸟？""没有。""还有没有其他的树，旁边的树上有鸟吗？""没有，只有这一棵树。""有没有残疾的或饿得飞不动的鸟？""没有。""鸟类中有没有聋子，听不到枪声的？""没有。"

老师不耐烦了："威廉你到底知不知道答案？"

"还有最后一个问题，老师，算不算怀孕的小鸟？""不算。"

"哦，如果您的回答没有骗人，打鸟人的眼也没有花，"威廉自信地说，"打死的鸟要是挂在树上没摔下来，那么就剩一只，如果掉下来，就一只不剩。"老师和同学们听了这话，目瞪口呆，哑口无言。

人的创意有了不起的能量。任何创意的结果，都是思考的结果。甩开标准答案的限制，你才能看到人世间最美妙绝伦的东西就是创新的花朵。很多人抱怨思维受阻、灵感枯竭，拿不出好的创意，其实，思维没有界限，界限都是人在心里给自己设的。经验和常识，可以帮助我们缩短探索的过程，少走很多弯路，但有时候也会把人们带进"习惯"的盲区。

所谓"思维一转天地宽"，当思路受阻时，不妨丢弃经验，寻求没有先例的办法和措施去分析认识事物，获得新的认识和方法，从而锻炼和提高认识能力。老观念不一定对，新想法不一定错，只要打破心理枷锁，突破思维的桎梏，你一样可以成功。

另辟蹊径，创意自来

不断变革创新，就会充满青春活力；否则，就可能会变得僵化。

——歌德

创新可以为你的发展提速。也许你的经历不是最多的，经验不是最丰富的，技术不是最熟练的，但是你的创新能力是价值非凡的。创意能让你的人生增值，成为卓越人士。

1921 年 6 月 2 日，电报诞生整整 25 周年。美国《纽约叫报》对这一历史性的发明发表了一篇简短的评论，其中有这样一句话：现在人们每年接收的信息是 25 年前的 25 倍。

对这一消息，当时在美国至少有 16 个人做出了敏锐的反应，那就是——创办一份文摘性刊物。在三个月时间里，16 位有先见之明的人士，不约而同地到银行存了 500 美元的法定资本金，并领取了执照。然而当他们到邮政部门办理有关发行手续时，却被告知，该类刊物的征订和发行暂时不能代理，如需代理，至少要等到第二年的中期选举以后。

得到这一答复，其中 15 人为了免交执业税，向新闻出版管理部门递交了暂缓执业的申请。只有一位叫德威特·华莱士的年轻人没有理睬这一套。他回到暂住地——纽约的格林尼治村的一个储藏室，和他的未婚妻一起糊了 2000 个信封，装上征订单寄了出去。

在世界邮政史上，这 2000 个信函也许根本不算什么，然而，对世界出版史而言，一个奇迹却诞生了。到 20 世纪末，这两位年轻人创办的这份文摘刊物——《读者文摘》，已拥有 19 种文字、48 个版本，发行范围达 127 个国家和地区，订户 1.1 亿，年收入 5 亿美元，在美国百强期刊排行榜上，几十年来一直位居第一。德威特·华莱士夫妇也一跃成为美国著名的富豪和慈善家。

"人无我有，人有我转"，你存在的价值就在你和别人不一样的地方。当别人的视角在此岸时，你就应该把你的眼光放在彼岸，这样，你才能看到更为绚烂的风景，先人一步迈上成功的海岸。

对于试图成功的人来说，必须明白：人们为了取得对未知的事物的认识，总要探索前人没有运用过的思维方法，寻找没有先例的方法去分析和认识事物。

100 多年前的一天，一个年老的乡下医生驾着马车到一个小镇。把马拴住后，他一声不响地从后门溜进一家药房，和药房的一位年轻药剂师做一桩生意。

在药品柜台后面，这位老医生和药剂师交谈了足足一个多钟头。然后，年轻人跟着医生走向马车，带回来一个老式的铜壶、一片木制橹状的大木板（用来搅动壶里的东西），并把它放在商店的后面。

年轻人检查那只老铜壶后，手伸入贴身的口袋里，取了一卷钞票交给老医生。这卷钞票是年轻人全部的积蓄——500 美元。而老医生交给年轻人一张写着秘密工艺的小纸条。

铜壶里面有一种可以生津解渴的饮品，而它的制造方法就写在老医生交给年轻人的那张纸条上面。这方法是老医生的创意。

年轻人对老医生的创意有极大的信心，知道它可以成为受人欢迎的饮品，于是他用全部的积蓄将这创意买下来。

没多久，年轻的药剂师运用他的想象力，将一种秘密成分加进这古老铜壶内的饮品里。他这一创意，令铜壶里的饮品甘美无比，难以比拟。因为老医生与年轻药剂师的想象力，因为他们的创意，使这个古老铜壶就像阿拉丁神灯一般，有无法估计的金子流出，历经100 多年而不衰。

这个铜壶里面的饮品，经过年轻药剂师的秘密处方，便成为一种著名的饮料，它就是可口可乐。

生活告诉我们，不走寻常路，才有好路可走。真正有价值、令人豁然开朗的创意像金子一样光彩夺目，同时，它也总是藏在不会被人轻而易举发现的地方。只要你能捕捉到这些亮点，你将会以飞快的速度向前发展。

另辟蹊径就是不断满足一个人已有的知识经验，努力探索尚未被认识的世界，从而打开新的活动局面。在实践过程中，运用创新思维，提出一个又一个新的概念，形成一个又一个新的理论，做出的一次又一次新的发明和创造。另辟蹊径，创意无限，成功自来。

敢创新，才能成就大事

知道事物应该是什么样，说明你是聪明的人；知道事物实际是什么样，说明你是有经验的人；知道怎样使事物变得更好，说明你是有才能的人。

——狄德罗

创新是力量、自由及幸福的源泉，是一个人通向成功的捷径。只要你敢于去开拓创新，你就会成功。因为只有创新，才能让你脱颖而出，才能让你在竞争激烈的社会中立足。

其实，创造性地解决问题并不是高不可攀的事，每个人都有某种创新的能力。创新能力，是每个正常人所具有的自然属性与内在潜能，假若不好好利用自己的创新能力，那么将极有可能被这个世界所淘汰。

汉斯是一个伐木工人，为公司工作了 5 年，却从来没有加过薪。这家公司又雇用了杰克，杰克只工作了 1 年，老板就给他加了薪，却仍然没有给汉斯加薪。这引起了汉斯的愤怒，他去找老板谈这件事。

老板说："你现在砍的树和 5 年前一样多。我们是以产量计酬的公司，如果你的产量上升了，我自然会给你加薪。"

汉斯回去了，他开始更卖力地工作，并延长了工作时间，可是他仍然不能砍更多的树。他回去找老板，并把自己的困境说给老板听。

老板让汉斯去跟杰克谈谈："可能他知道一些你我都不知道的东西。"

于是汉斯就去问杰克："你怎么每天都能够砍那么多的树？"

杰克回答："我每砍下一棵树，就停下来休息两分钟，把斧头磨锋利。你最后一次磨斧头是什么时候？"汉斯红了脸，一言未发。

许多人如同汉斯一般，勤奋努力，任劳任怨，却忘了多磨一次斧头，找寻创新之路。一成不变的方法很难让一个人成就大事，若要有所成就，就必须从常规的路数中脱离开来独辟蹊径。只有如此，才能获得意想不到的成功以及丰厚的回报。

创新，是通向成功的捷径，人的高低优劣之分也往往因此而产生。我们想要成功，就必须学会创新，拥有创新的精神，就能够拥有取之不竭、用之不尽的"能源"。

用新意装点这个世界

独辟蹊径才能创造出伟大的业绩，在街道上挤来挤去不会有所作为。

——布莱克

成功总是靠着创新取胜的，勇于走别人没有走过的路，才会采撷到丰硕的果实。敢为天下先，用新意装点这个世界，这才是成功者的精神风貌。

美国有一家生产牙膏的公司，产品优良，包装精美，深受广大消费者的喜爱，每年营业额蒸蒸日上。记录显示，前10年每年的营业增长率为10%～20%，令董事部的同人们欢呼雀跃。不过，随后的几年里，业绩却停滞下来，每个月维持同样的数字。董事部的负责人对业绩表现感到不满，便召开全国经理级高层会议，以商讨对策。

会议中，有名年轻经理站起来，对董事部的负责人说："我手中有张纸，纸里有个建议，若您要使用我的建议，必须另付我5万元！"

总裁听了很生气地说："我每个月都支付你薪水，另有分红、奖金。现在叫你来开会讨论，你还另外要5万元，是不是太过分了？"

"总裁先生，请别误会。若我的建议行不通，您可以将它丢弃，一分钱也不必付。"年轻的经理解释说。

"好！"总裁接过那张纸后，看完，马上签了一张5万元的支票给那位年轻经理。

那张纸上只写了一句话：将现有的牙膏管口的直径扩大1毫米。

总裁马上下令更换新的包装。

试想，每天早上，每个消费者挤出比原来粗1毫米的牙膏，每天牙膏的消费量将多出多少呢？这个决定，使该公司随后一年的营业额增加了30%。

在试图增加产品销量的时候，绝大多数人总是在大力开发市场、笼络更多的顾客方面做文章，如果你转换一下脑筋，增加老顾客的消费量，也能够达到同样的目的。有创造力的人，到处都有出路，到处都需要他。但模仿者、追随者、因循守旧者，绝少有开辟新路的希望，也不会受到人们的欢迎。

这个世界上到处都隐藏着新意，到处都有发现的机会，天天是发现之时，处处是发现之地。如果我们善于观察，小心地捕捉那些"怪"的"念头"来装点我们的生活，或许也能收获一份事业上的成功。

减肥中心自从开张以来没有一点生意，在资金不足的情况下，又不能像大型美容公司一样做电视、报纸广告。女老板眼看着每日如流水般的各项支出，却见不着有多少进账可以平衡这些开销，急得不知怎么办才好。

忽然，一个念头跃进了她的脑海里。

隔了两个星期，报纸上登了一则广告："在本减肥中心的大门口，您绝对见不到一个胖子走出来，如发现有胖子由大门走出者，中心赠奖金 10 万元。"

此广告不仅被登在报纸上，而且还被登在宣传单上四处散发。这个奇特的广告吸引了许多群众围观。人们发现，每天从减肥中心大门走出来的果然都是瘦人，见不到一个胖子。

有几个胖子心里想：我就要进去，再马上走出来，看你有什么话说。但是即使有人故意找碴儿，还是不见一个胖子由大门出来，这是怎么回事呢？原来，女老板把大门改装成两个不同的出入口。外面看起来这两个出入口的大小形状都一样，可是，她特别在出口的内层，加装了两道很粗的钢管，人必须侧身由这两道钢管的中间通过，才能抵达大门的出口处。两道钢管中间的空隙只容得下一个侧过身的瘦子穿过去。

那么胖子怎么办呢？当然只能由减肥中心后面的小门走出去！人们在门口看不到胖子，必定好奇地进入中心，当他想出来时，能走出来的瘦子自然得意，而必须走后门的那些富态一点的人一定愧疚地想："不得了，我被列入胖子群，该减肥了！"于是就不由自主地坐下来听宣传人员的解说。

减肥中心的顾客逐渐多了起来。

一个广告的标新立异，挽救了一个减肥中心。具有创意的人，他们总是向着洒满阳光的大道走去。目前世界上的种种进步都是不断打开新局面、开辟新道路的结果，都是摒弃一切陈腐的学说、落伍的思想、愚昧的迷信而努力更新观念、不断创新的结果。

一切创新活动都是以富有创意的思维为先导，创意让这个世界更新奇、更美丽。面对日新月异的信息时代，只有学着用新意来装点这个世界，才能在激烈的竞争中立于不败之地，才能不断地走向成功，才能更好地生存与发展，才能在创业的道路上走得更远。

拥有发现美的眼睛，自能看到光芒

独具慧眼，你能看到不一样的东西

痛苦或者是欢乐，完全在于眼界的宽窄。

——雪莱

上天给每个人的东西，都不是太多，甚至是少之又少。它只给了牛顿一只苹果，给了迪士尼一只老鼠。只要你有心，你就会惊喜地发现上天的馈赠是多么丰厚。不要抱怨不公平，如果没有人来发现你，你就自己发现自己吧！在遇到糟糕的事情时，独具慧眼，你就能看到不一样的一面，收获一份快乐的人生。

彼得拿着刚买的一支牛奶冰激凌，一边走一边吃，感到十分快乐。一不小心，整支冰激凌掉在了地上，和泥沙混在一起。

彼得愣愣地待在那里，一句也说不出来，只是睁大了眼睛看着地上的冰激凌。

这时，有个老太太走过来，对彼得说："好吧，既然你碰到这样坏的遭遇，脱下鞋子，我给你看一件有意思的事情！"

老太太说："用脚踩冰激凌，重重地踩，看冰激凌从你脚趾缝隙中冒出来。"彼得照着她的话去做。

老太太高兴地笑："我敢打赌，这里没有一个孩子尝过脚踩冰激凌的滋味！现在跑回家去，把这有趣的经验告诉你妈妈。"

接着，老太太说："要记住！不管遭遇什么，你总可以在其中找到乐趣！"

这件事，使彼得很受启发，他很快学会了这种处世原则。

不久后的一天午后，一场大雨在地面上形成一洼洼的小水坑。彼得的妈妈带着他，小心翼翼地避开人行道上的积水。不料，一辆计程车从身边疾驶而过，将两人的身上溅满了水。

彼得的母亲很生气，旁边的彼得却兴奋地对妈妈说："遇水则发，我们要发了。"

正在生气的母亲听到这样可爱的童言稚语，也不禁莞尔一笑，两人快快乐乐地踩着积水回家了。

生活中的我们不可能一帆风顺，总会遇到一些糟糕的事情，我们不能改变一件已经发生的事情，但是可以选择快乐地对待它。独具慧眼，就是无论你遭遇多大的挫折，都能够在其中发现乐趣。

因为有一双慧眼，牛顿接住了上帝掷过来的那只苹果，并且发现了万有引力；因为有一双慧眼，迪士尼用一只老鼠创造了一个乐园。你也一样，或许你没有别人英俊潇洒，但你可能身强体壮；你虽然不会琴棋书画，但你可能思维敏捷、逻辑清晰……上帝不会给人全部，但他绝对不会亏待你，所以你一定要做自己的伯乐，发掘自己的潜能。

在玛格丽特满17岁的时候，她开始确立了自己的人生追求——从政。然而在那个时候，进入英国政坛要有一定的党派背景。她出生于保守党派氛围的家庭，要想从政，还必须要有正式的保守党关系，而当时的牛津大学就是保守党员最大俱乐部的所在地。因此，她选择了自己比较感兴趣，竞争相对又不太激烈的牛津大学化学专业作为自己主攻的方向。

有一天，她终于勇敢地走进校长吉利斯小姐的办公室说："吉利斯小姐，我想现在就去考牛津大学的萨默维尔学院。"女校长感到难以置信，大声说："什么？你是不是欠缺考虑？你现在连一节课的拉丁语都没学过，怎么去考牛津？""拉丁语我可以自己学习！""你才17岁，而且你还差一年才能毕业，你必须毕业后再考虑这件事。""我可以申请跳级！""绝对不可能，而且，我也不会同意。""你在阻挠我的理想！"玛格丽特头也不回地冲出校长办公室。后来她获得了父亲的支持，开始了艰苦的复习、学习备考工作。在她提前几个月得到了高年级学校的合格证书后，就参加了大学考试并如愿以偿地收到了牛津大学萨默维尔学院的入学通知书。上大学时，学校要求学5年的拉丁文课程。她凭着自己顽强的毅力，在1年内全部学完了，而且通过考试并取得了相当优异的成绩。其实，玛格丽特不光是学业上出类拔萃，她在体育、音乐、演讲及学校活动方面也颇富才艺。所以，她的校长这样评价她："她无疑是我们建校以来最优秀的学生，她总是雄心勃勃，每件事情都做得很出色。"

40多年以后，这个当年对人生理想不懈追求的女孩终于如愿以偿，她成为英国乃至整个欧洲政坛上一颗耀眼的明星，她就是玛格丽特·撒切尔夫人，连续4年当选保守党党魁，并于1979年成为英国第一位女首相，雄踞政坛长达11年之久，被世界政坛誉为"铁娘子"。

撒切尔夫人正是坚信于自己的潜能，相信自己具有独一无二的优势，所以才能不畏他人的质疑和阻挠，为自己的目标不懈努力最终得以成功。可见，只有保持一双慧眼，只有做自己的伯乐，学会

发掘自我，相信自我，努力实现自我，人生方能无憾。

"如果事情不是这样，那么它就是那样……总会发生点什么。"
对于那些没有一双慧眼认识到自己的人来说，会一直过着平淡、普通、
痛苦的生活。独具慧眼，你才能发现不一样的自己，从而做自己的
伯乐，你就能走向成功。

走出阴霾的地带

充满欢乐与战斗精神的人们，永远带着欢乐，欢迎雷霆与阳光。

——赫胥黎

有位哲人说过："什么是路？路就是从没路的地方践踏出来的，
从只有荆棘的地方开辟出来的。"人生有很多的不如意，在面对困境
的时候，我们常常会痛心和绝望，埋怨生活给我们带来的阴霾，但
是只要心存希望，鼓起勇气，你就能开辟一条新路。

听说镇上来了一个乐观者，于是，青年去拜访她。

她乐呵呵地请青年坐下。

"假如你一个朋友也没有，你还会高兴吗？"青年问。

"当然，我会高兴地想，幸亏我没有的是朋友，而不是我自己。"

"假如你正行走时，突然掉进一个泥坑，出来后你成了一个脏兮
兮的泥人，你还会快乐吗？"

"当然，我会高兴地想，幸亏掉进的是一个泥坑，而不是无底洞。"

"假如你被人莫名其妙地打了一顿，你还会高兴吗？"

"当然，我会高兴地想，幸亏我只是被打了一顿，而没有被他们
杀害。"

"假如你在拔牙时，医生错拔了你的好牙而留下了患牙，你还高

兴吗？"

"当然，我会高兴地想，幸亏他错拔的只是一颗牙，而不是我的内脏。"

"假如你正在瞌睡时，忽然来了一个人，在你面前用极难听的嗓门唱歌，你还会高兴吗？"

"当然，我会高兴地想，幸亏在这里号叫着的是一个人，而不是一匹狼。"

"假如你的丈夫背叛了你，你还会高兴吗？"

"当然，我会高兴地想，幸亏他背叛的只是我，而不是国家。"

"假如你马上就要失去生命，你还会高兴吗？"

"当然，我会高兴地想，我终于高高兴兴地走完了人生之路，让我随着死神，高高兴兴地去参加另一个宴会吧。"

"这么说，生活中没有什么是可以令你痛苦的，生活永远是快乐组成的一连串乐符？"

"是的，只要你愿意，你就会在生活中发现快乐。痛苦往往是不请自来，而快乐和幸福需要人们去发现、去寻找。"

痛苦往往是不请自来，我们要想变得快乐，就要走出阴霾的遮挡，发现快乐和幸福。任何时候，只要人在就有希望。很多时候，有些事情看起来已经没有回旋的余地了，但只要不放弃，就会迎来转机。

生活中，没有任何困难或逆境可以成为我们畏缩不前的理由，当我们陷入困境、一蹶不振时，一定要拿出勇气冲出自己的人生灰色地带，对未来充满希望，勇敢地再来一次。只有这样，你才能大步向前，推开成功的大门。

琳达是个不同寻常的女孩。她的心情总是非常好，因为她对事物的看法总是正面的。

当有人问她近况如何时，她就会回答："我当然快乐无比。"

一天，一个朋友追问琳达："一个人不可能总是看事情的光明面。这很难办到！你是怎么做到的？"琳达回答道："每天早上我一醒来就对自己说，琳达你今天有两种选择，你可以选择心情愉快，也可以选择心情不好。我选择心情愉快，然后我命令自己要快快乐乐地活着。于是，我真的做到了。每次有坏事发生时，我可以选择成为一个受害者，也可以选择从中学些东西。我选择从中学习。我选择了，我做到了。每次有人跑到我面前诉苦或抱怨，我可以选择接受他们的抱怨，也可以选择指出事情的正面。我选择后者。"

"是！可是并不是那么容易做到吧？"朋友立刻回应。

"就是那么容易。"琳达答道，"人生就是选择。每一种处境面临一个选择：选择如何面对各种处境，选择别人的态度如何影响你的情绪，选择心情舒畅还是糟糕透顶……归根结底，你自己选择如何面对人生。"

琳达曾被确诊患上中期乳腺癌，需要尽快做手术。手术前期，她依然过着正常而有规律的生活。所不同的是，每天下午三点半的时候她要接受医院规定的检查。对于来检查的医生，她总是微笑接待，让他们感到无比轻松。

直到手术麻醉之前，她仍然对主治医师说："医生，你答应过我，明天傍晚前用你拿手的汉堡换我的插花！别忘了！上次的自制汉堡，味道真好，让人难以忘怀！"手术进行得很顺利。等到她出院时，竟然与医院一半的人交上了朋友，包括那些病友。因为人们都被她的轻松、坚强感染和征服了。

琳达的人生其实和我们所有人的人生都一样，也会存在风浪、沙尘、阴天。她快乐是源于内心由自己所主宰。这个世界上没有人能够剥夺我们感受快乐的权利，即使现实生活里，一时之间没有值得快乐的事情，也不可以消极颓废。这个时候不妨扒开阴霾的遮挡，充分感受阳光照进来的温暖，当你成功地走出阴霾的时候，你就可以在生命的轨迹上找到属于自己的轨道了。

当你每次忙得焦头烂额，或是遇到一件极难处理的麻烦事情的时候，都可以偷空给自己一个想象的空间，想象着这段灰色的时间过去之后，就可以想多开心就多开心，这样想着想着就能让快乐的阳光照进阴霾的心中，让快乐激发体内的潜能，更快走出灰色地带。这个世界并不是缺少快乐，只是我们在悲伤的同时忘掉了快乐的存在，走出自己的阴霾地带吧，这样阳光才能更好地照进来。

邂逅生活的美

美是到处都有的，对于我们的眼睛，不是缺少美，而是缺少发现。

——罗丹

每个人的人生不同，感悟也不同。有的人一生都过得穷困潦倒，他们苦苦追求成功，历尽人间困难，在他们眼中这个世界是黑暗的；而有些人，一生够过得非常潇洒，他们站在成功的顶峰，俯瞰人生的美好。但大多数人的人生状况是在这两者之间的，尽管我们想成就一番事业，但是到最后都不了了之。其实上帝对每个人都是公平的，他把美给了每个人，只是有时候我们苦苦追寻的过程中，错过了发现美的元素。

一家广告公司招聘艺术总监，经过层层选拔，最后三人进入最后抉择，公司派人把他们三个安排在一个宾馆里，房间里准备了必需的生活用品。随后公司告诉他们，最后的测试题随时送来，请在房间里等。

在监视器里，公司相关人员看到如下的景象：第一天A在来回

地转，一会到门口看看，一会自言自语，说怎么还不见测试题；B拿一个遥控器，一个台一个台的换频道看电视；C也在看电视，他看得津津有味儿，随着里边的角色，一起喜怒哀乐。

第二天，A已经烦躁得不行了；B仍旧拼命地换频道看电视，但是什么节目也看不下去；C也是在看电视，这时不只是看电视剧了，他连广告都看，甚至随着广告里的插曲舞动起身体来。

第三天，A狂躁地开始踢沙发，扔枕头；B也不看电视了，开始烦躁起来；C仍旧看电视，继续着角色的喜怒哀乐，细细地观看每一条广告。

第四天，门开了，广告公司老总来了，说测试结束……

生活就是这样，往往在我们苦苦追寻和等待美好的时候，它已经在我们身边了，关键在于你是否能用心把握生活的每一个细微之处。美，到处都有，春天的新绿，夏天的火热……而我们要做的就是用心去欣赏，捕捉每个美的元素。

人生的幸福就在于可以捕捉到美的存在。其实美就在我们身边，关键在于我们是否懂得享受自己所拥有的东西。努力去追求得到更多，这原本无可厚非，也是一种正常的心理，但我们同时也要有一颗感恩知足的心，珍惜我们已经拥有的，善于发现身边每一个美的元素，这样我们就能够获得更多的快乐。

有两个重病人，同住在一家大医院的小病房里。房间很小，只有一扇窗子可以看见外面的世界。其中一个人，在他的治疗中，被允许在下午坐在床上一个小时。他的床靠着窗，但另外一个人终日都得平躺在床上。

每当下午，窗边的那个人在坐起的时候都会描绘窗外景致给另一个人听。从窗口可以看到公园里的湖。湖内有鸭子和天鹅，孩子们在那儿撒面包片，放模型船，年轻的恋人在树下携手散步，在鲜花盛开、绿草如茵的地方，人们玩球嬉戏，后头一排树顶上则是美丽的天空。

另一个人倾听着，享受每一分钟。一个孩子差点跌到湖里，一个美丽的女孩穿着漂亮的夏装……他朋友的述说几乎使他感觉自己亲眼目睹外面发生的一切。

然而，在一个天气晴朗的午后，他心想：为什么睡在窗边的人可以独享看外头的权利呢？为什么我没有这样的机会？他觉得不是滋味，他越这么想，就越想换位子。他一定得换才行！一天夜里他盯着天花板瞧，另一个人忽然惊醒了，拼命地咳嗽，一直想用手按铃叫护士来。这个人只是旁观而没有帮忙——尽管他感觉同伴的呼吸已经快停止了。第二天早上，护士来的时候那人已经死了，只能静静地抬走他的尸体。

过了一段时间后，这人开口问，他是否能换到靠窗户的那张床上。他们帮他换了位子。他们走了以后，他用手肘撑起自己，吃力地向窗外望去……

窗外只有一堵空白的墙。

在那个病床靠窗户的病人眼中，空白的墙壁也能每天画出千变万化的美。生活中的美不仅仅需要我们用眼睛去发现，更是用心灵去创造。你心里面开的那扇窗如果是面向灰暗和痛苦的，那玫瑰在你眼里只有刺和褐色的枝干；如果心里的那扇窗是面向光明和喜乐的，那么闭上眼睛，闻到的也会是花香。

生活中处处都有美，如果你对内在世界的美丽漠不关心，那你无论如何也看不见外在世界的美丽。打开一扇正确的窗，一种前所未有的美就呈现在你眼前了，因为美就在你的心中。人如果有一颗美丽的心，哪怕一片树叶，一朵小花，都能发现它的美，只要用心，生活中的美和喜悦便会不请自来。

以微笑迎接走向你的事物

当他微笑时，世界爱了他；当他大笑时，世界便怕了他。

——米格尔

微笑是人的宝贵财富，微笑是自信的标志，也是礼貌的象征。人们往往依据你的微笑来获取对你的印象，从而决定对你所要办的事的态度。恰当的时候，恰当的场合，一个简单的微笑可以创造奇迹，一个简单的微笑可以使陷入僵局的事情豁然开朗。

威尔森曾有这样的感慨："我已经结婚18年了，在这段时间里，从我早上起来，到要上班的时候，我很少对太太微笑，或对她说上几句话，我是最闷闷不乐的人。"

一个智者知道了威尔森的情况，对威尔森说："如果想要快乐，那么任何时候都不忘展露你的微笑。"

威尔森听了智者的话后，决定试一个礼拜看看。

因此，第二天早上梳头的时候，威尔森就看着镜子对自己说："威尔森，你今天要把脸上的愁容一扫而空，你要微笑起来。现在就开始微笑。"当威尔森坐下来吃早餐的时候，他以"早安，亲爱的"跟太太打招呼，同时对她微笑。

在他去上班的时候，就会对大楼的电梯管理员微笑着说一声"早安"。他以微笑跟大楼门口的警卫打招呼。当威尔森跟地铁的出纳小姐换零钱的时候，也露出自己的微笑。当到达公司，威尔森对那些以前从没见过他微笑的人微笑。

威尔森很快就发现，每一个人也对他报以微笑。威尔森以一种愉悦的态度，来对待那些满肚子牢骚的人。他一面听着他们的牢骚，一面微笑着，于是问题就更容易解决了。威尔森发现微笑带给他更多的收入，每天都给他带来更多的钞票。

只要人人都献出一份微笑，人与人之间的沟通将变得十分容易。威尔森现在用自己的微笑感动了他人，也收获了快乐。人是很容易就被感动的，有时候，一句热情的问候，一个温馨的微笑就能在他人的心中洒下一片阳光。

有微笑面孔的人，就会有希望。因为一个人的笑容就是他传递好意的信使，他的笑容可以照亮所有看到他的人。没有人喜欢帮助那些整天愁容满面的人，更不会信任他们。不要吝惜你的微笑，一个微笑，可能带给你无限的希望，成为你走上柳暗花明之路的一盏明灯。

约翰·内森堡是一名犹太籍的心理学博士。在"二战"期间，他没能逃脱纳粹集中营里惨无人道的生活折磨。他曾经绝望过，这里只有屠杀和血腥，没有人性、没有尊严。那些持枪的人像野兽一样疯狂地屠戮着，无论是怀孕的母亲、刚刚会跑的儿童，还是年迈的老人。

他时刻生活在恐惧中，这种对死的恐惧让他感到一种巨大的精神压力。集中营里，每天都有人因此而发疯。内森堡知道，如果自己不控制好精神，也难以逃脱精神失常的厄运。

有一次，内森堡随着长长的队伍到集中营的工地上去劳动。一路上，他都在想，晚上能不能活着回来？能否吃上晚餐？他的鞋带断了，能不能找到一根新的？这些幻觉让他感到厌倦和不安。于是，他强迫自己不去想那些倒霉的事，而是幻想自己是在前去演讲的路上，他来到了一间宽敞明亮的教室中，他精神饱满地在发表演讲。

他的脸上慢慢浮现出了笑容。内森堡知道，这是久违的笑容。当他知道自己还会笑的时候，他就知道了，他一定不会死在集中营里，他一定会活着走出去。所以当他从集中营中被释放出来时，内森堡

显得精神很好。他的朋友不相信，一个人可以在魔窟里保持这样年轻。

微笑是阳光的美丽外衣，一个笑容就像穿过乌云的太阳，能够给人带来一种信心，一种希望。时刻保持微笑，微笑的魔力是巨大的。正因为微笑，内森堡在那样的绝境中走了出来，而且拥有一个良好的精神状态。微笑的魔力就是这么神奇，让一个人快乐充实而且自信。

有些学者强调："微笑是成功者的先锋。"确实是这样的，一个人面带微笑，远比他穿着一套高档、华丽的衣服更吸引人，也更容易受人欢迎。喜欢微笑着面对他人的人，往往更容易走入对方的天地。因为微笑是一种宽容、一种接纳，它缩短了彼此的距离，使人与人之间心心相通。让微笑真正地伴随你生命的整个过程，它会使你超越很多自身的局限，使你的生命自始至终生机勃发。用你的笑脸去欢迎每一个人，那么，你会成为最受欢迎的人。

学会在不完美中寻找美丽

永远不要企图掩饰自己知识上的缺陷，即便用最大胆的推测和假设去掩饰，这也是要不得的。不论肥皂泡的色彩多么炫目，但肥皂泡必然是要破裂的，于是你们除了惭愧以外，是会毫无所得的。

——巴甫洛夫

这个世界上没有十全十美的东西，很多人生活在忧闷和抱怨之中，是因为他们对环境总有这样和那样的不满，而没有看到生活美好的一面。一个心理健康的人应当懂得悦纳自我，接受自己的缺点，并在此基础上积极地发挥自己的优点。如果一个人总是执着于完美，那么他就无法获得精彩人生。

世界上本就没有完美的事物，而我们要学着从不完美中寻找那份美丽，这也是一种完美。

　　追求事物的完美是我们每一个人的特性。然而，世界上根本就不存在任何一个完美的事物。一味地追求完美只能让你错过更多本已精彩的画面，还会在追寻完美的过程中迷失自己的路。与其苦苦追求不存在的至美，何不低头看看身边的美丽，或许你会发现更多的花朵。

　　一位挑水夫，有两个水桶，分别吊在扁担的两头，其中一个桶有裂缝，另一个则完好无缺。在每趟长途挑运之后，完好无缺的桶总是能将满满一桶水从溪边送到主人家中，但是有裂缝的桶到达主人家时却只剩下半桶水了。

　　两年来，挑水夫就这样每天挑一桶半的水到主人家。当然，好桶对自己能够送满整桶水感到很自豪。破桶对于自己的缺陷则非常羞愧，它为只能负起责任的一半感到很难过。

　　饱尝了两年失败的苦楚，破桶子终于忍不住，在小溪旁对挑水夫说："我很惭愧，必须向你道歉。""为什么呢？"挑水夫问道："你为什么觉得惭愧？""过去两年，因为水从我这边一路地漏，我只能送半桶水到你主人家，我的缺陷使你做了全部的工作却只收到一半的成果。"破桶说。挑水夫替破桶感到难过，他充满爱心地说："在我们回主人家的路上，你要留意路旁盛开的花朵。"

　　果真，他们走在山坡上，破桶眼前一亮，看到缤纷的花朵开满路的一旁，沐浴在温暖的阳光之下，这景象使他开心了很多！但是，走到小路的尽头，它又难受了，因为一半的水又在路上漏掉了！破桶再次向挑水夫道歉。挑水夫温和地说："你有没有注意到小路两旁，只有你的那一边有花，好桶的那一边却没有开花呢？我明白你有缺陷，因此我善加利用，在你那边的路旁撒了花种，每回我从溪边来，你就替我一路浇了花！两年来，这些美丽的花朵装饰了主人的餐桌。

如果你不是这个样子，也没有这么好看的花朵了！"

我们都知道没有完美的人，却又追求完美。完美主义已经深深地渗入了我们的血液，而这份执着只能带给我们更多的不快乐。生活中，我们不要对自己的缺陷耿耿于怀，要敢于直面不完善的自我，才能超越自我，拥有五彩缤纷的生活。

学会容纳自己的不完美，实事求是地看待自己，才能从自身条件不足和所处的不利环境中解脱出来，做自己想做的事。停下来，享受你的美丽，在不完美中撷取一片美丽的花朵。

温和的情绪能擦亮美的眼睛

温和比强暴更有希望获得成功。

——拉封丹

这个世界上总有一些人喜欢走极端——认为美貌最重要，就忽略了精神上的学习；认为内在最重要，就完全不修边幅。故意地修饰和不修饰，其实都是想要通过与众不同的风格来给人留下深刻的印象。其实，有一种简便的方法能让你的内在和外在都看起来从容不迫，那就是在任何场合下都保持亲切温和。

罗斯福深得其子女的爱戴，这是众所周知的。有一次，罗斯福的一位老友垂头丧气地来找罗斯福，诉说他的小儿子居然离家出走，到姑母家去住了。这男孩本来就桀骜不驯，这位父亲把儿子说得一无是处，又指责他跟每个人都处不好。

罗斯福回答说："胡说，我一点儿都不认为你儿子有什么不对。一个人如果在家里得不到合理的对待，他总会想办法由其他方面得到的。"

几天后，罗斯福无意中碰到那个男孩，就对他说："我听说你离家出走，是怎么回事？"男孩回答："是这样的，上校，每次我有事找爸爸，他都会发火。他从不给我机会讲完我的事，反正我从来没有对过，我永远都是错的。"

罗斯福说："孩子，你现在也许不会相信，不过，你父亲才真正是你最好的朋友。对他来说，你是这世上最重要的人。"

"也许吧！上校，不过我真的希望他能用另一种方式来表达。"

接着罗斯福去告诉那位老友，发现几乎令其惊讶的事实，他果然正如其儿子所形容的那样暴跳如雷。于是，罗斯福说："你看！如果你跟儿子说话就像刚才那样，我不奇怪他要离家出走，我还奇怪他怎么现在才出走呢？你真是应该跟他好好谈一谈，心平气和地跟他沟通才是。"

跟孩子沟通需要的是耐性，因为孩子很少能理智地面对问题，如果我们强硬地表达自己的想法，那么等来的肯定是他们的不理解，并且很可能会加重他们的叛逆思想。当孩子对我们的不满越积越多的时候，在他们的眼里，我们也就成了恶人，再没有办法走入他们的世界了。

同理，在处理事情的时候，如果不能冷静地分析其中的缘由，提供解决问题的办法，而单单用呵斥和傲慢来表达你的情绪时，很可能会招致对方的不满。尽管当时对方可能没有表达对你的恨意，可是时间久了，他们也可能对你的反感与日俱增。试想，如果一个人总是粗暴地对待别人，经常嫉恨别人，那么还会有人愿意跟他相处吗？所以，我们要适时控制自己的情绪，深刻展露出温和的一面，才能成为一个受欢迎的人。

在一次会议上，吉姆大卫看到朗士宁坐在桌边，于是走上前去做了自我介绍。他伸出手，说道："你好，我叫吉姆大卫，很高兴见到你。"朗士宁回答道："噢，我也是。"朗士宁仍然坐着，吉姆大卫只

好倾着身子同他握手，这让他们的关系从一开始就显得有点不平衡。

接下来，吉姆大卫走向安尼，坐到她的旁边。但吉姆大卫介绍自己的时候，安尼站了起来，面带微笑，看着吉姆大卫的眼睛说道："我也很高兴认识你。"这是一个非常好的开始。

吉姆大卫原本想和朗士宁谈论自己对他风险投资的看法的，但是看到朗士宁如此地高高在上，冷若冰霜，他转而和安尼说了起来。正好安尼是一个对风投感兴趣的小伙子，他与吉姆大卫相谈甚欢，并且学到了不少东西。尽管不远处的朗士宁也很想加入到这样的谈话中来，但是他已经错过了最佳时机了。

在人际交往中，想要给别人留下深刻的印象，你只需要呈现出本来的样子就好了，而大部分人本来的样子是平凡的。如果你真的希望自己能够拥有一种优雅的气度，给人一个成熟的印象，那么就不要吝啬展现你温和的情绪，这是成为受欢迎的人的最佳办法。

当你参加某活动时，总会有那么一两个人给你留下很深刻的印象。可能是他们的神态和气质，可能是他们的口才与表现能力，也许是很难说清楚的东西，只是一种感觉。这就是温和的魔力，它在无意中拉近了人与人之间的距离，使这个世界变得和谐、美丽。

展露出你温和的情绪吧，不需要理由。温和的情绪能够擦亮我们寻找美的眼睛，是我们奋斗的动力，是我们人际交往成功的秘诀。

顺利度过生命的冬眠期

你无法阻止鸟儿从你头上飞过，但你可以阻止鸟儿在你头上筑巢；你不能左右天气，但你能转变自己的心情；只有那些躺在坑里、从不仰望高处的人，才会没有出头之日。

——黑格尔

　　每个人的一生中都难免会遇到一些不如意的事情，贫穷、疾病、厄运、失败……很多人悲叹生命的短暂和命运的无情，只有少数人能活出自己的快乐。一个人能否快乐，取决于什么呢？那就是是否能够安静地度过生命的冬眠期，善待自己，不跟自己过不去。

　　有一天，唐娜接到国防部的电报，说她的侄儿——她最爱的人，在战场上失踪了。

　　唐娜的心一下子就悬了起来，原本开朗达观的她变得焦虑不安、茶饭不思。过了不久，她又接到了阵亡通知书。接到通知书的那一刻，她觉得自己的整个世界都塌陷了。

　　她开始忽视她的工作，忽视她的朋友，她抛开了生活的一切，对这个世界既冷淡又怨恨。她悲伤过度，决定放弃工作，离开家乡。就在她清理桌子准备辞职的时候，突然看到一封她已经忘了的信——一封她的侄儿生前寄来的信，当时，他的母亲刚刚去世。侄儿在信上说："当然我们都会想念她的，尤其是你。不过我知道你会平静度过的，以你个人对人生的看法，就能让你坚强起来。我永远不会忘记那些你教给我的美丽的真理。不论我在哪里生活，不论我们分离得多么遥远，我永远都会记得你的教导。你教我要微笑地面对生活，要像一个男子汉，要承受一切发生的事情。"

　　唐娜把那封信读了一遍又一遍，觉得侄儿就在自己的身边，正在对自己说话。他好像在对自己说："你为什么不照你教给我的办法去做呢？坚持下去，不论发生什么事情，把你个人的悲伤藏在微笑下面，继续生活下去。"

　　侄儿的信为唐娜带来了很大的安慰和鼓舞，她不再对周围的一切充满敌意，不再对别人冷淡无礼，她又像以前那样充满希望地投入到工作中去。把所有的心思和精力都用在工作上，她写信给前方的士兵——给别人的儿子们；晚上，她参加成人教育班——要找出新

的兴趣，结交新的朋友。她几乎不敢相信发生在自己身上的种种变化。她说："我不再为已经过去的那些事悲伤，现在我每天的生活都充满了快乐——就像我的侄儿要我做到的那样。"

唐娜是个坚强的女人，在遭遇那么多的变故之后，仍然能够坚强地活下去。我们可能也在生活中遇到各种各样糟糕的事情，尽管我们没有能力去改变它，但是我们可以改变自己的心态，然后继续向前。

在我们的生命中，总会出现低落的冬眠期，而我们要做的就是平静地等待冬眠过去，然后迎来人生灿烂的春天。无论发生了什么事情，都必须接受既定的事实。把个人的悲伤掩藏在微笑下面，平静地继续生活，这是应对人生冬眠期的最好方式。

在经历了两次可怕的意外事故后，米歇尔的脸因植皮而变成一块彩色板，手指没有了、双腿细小，无法行动，他只能瘫痪在轮椅上。这次意外事故把他身上 65% 以上的皮肤烧坏了，为此他动了 16 次手术。手术后，他无法拿起叉子，无法拨电话，也无法一个人上厕所。但曾是海军陆战队员的米歇尔从不认为自己被打败了，他坦然地接受了这一切。他说："我完全可以掌控自己的人生之船，那是我的浮沉，我可以选择把目前的状况看成倒退或是一个新起点。"6 个月之后，他又能开飞机了！

米歇尔为自己在科罗拉多州买了一幢维多利亚式的房子，另外买了一架飞机及一家酒吧。后来，他和两个朋友合资开了一家公司，专门生产以木材为燃料的炉子，这家公司后来变成佛蒙特州第二大私人公司。第一次意外发生后 4 年，米歇尔所开的飞机在起飞时又摔回跑道，他永远瘫痪了。

米歇尔仍不屈不挠，努力使自己达到最大限度的自主。后来，他被选为科罗拉多州孤峰顶镇的镇长，保护小镇的环境。米歇尔后来还竞选国会议员，他用一句"不只是另一张小白脸"作为口号，将自己难看的脸转化成一项有利的资产。

后来，行动不便的米歇尔开始泛舟。他坠入爱河且完成终身大事，他还拿到了公共行政硕士并持续他的飞行活动、环保运动及公共演说。米歇尔坦然面对自己失意的态度使他赢得了人们的尊敬。

人生在世，难免遇到一个又一个的生命低谷，自然的威力，人生的得失，都没有必要太过计较，太较真了就容易受其影响。我们降落到这个尘世中并不是来寻找烦恼的，所以我们没有必要成日在忧伤和苦闷中度过。这样的人生又有什么意义呢？快活地奔走在眼花缭乱的世界，在杂乱中寻找宁静，在失意中追寻进取，做一个真正意义上的快乐者，这样的人生才有意义、有价值。

生活中，人人都希望自己的"问题"可以少一点，最好是没有。但这无疑是个奢求，与其苛求完美，不如承认人生低谷的存在，找一个最适当的方式安静地等待生命冬眠期的过去。如此，你终将会迎来又一个万物复苏的春天。

保持一颗平静的心

没有任何外界的力量能够统治你。

——拉尔夫·沃尔多·埃默森

身居繁华都市的人，往往追求悠闲安静的田园生活；身在林深竹海的乡人，却向往灯红酒绿的都市生活。事实上，平静是福，无论处于哪种自然环境下，只要冲破凡尘的杂事，摆脱无谓的烦扰，保持一颗平静的心，哪里都会有好风景。

街上有一位老铁匠，由于早已没人需要打制铁器，而改卖铁锅、斧头和拴小狗的链子。他的经营方式非常古老和传统，人坐在门内，货物摆在门外，不吆喝，不还价，晚上也不收摊。你无论什么时候从这儿经过，都会看到他在竹椅上躺着，手里是一个半导体，身旁是一把紫砂壶。他的生意也没有好坏之说，每天的收入正好够他吃饭和喝茶。他老了，已不再需要多余的东西，因此他非常满足。

一天，一个古董商从老街经过，偶然看到老铁匠身旁的那把紫砂壶。因为那把壶古朴雅致，紫黑如墨，有清代制壶名家戴振公的风格，他走过去，顺手端起那把壶。壶嘴内有一记印章，果然是戴振公的，商人惊喜不已。

商人端着那把壶，想以10万元的价格买下它。当他说出这个数字时，老铁匠先是一惊，后又拒绝了，因为这把壶是他爷爷留下的，他们祖孙三代打铁时都喝这把壶里的水。壶虽没卖，但商人走后，老铁匠有生以来第一次失眠了。这把壶他用了近60年，并且一直以为是把普普通通的壶，现在竟有人要以10万元的价钱买下它，他转不过神来。过去他躺在椅子上喝水，都是闭着眼睛把壶放在小桌上，现在他总要坐起来再看一眼，这让他非常不舒服。特别让他不能容忍的是，当人们知道他有一把价值连城的茶壶后，蜂拥而至，有的问还有没有其他的宝贝，有的开始向他借钱，更有甚者，晚上来敲他的门。他的生活被彻底打乱了，他不知该怎样处置这把壶。

当那位商人带着20万元现金，第二次登门的时候，老铁匠再也坐不住了。他招来左右店铺的人和前后邻居，拿起一把斧头，当众把那把紫砂壶砸了个粉碎。后来，老铁匠一直卖铁锅、斧头和拴小狗的链子，据说他活过了百岁。就这样，老铁匠打破了名利对心的束缚，重获心灵的宁静。

老铁匠通过打碎紫砂壶来换取内心的平静，这种做法看似愚蠢，实际上却是大智慧。外界任何的诱惑都不抵内心的平静更具价值，更能让人感受生活的甘甜，更能让人亲临幸福，发现美的元素。

尼布尔有一句有名的祈祷词说："上帝，请赐给我们胸襟和雅量，让我们平心静气地去接受不可改变的事情；请赐给我们智能，去区分什么是可以改变的，什么是不可以改变的。"没有人能告诉你生活中将会发生什么，倒不如保持一颗平静的心态，杞人忧天只能困扰自己，而贪欲的结果让自己的生活变得更糟糕。

珍妮每周日都去教堂做礼拜。她对牧师说："我只是想轻松一下，每天工作那么忙，说实话我的公司最近效益也不好，想出来静静心，让自己快乐一点。"

牧师说道："心魔在己身。一切的根源皆在于你想要的太多，想放的太少。我年轻的时候，看到一个农夫挑着满满的柴火向前走，他走得很辛苦，很艰难，我很替他心疼。那个人虽然已经有了柴火，但是在回家的路上，看到地上的树枝什么的还是往身上放，两只眼睛不往前看，只盯着自己的脚下。正因如此，那个人撞到了很多人，路人对他很是不满。而他自己一路走来，柴火越来越重，脸上的表情也越来越复杂。一般人能有那么多的柴火一定很高兴，可他却愁眉苦脸。后来，在快到家的时候，他再也走不动了，倒在家门口，而身上的柴火也撒了一地，被到处乱跑的猫啊狗啊都踩断了。如果他能放下多余的柴火，那他肯定不会那么累，心情肯定也会很舒畅。世人之所以感到内心浮躁，得不到安宁与快乐，其实是与那个人一样，只知道一味地拿，而不懂得放下。"

对待得失成败，保持一颗平静的心，才能摆脱得意时的狂妄自大和失意时的萎靡不振。拥有一颗平静的心，快乐就能在祥和宁静的心境里筑巢栖息。面对生活，始终保持一种平静的心去接受明天，在困境中依然保持着泰然心境的人，无疑是一个在厄运面前不会绝望的人，这个人注定永远不会被生活击垮。

第十章

为自己多存几本 "朋友存折"

朋友是永远不会贬值的财富

结交一个知心好友，是飞向幸福的最可靠护照。

——艾略特

朋友，是你一生的财富。朋友是永远不会贬值的财富，你可以贫穷，但是绝不能没有朋友。

1831 年，波兰作曲家肖邦在华沙起义失败后，只身流亡至法国巴黎定居。年轻的肖邦虽然才华出众，却空有大志而无施展之地，为求生计，只得以教书为生，处境甚为落魄。

一个偶然的机会，肖邦结识了大名鼎鼎的匈牙利钢琴家李斯特。两人一见如故，大有相见恨晚之感。当时，李斯特在巴黎上流文艺沙龙中已是闻名遐迩的骄子，可他对默默无闻但才华横溢的肖邦大为赞赏。他想：绝不能让肖邦这个人才埋没，必须帮他赢得观众。

一天，巴黎街头广告登出了钢琴大师李斯特举行个人演奏会的消息，剧场门口人头攒动，门票一售而空。

紫红色的帷幕徐徐拉开，灯光下，风度翩翩的李斯特身着燕尾服朝观众致意。台下掌声雷动，李斯特朝观众行礼后，便转身坐在钢琴前，摆好演奏姿势。灯熄了，剧场内一片寂静，人们屏息静气地闭上眼睛，准备享受美好的音乐声。

琴声响了，咚咚的琴声时而如高山流水，时而如夜莺啼鸣；时而如诉如泣，时而如歌如舞。琴声激昂时，剧场内便响起掌声；琴声悲切时，剧场内又响起抽泣声……观众完全被那美妙的音乐征服了。

演奏结束，人们跳起来，兴奋地高喊："李斯特！李斯特！"可灯一亮，大家傻了。观众看到舞台上坐的根本不是李斯特，而是一位眼中闪着泪花的陌生年轻人。他就是肖邦。

人们大为惊愕！原来，那时有个规矩，演奏钢琴要把剧场的灯熄灭，一片黑暗，以便观众能够聚精会神地听演奏。李斯特便利用这个空子，让肖邦代替自己演奏。当观众明白刚才的演奏竟出自面前这位年轻人之手后，立即变惊愕为惊喜。

剧场内，掌声四起，鲜花一束束地朝台上"飞去"。于是，一位伟大的钢琴演奏家瞩目于世了。

肖邦的成功，在一定程度上是因为李斯特的帮助，如果没有李斯特这个朋友的帮助，肖邦或许有一天也会凭借自己的才能取得人们的认可，但绝不会成功得如此顺利和迅速。真正的朋友是懂得欣赏你、帮助你的人，是愿意为你无私奉献的人。朋友在关键的时候能够拉你一把，让你走上成功的道路，这才是你成功的一笔无形资本。

记得有一位哲人说过："友谊既能使人摆脱暴风骤雨的感情世界，而进入一个和风细雨的春天，又能使人摆脱黑暗而混乱的胡思乱想，走进光明而理性的思考。"不管你有多么融洽的亲情，不管你的人生有多

成功，你都不能没有朋友。儿时需要玩的朋友；长大了需要共事的朋友；年老了需要说话的朋友。人需要朋友犹如鱼儿需要水、生命需要氧气。

有两个朋友在沙漠中旅行，在旅途中的某个地方他们吵架了，其中一个还打了另外一个人一记耳光。被打的觉得受辱，一言不发，在沙子上写下："今天我的好朋友打了我一巴掌。"他们继续往前走。直到到了沃野，他们决定停下。挨巴掌的那位差点淹死，幸好被朋友救了起来。被救起后，他拿了一把匕首在一块石头上刻下："今天我的好朋友救了我一命。"

朋友问："为什么我打了你以后，你要写在沙子上，而现在要刻在石头上呢？"他笑笑，回答说："当被一个朋友伤害时，要写在易忘的地方，风会负责抹去它；相反，如果受到帮助，我们要把它刻在心灵深处，那里任何风雨都不能抹掉它。"

朋友之间相处伤害往往是无心的，帮助却是真心的。忘记那些无心的伤害，铭记那些对你真心帮助的人，你会发现这世上你有很多真心的朋友……友情是无价的，朋友所给予你的感动和温暖是其他任何物质都不能替代的。如果你已经疏远了一些朋友，那么现在挽救还来得及，珍惜身边的每一位朋友，就从现在开始吧。

朋友是幸福的种子，是情感的寄存室，也是心灵漂流的舟。朋友如伞，能为游荡在凄风苦雨中的人遮去几分风寒；朋友又似舟，可以载着你斩破骇浪划向心的彼岸。

微笑和赞美是人际交往的润滑剂

一切的和谐与平衡，健康与健美，成功与幸福，都是由乐观与希望的向上心理产生与造成的。

——华盛顿

在人际交往中，我们都希望得到他人善意的微笑或者真诚的赞美，这是每个人心中最深切的渴求，但我们往往吝啬自己的微笑和赞美，或是忘记了怎样更好地和人交往，或是出于冷漠和嫉妒。而微笑和赞美则有着神奇的力量，它们可以使你更好地融入人群，成为受欢迎的人。

杰克常常觉得生活没有任何意义，除了悲伤就是烦恼，他渐渐变得很忧郁。

一天，他遇到一个快乐的老人，于是杰克请教解脱烦恼之法。

老人说："微笑，对自己微笑，也对他人微笑。"

杰克很困惑，又问："可是我没有微笑的理由啊！生活如此艰辛，我为什么要微笑呢？"

老人略微思索了一下，说："第一次微笑是不需要理由的，你只要尽情地绽放自己的笑容就可以了，而到第二次、第三次的时候，微笑的理由就自己来找你了。"

杰克决定按照老人的话做，让自己快乐起来。

不久以后，杰克又一次回来找到老人，此时，杰克充满了快乐。老人问："你找到微笑的理由了吗？"

"找到了！"杰克兴奋地说。

"那么，你是在哪里找到它呢？"

"当我第一次对来向我借东西的邻居微笑的时候，他同样给了我一个微笑，那一刻，我突然发现天空是那么辽阔，空气是那么清新！第二次，当我走在路上被一个人撞到时，我并没有愤怒，而是送给他一个微笑，我得到了他发自内心的歉意和感谢，那是人世间多么美好的情感！第三次，当我把微笑送给在草地上玩耍的孩子时，他们拉着我加入了他们游戏的队伍……我不再吝啬自己的笑容，我把它们送给路上的陌生人，送给街边休息的老人，甚至送给曾经羞辱过、

欺骗过、伤害过我的人们，在这个过程中，我收获了高于我所付出的几倍的东西，这里面有赞美、感激、信任、尊重，也有某些人的自责和歉意。这些让我更加自信、更加愉快，也更加愿意付出微笑。"

"你终于找到了微笑的理由。"老人点了点头，微笑着对他说，"假如你是一粒微笑的种子，那么，他人就是土地。"

微笑带有神奇的魔力，它让杰克走出忧虑灰暗的人生，积极乐观地融入人群，收获了一个快乐的人生。在人际交往中，微笑可以更好地拉近人与人之间的距离，谁都不愿意和一个冷漠的人交往，此时，一个善意的微笑，就可能收获一份友情。

在与人相处时，一句真诚的赞美，在两人相对的第一个瞬间，必定能传达出最友好的信号。这是一种神奇的力量，这种力量能够化腐朽为神奇，帮助我们化解一切困难。约翰·洛克菲勒在人际交往中就善于运用真诚来赞美他人，以此来维系良好的人际关系。

洛克菲勒的合伙人爱德华·贝德福特在南美的一次生意中，使公司损失了100万美元。贝德福特丧气地回来见洛克菲勒，洛克菲勒本可以指责他的过失，但是他并没有这样做。他知道贝德福特已经尽力了，更何况事情已经发生了，并不能因此而把他的功劳全部抹杀。他把贝德福特叫到自己的办公室，对他说："这太好了，你不仅节省了60%的金融投资，而且也为我们敲了一个警钟。我们一直都在努力，并且取得了几乎所有的成功，还没有尝到失败的滋味。这样也好，我们可以更好地发现自己的错误和缺点，争取更大的胜利。更何况，我们也并不能总是处在事业的巅峰时期。"

几句话，把贝德福特心里说得暖呼呼的，并下决心准备东山再起。

人在成长的过程中总免不了犯错，一句善意的赞美，其力量远远大于一万句严肃的批评。在世界上所有的道路中，心与心之间的道路是最难行走的，人人都在追求利益，可他们却找不到通往心灵的方向。其实走进他人的心灵有时又是轻而易举的，路标就是真诚地赞赏他人。每个人都应该多发现别人的优点，多赞美别人，在提升别人的同时，你也得到了提升。

微笑，是世间最美丽的表情，即使你长得不美，笑得也不好看，这没关系，要紧的是，你是否真心诚意地展颜一笑。把世间最美的表情和最动听的语言用于人际交往，你肯定可以收获一份快乐。在现实生活中，你什么都可以吝啬，但千万不要吝啬你的微笑和赞美。

用坦诚赢得人心

诚实比一切智谋更好，而且它是智谋的基本条件。

——康德

人与人之间，无论是陌生关系还是朋友关系，无论是亲人还是顾客，都应该相互坦诚。如何才能获得别人的坦诚呢？答案是，只有坦诚才能换来坦诚！

在交际的场合，尤其是当我们遇到陌生人时，坦诚是我们打开友谊之门的钥匙。碰到陌生人，与其躲躲闪闪，不如索性大大方方地主动出击。那种率直、大方的人，往往易于使人亲近，也常常受人欢迎，也就更容易赢得别人的信任。

在日常生活中，人们往往视对手为"敌人"。还常常提醒自己：他是我的竞争对手，也就是我的敌人！企业面对顾客投诉时，也往往视为瘟神，不断地躲避和狡辩。却不知道在这个时候坦诚相见才是最好的办法。以良好的心态面对，展现出足够的坦诚和勇气，才可以赢得人心，促使事情向良性发展。

1994 年，美国可口可乐公司总部接到了一位妇女的投诉电话。这位妇女怒气冲冲地说："在我买的可口可乐里发现了一枚别针！如果你们不能给我一个令人信服的解释，我将向联邦法院起诉你们，并将这件事向媒体公布！"天啊，可乐里面发现了别针！可口可乐公司一时如丈二和尚摸不着头脑：可乐里面怎么会有别针呢？谁也说不明白。

可口可乐高层对此事非常重视。因为谁都知道，这样的事若被张扬出去，经媒体炒作一番，公司的声誉必然毁于一旦。为了避免事态扩大，可口可乐高层特别设立了一个调查组，连夜奔赴出事地点——科罗拉多州的一个名为布瑞英克的小镇。调查组根据那位妇女的介绍，找到零售可乐的小店，又顺藤摸瓜地找到批发商，最后确定这瓶带有别针的可乐由位于科罗拉多州乔治城的可口可乐分厂生产。调查组带着那位妇女对这家分厂进行了突击检查，结果发现厂里生产条件极佳，干净卫生，工人也极为负责，根本不可能出现可乐里有别针的情况。

问题出在哪里呢？查出来是不可能的了。调查组向那位妇女道歉，请她原谅，并且真诚地说："您看，我们的生产条件极好，工作纪律非常严格，尤其是各位员工对顾客绝对负责，发生这样的事肯定是个意外。遗憾的是，我们不能查出其中的缘故。但是，请您相信，我们会进一步加强管理，保证类似的事绝不会再次发生。作为对您所受到惊吓的补偿，我们将赔偿您 1 万美元的精神损失费。同时，为了感谢您对可口可乐的信任和忠诚，我们邀请您到可口可乐总部免费参观旅游。如果您对我们还有什么不满意的地方，请您尽管说，我们一定竭力满足。"那位妇女见可口可乐公司如此真诚，怒意全消，最后高高兴兴地去可口可乐总部参观去了。

可口可乐公司的高明之处在于坦然面对现实，真诚与客户沟通。

既漂亮地解决了危机，也赢得了消费者的心。事实上，是对手让我们不断变强。只要你能放下那种狭隘的看法，用一种欣赏的目光去看待他，你就会发现，对方其实并非想象中的那样处处与你做对，他有许多东西值得你去学习和借鉴。排斥对手于事无补，甚至两败俱伤；相反，只有欣赏对手才更能征服人心。彼此用真心交流，就会开出友谊之花。把对手当成动力，不是更有利于你的成功吗？

一个坦诚守信的人，总会赢得更广的人脉。那些弄虚作假的人，经过时间的考验，终将被人们唾弃。你真诚待人，必将换来同样的一份坦诚相待，坚持自己的原则，做一个受人敬重的坦诚人士。

放低姿态，才能走好每一步路

当我们是大为谦卑的时候，便是我们最近于伟大的时候。

——泰戈尔

当自己正春风得意时，千万不能得意忘形，这样你才能不伤害别人，也不会被伤害。反之，当把自己的得意展现无遗时，很可能就会招来别人的怨恨。

亚当毕业于一所名牌大学，毕业后到一家大公司做推销员，尽管他是个新手，但他吃苦耐劳、聪颖好学，一年下来，得到的薪金倒比其他部门的员工多出好几倍。由此，亚当也就下定决心在营销部干下去。

时间长了，亚当渐渐发现了营销部里一些工作上的疏漏，管理也不规范。而且亚当还发现一个秘密，那就是营销部墙上的组织结构图表中有副经理一名，可他到营销部已近半年，却从未见过副经理。

亚当萌发了争取营销部副经理一职的想法。于是在一次营销部全体员工会议上，他坦陈了自己的想法，经理当众表扬并肯定了他。可没想到，自那次会议后，亚当的处境却越来越被动了。他初来乍到，并不知道那个副经理之职已有许多人在暗中争夺，迟迟没有定下来的原因就在于此。而亚当的到来，开始并未引起人们的关注。但时间一长，他频频关注此事，又加之他有学历，人们便感到他的威胁了。这次他又公然地要争这个职位，无疑是捅了马蜂窝，大家越看他越可恶，一时间，控告他的材料堆满了经理的办公桌，什么亚当不讲内部规定踩了我客户的点；泄露了价格底线；抢了正在谈判中的生意……这些控告中的任何一项都是一个推销员所承受不了的。于是，为了安定部里的情绪，不致影响营销任务，经理经与人事部门商定，不久，一纸通牒令下，亚当也就"心不甘，情不愿"地离开了公司。

做人怀有高远的志向原本是可喜可贺的一件事，但是，如果自恃有远大抱负就目空一切，咄咄逼人，那只会招来更多人的厌恶、鄙视和攻击。失去了别人的支持和帮助，再大的志向、再高的才能又有什么用呢？倒不如把这些高远的志愿埋在心里，放低姿态，平和行事，这样既避免了纷争，又利于立身处世，实在是两全其美的事。

生活中，确实有些人总认为自己比别人技高一筹，事事比人强。这样，他们就总喜欢把得意挂在嘴上，逢人便夸耀自己如何如何能干，如何如何富有，完全不顾及别人的感受，甚至没有顾及当时的听者是不是一个正处于人生低谷的人。他们夸夸其谈后总以为能够得到别人的敬佩与欣赏，而事实上，别人并不愿意听你的得意之事，自我炫耀的结果往往会适得其反，还不如脚踏实地，低调做人。

有一只狐狸喜欢自夸自大，它以为森林中自己最大。

傍晚，它单独出去散步，走路的时候看见一个映在地上的巨大影子，觉得很奇怪，因为它从来没有见过那么大的影子。后来，它知道是自己的影子，非常高兴。它平常就认为自己伟大，有优越感，只是一直找不到证据可以证明。

为了证实那影子确实是自己的，它就摇摇头，那个影子的头部也跟着摇动。它很高兴地跳舞，那影子也跟着它舞动。它继续跳，正得意忘形时，来了一只老虎。狐狸看到老虎也不怕，就拿自己的影子与老虎比较，结果发现自己的影子比老虎大，就不理它，继续跳舞。老虎趁着狐狸跳得得意忘形的时候扑了过去，把它咬死了。

骄傲自满容易徒增祸患，只有放低姿态、低调行事才能保证人生的每一步路都走得安稳。

在人际交往中，聪明的人都懂得放低自己的姿态，与人交谈时，多谈他人关心和得意的事，这样可以赢得对方的好感和认同，从而加深彼此之间的感情。谦虚是最能令人信服的美德。饱满的麦穗总是将头深深地埋下。位置站得越高的人越懂得低头。只有放低自己，才能看到别人的高度。

以貌取人是不成熟的表现

美有两种，灵魂的美和肉体的美。聪明、纯洁、正直、慷慨、温文有礼都是灵魂的美，相貌丑的人也可以具备的。如果不以貌取人，往往对相貌丑的也会倾心爱慕。

——塞万提斯

在与人交往中，大多数人习惯"以貌取人"，这是人之常情，无可厚非，况且第一印象也确实很重要。但是，我们却忽略了一个人最重要的是精神和灵魂。一个拥有智慧和才情的人，即使相貌丑陋，也会得到大家的认可。

卡尔 14 岁时，为了追求自己的梦想，他到处漂泊。他先到加利

福尼亚州，后又来到夏威夷。

快到爱坡索地区的时候，卡尔在街道拐角碰到一个老头，是个讨饭的。他看卡尔行色匆匆，就叫卡尔停下来。他问卡尔是不是从家里偷跑出来的，卡尔告诉他说根本不是，他是为了追求自己的梦想和憧憬。

这个友善的乞丐要卡尔跟着他，他说有重要的东西要给卡尔看并与卡尔一同分享。他们穿过几个街区来到爱坡索市的图书馆。

老乞丐先把卡尔领到一个座椅旁，让卡尔稍等片刻，他要在书架中找到那些特别的东西。不多一会儿，他怀里抱着几本旧书回来了。他把旧书放在桌上，在卡尔身边坐下来。这位老乞丐的话改变了卡尔的生活。他说道："我要教你两件事，小伙子，它们是：第一，切记不要从封面判断一本书的好坏，因为封面会蒙骗人。"

他接着说："我敢打赌你认为我是个叫花子，是不是，小伙子？"

卡尔说："是的，我猜你是的，先生。"

"小伙子，我想你会大吃一惊的，我很有钱。人们想要的东西我都有。但一年前，我的妻子死了，自那之后我开始反省生活的意义。我认识到生活中的许多东西我都还没有体验过，比如做一个沿街乞讨的叫花子。于是我放弃了荣华富贵，选择做一年的叫花子。所以，不要以貌取人，那会受骗的。"

"第二，学会如何读书，小伙子。因为只有一种东西别人无法从你身上拿去，那就是智慧。"说到这，他伸出手握住卡尔的右手，把刚从书架上抽出的书放在卡尔的手上。

图书能给人智慧，启迪人的思想。图书的价值在于其内容，而非封面的色彩。真正的珠玑在历经岁月的尘封之后依然会散发着夺人的光彩。具有深厚内涵和价值的事物，即使没有华丽的外表作为映衬，也能发出耀眼的光芒。人何不是如此？所以，以貌取人是不成熟的表现，看人不能只取其表！

在我们周围，不乏那些靠着外表来评定别人价值的人，这种以貌取人的行为是一种"势利"和愚蠢的表现。以貌取人收获最多的就是蔑视和嘲笑。当你以一种居高临下的眼光打量他人的时候，别人也会以相同的态度"回赠"你。

一只狐狸第一次来到澳洲，见到大袋鼠的怪模样，感到十分好笑："喂，傻大个儿，动物们都是靠四条腿奔跑的，你的两条前腿几乎跟废物差不多，仅靠后面的两条腿，怎么能跑得过其他动物呢？"

袋鼠笑笑说："我有我的办法。"

狐狸讥笑说："你有什么办法，跪下求饶是不是？"

袋鼠说："咱们俩比试比试如何？"

在动物中，论赛跑，狐狸跟虎、豹、梅花鹿比起来，自然不在一个级别，但跟眼前这个只有两条腿起作用的傻大个儿比赛，他却充满了信心。

狐狸说："如果你输了，从此叫我老师怎样？"

袋鼠说："如果是我赢了呢？"

狐狸说："那我就是你的学生！"

赛跑开始了。起初，狐狸并没有把全部本事拿出来。没想到只过去几分钟，他就发现自己完全估计错了。大袋鼠虽然两只前腿不大管用，但却有一条非常健壮的大尾巴，这条大尾巴又粗又长力气又大。奔跑的时候，它就像弹簧一样，帮助大袋鼠向前跳跃。大袋鼠一蹬一弹，一起一落，狐狸还没有回过神来，大袋鼠已经跑没影儿了。

以貌取人常常会让人做出错误的判断，不是高估对方的水平就是贬低了对方的能力。正如狐狸的浅薄和愚蠢，所以它注定只能得到一个输的结局。看人时我们总会注重"第一印象"，而一个人的面貌是给我们留下印象最深的，所以我们常常会犯"以貌取人"的错误。

金无足赤，人无完人，我们不可以对别人苛求太多，更不能根据一个人的面貌对一个人定性。以貌取人不能全面地获得他人的信息，常常会导致高估了他人的能力或贬低了他人的水平，这是一种不成熟的表现，在竞争或交往中对我们很不利。

抬高自己，就是孤立自己

决不要陷于骄傲。因为一骄傲，你们就会在应该同意的场合固执起来；因为一骄傲，你们就会拒绝别人的忠告和友谊的帮助；因为一骄傲，你们就会丧失客观标准。

——巴甫洛夫

任何好品种的花朵，如果只会孤芳自赏或自命清高，它就永远是野花，难登大雅之堂了。人生也是如此，那些抬高自己、孤芳自赏的人，常因"鼻孔朝天"而四处碰壁，人生的领地越来越小。而谦虚的人却能时刻保持谨慎诚恳的姿态，踏踏实实地走好每一步，于是人生之路越走越顺。因此，打开人生天地，首先要从低调为人、包容万物开始。

约翰是个非常优秀的青年，但他常常对别人不屑一顾。约翰是一个特立独行的人，时时感到自己是"鹤立鸡群"。不仅周围的同学他看不上眼，连一些教授他也不放在心上，因为他们讲的课程对约翰来说实在太简单了。

渐渐的，约翰成了其他同学眼中的"怪人"，大家不敢也不愿意和他交往。但不可否认，他确实是一个难得的"天才"。

约翰以优异的成绩毕业，顺利进入一家待遇优厚的大公司。他心中对未来充满了憧憬，准备干出一番轰轰烈烈的事业来。不过，上班后的生活远远不像在学校里那样简单，每天都少不了和上司、同事、客户等各种各样的人打交道，约翰对此感到十分厌烦，因为他觉得自己太优秀了，很少有人能够和自己相提并论。他对别人的挑剔越来越严重，逐渐发展成对他人的厌恶。他讨厌那些平庸的同事、低能的上司，有时甚至说不清对方有什么具体的缺陷，但他就是感觉不对劲。

长此以往，约翰与周围人的关系很紧张，彼此都感到很别扭。他经常与同事闹得不可开交，也往往因一些微不足道的小事而与上司发生争论。

终于有一天，约翰彻底变成了一个无人理睬的闲人了。尽管他很有才干，但上司却不再派给他任何任务，同事们也像躲避瘟疫一样远离他。在走投无路之际，他被迫写了一份辞职书，结果马上得到批准。

随后，约翰又到别处应聘，可是一连换了四五家单位，竟然没有一处令他感到满意。这位原本前途远大的青年，心情变得越来越苦闷，日益形单影只。

约翰的人生可谓一场悲剧，但这场悲剧是他孤芳自赏的性格造成的。一个很优秀的人，难免会有些骄傲和自信心膨胀，这就需要自己保持一个清醒的头脑，看到自身的不足，用谦虚恭敬的态度待人处事，才能不断提高自己，同时也会获得别人的认可。

做人不能抬高自己，否则就容易忘乎所以、刚愎自用，对人对事吹毛求疵。这样的人，即便本领再高强，也不会受人尊敬、被人重用。而在抬高自己的同时，也容易对自己的优势做出错误的判断。

富兰克林起初是一个自负的蠢人，他过分自负的态度常使别人看不顺眼。有一天，有一个朋友会的会友把他叫到一旁劝告了他一番，这一番劝告改变了他的一生。

"富兰克林，像你这样是不行的，"那个会友说，"当别人与你的意见不同时，你总是表现出一副强硬而自以为是的样子。你这种态度令人觉得很难堪，以致别人懒得再听你的意见了。朋友们不同你在一处时，还觉得自在些。你好像无所不知无所不晓，别人对你无话可讲了。的确，人人都懒得和你谈话，因为他们费了许多气力，反而觉得不愉快。你以这种态度来和别人交往，不虚心听取别人的见解，这样对你自己根本没有任何好处。你从别人那儿根本学不到一点东西，但是实际上你现在所知道的却很有限。"

富兰克林听了之后讪讪地站起来，一边拍着身上的灰尘，一边说："我很惭愧。不过，我实在也是很想进步的。"

"那么，你现在要明白的第一件事就是，你已经太蠢了，而且是愚蠢得没有自尊了。"朋友说。

他又受到了打击，不过他站起来的时候，他已经下决心把一切骄傲都抛在地下……他所需要的第二步，便是与自己作一次谈话。这一点他马上实行起来了。他现在要研究一个新的题目，那便是他自己。

富兰克林后来成了一个了不起的人物，许多人喜欢他。他不仅为当时的人做了许多具有建设性的工作，而且对后代也有很大的影响。以前他总是骄傲，总是炫耀他的才能；现在他却更努力把自己造就成一个有用的人。

人际交往中，如果你抬高自己，很容易让自己成为众人眼中的"特例"，这样反而会走向孤立无援；在处理事情的时候，如果你抬高自己，就容易对形势做出错误的评估，优势反而成为阻碍你前进的绊脚石。做人太把自己当回事了，就容易挑三拣四、忘乎所以、刚愎自用，并且在与人相处时会吹毛求疵。这样的人，即便本领再高强，也不会受人尊敬、被人重用。因此，为人处世切勿抬高自己，使自己处于孤立无援的状态，而是要放低心态，让自己融入平常人当中去，

不刻意去凸显什么，这样才能为自己赢得好人缘和好事业。

站在他人的立场看问题

我从我自己的经验以及他人的经验中证明了，如果说成功是有秘诀的，那么这所谓的秘诀，就在于抱着他人的观点，去审度一切事情的能力。

——福特

在日常生活工作中，我们总是要和朋友、同事相处并发生各种关系，总会不可避免地产生这样或那样的矛盾。在这种情况下，究竟应当采取什么态度呢？要想处理好这些矛盾，如果你懂得用一种"设身处地"的思想，站在他人的立场上看问题，就能对别人多一份理解和体贴，从而促使自己进步。而那些一味批评别人而看不到自己缺点的人，往往会落个害人害己的结局。

驴和马都给主人干活：驴拉磨，马驮着主人周游四方。所以，驴经常遭到马的羞辱。

吃饭的时候，马又一次次辱骂驴说："没出息的家伙．一天到晚，围着一个石磨转来转去。眼睛还被蒙着，瞎走瞎忙。这样活着有什么意思？不如早点死了熬驴胶吧！"

驴再也忍受不了马的侮辱，伤心地跑开了。第二天，主人发觉驴不见了，便把马套到磨上。

马说："我志在千里，怎么能为您拉磨呢？"

"可我要吃面啊！没有驴，总不能囫囵吃麦粒呀！"说着，主人蒙住了马的眼睛，并在它的屁股上重重地给了一掌。

马无可奈何地跟驴一样围着磨转起圈来。

才拉了一天磨，马就感到头昏脑涨，浑身酸疼得受不住了。它在

地上打了一个滚儿，长长地出了一口气说："唉！没想到驴干这活儿也不容易呀！今后再评论别人一定要先换到它的位置上试试再说。"

理解别人，并能够在别人的立场上设身处地地为别人着想，重视自己和别人之间的差异，在不同人的眼中看到不同的世界，这样的人才能真正做到虚怀若谷，才能在社会交往中游刃有余，左右逢源。

我们在面对一成不变的生活时，有时会失去耐性，认为自己所从事的事情既无聊又无趣，甚至会因此而产生厌世的心理。这时候，如果能让自己尝试另外一个角色，站在别人的立场上来审视自己的生活，你就会重新发现生活的意义和乐趣。

每个人都有自己的困扰，我们要时不时转个身看看别人的世界，学着站到他人的立场看问题。

世上最宽阔的是人的心灵，设身处地的多为别人着想，就能做到"严于律己、宽以待人"。如果在生活中受到别人非礼的待遇时，别忙着生气和抱怨，试着站到他人的立场审视自己，检查自己在处理问题时，是不是有什么不妥当的地方，而不是把自己局限在一个小天地里，用抱怨的眼光看世界。

学会退让

处事让一步为高，待人宽一分是福。

——佚名

人生在世，要有所为还要有所不为。如果要无所不为，最终只能是一无所为。暂时的"不为"，是为了长远的"有为"；表面的"不为"，是为了实实在在的"为"。因此，在某些特定的情况下，人们要能够有所"不为"，以暂时的退让谋求长久的进步。

一位老妈妈在她金婚纪念日那天，向来宾道出了保持婚姻幸福的秘诀。她说："从我结婚那天起，我就准备列出丈夫的 10 条缺点，为了我们婚姻的幸福，我向自己承诺，每当他犯了这 10 条错误中的任何一项的时候，我都愿意退让一步，原谅他。"有人问，那 10 条缺点到底是什么呢？她回答说："老实告诉你们吧，50 年来，我始终没有把这 10 条缺点具体地列出来。每当我丈夫做错了事，让我气得直跳脚的时候，我马上提醒自己：算他运气好吧，他犯的是我可以原谅的那 10 条错误当中的一个。"

故事里的老妈妈正是通过有智慧的退让和容忍才维护了家庭的幸福，经营了一份成功的婚姻。在人生的漫漫旅程中，不会总是艳阳高照，鲜花盛开，也同样有夏暑冬寒，风霜雪雨。面对生活中的一些挫折和坎坷，如果能像那位老妈妈一样，适时地退让一步，你就会发现，你可能会进步得更多。

生活中，有进有退的行为是一种充满智慧的策略，前进的一方可以获得正的收益值，而后退的一方也不会损失太大，况且有时候暂时的退是出于一种策略考虑，退是为了进。

有一所学校，每年都要举行一场智力竞赛，大部分学生报名参加，竞争非常激烈。这一年，一年一度的智力竞赛又拉开了帷幕，全校的学生都参加了。最后，全校选出了 8 名最聪明的学生，他们 8 人有幸进入了决赛，大家都等着看哪一位能获得第一名。

相关的组织者把这 8 名学生带到一栋楼前指着 8 间教室，又指指大门说："我现在把你们分别关在 8 间教室，门外有人把守。我看你们谁有办法，只说一句话，说出充分的理由让门外的警卫心服口服地把你们放出去。不过有两个条件：一是不准硬闯；二是即便放出来，也不能让警卫跟着你。"

8 名学生被分别关进 8 间教室后，他们待在各自的教室里，思考着用怎样的一句话，就能让警卫放自己走出教室。然而，两个小时过去了，还是没有一个人发出声响。正在别的同学翘首期盼的时候，有个进决赛的学生很惭愧地低声对警卫说："警卫叔叔，这场比赛太难了，我不想参加这场竞赛了，我认输了，请您让我出去吧。"警卫听了，打开了教室门，让他走了出来。看着这个临阵退缩的学生走出了教室，警卫惋惜地摇摇头。

然而，比赛结果公布，就是这个声称自己认输自愿退出的学生当之无愧地获得了"智力冠军"的称号。

故事中最终取胜的学生通过以退为进的策略取得了最后的胜利。现实中我们常会见到这样的事，双方争斗，各不相让，最后小事变为大事，大事转为祸事，往往导致问题不能解决，落得个两败俱伤的结局。其实，如果采取较为温和的处理方法，先退一步，使自己在博弈中处于比较有利的地位，待时机成熟，便能以退为进，成功达到自己的目的。

人生纷乱的时刻，你只有适当的退让，才能保持自己的力量。退让不是放弃，而是积蓄下一次奋起的力量，寻找时机走出人生真正的辉煌。你要记住，成熟的稻子低着头，深邃的大海默不作声，以退为进，由低到高，是一种稳妥人生的智慧。

对他人宽容，就是给自己拓宽道路

一个不肯原谅别人的人，就是不给自己留余地，因为每一个人都有犯过错而需要别人原谅的时候。

——福莱

给别人留余地，就是给自己留余地。生活中当我们面对不愉快的事情时，如果我们都能够换位思考，那么矛盾就会趋于缓和。面对伤害时，想一想那个刺痛你的人也许有他自己的苦衷；和朋友吵架时，念一念人家以前对你的好；讨厌一个人时，看一看自己身上是不是也有不少一直被他人忍受和包容的缺点。对他人太过苛刻，痛苦最多的往往是我们自己；对他人宽容，最后收益最大的往往也是我们自己。

一个人20多岁时被人陷害，在牢房里待了10年。后来冤案告破，他终于走出了监狱。出狱后，他开始了几年如一日的反复控诉、咒骂："我真不幸，在最年轻有为的时候遭受冤屈，在监狱度过本应最美好的一段时光。监狱简直不是人居住的地方，狭窄得连转身都困难。唯一的细小窗口里几乎看不到阳光，冬天寒冷难忍，夏天蚊虫叮咬……真不明白，上帝为什么不惩罚那个陷害我的家伙，即使将他千刀万剐，也难以解我心头之恨啊！"

75岁那年，在贫病交加中，他终于卧床不起。弥留之际，牧师来到他的床边："可怜的孩子，去天堂之前，忏悔你在人世间的一切罪恶吧……"牧师的话音刚落，病床上的他声嘶力竭地叫喊起来："我没有什么需要忏悔，我需要的是诅咒，诅咒那些施予我不幸命运的人……"牧师问："你因受冤屈在监狱待了多少年？离开监狱后又生活了多少年？"他恶狠狠地将数字告诉了牧师。

牧师长叹了一口气："可怜的人，你真是世上最不幸的人，对你的不幸，我真的感到万分同情和悲痛！他人囚禁了你区区10年，而当你走出监牢本应获取自由的时候，你却用心底里的仇恨、抱怨、诅咒囚禁了自己整整50年！"

记恨的心理对人的不良情绪起了不可低估的作用。今天记恨这个，明天记恨那个，结果朋友越来越少，对立者越来越多，严重影响人际关系和社会交往，成为"孤家寡人"。

人这一生谁能不犯错误呢？我们需要的是一颗宽容的心，对他人宽容一点，而自己也会变得快乐幸福。如果揪住别人犯过的错误不放，不但减少不了自己的痛苦，反而使自己变得更加不幸。

给别人留有余地，并不是只对那些曾经伤害过我们的人宽容，对于竞争对手，也要抱着这种宽容的心态。真正打败对手不是让其消失或将其逼向绝路，而是让其变成自己的朋友。这是一种生存的大智慧，也是一种豁达。

从前有一个富翁，他有三个儿子，在年事已高时，他决定把自己的财产全部留给三个儿子中的一个。可是，到底要把财产留给哪一个儿子呢？富翁于是想出了一个办法：他要三个儿子都花一年时间去游历世界，回来之后看谁做到了最高尚的事情，谁就是财产的继承者。

一年时间很快就过去了，三个儿子陆续回到家中，富翁要三个人都讲一讲自己的经历。

大儿子得意地说："我在游历世界的时候，遇到了一个陌生人，他十分信任我，把一袋金币交给我保管，可是那个人却意外去世了，我就把那袋金币原封不动地交还给了他的家人。"

二儿子自信地说："当我旅行到一个贫穷落后的村落时，看到一个可怜的小乞丐不幸掉到湖里了，我立即跳下马，从河里把他救了起来，并留给他一笔钱。"

三儿子犹豫地说："我，我没有遇到两个哥哥碰到的那种事，在我旅行的时候遇到了一个人，他很想得到我的钱袋，一路上千方百计地害我，我差点死在他手上。可是有一天我经过悬崖边，看到那个人正在悬崖边的一棵树下睡觉，当时我只要抬一抬脚就可以轻松地把他踢到悬崖下，我想了想，觉得不能这么做，正打算走，又担心他一翻身掉下悬崖，就叫醒了他，然后继续赶路了。这实在算不了什么有意义的经历。"

　　富翁听完三个儿子的话，点了点头说道："诚实、见义勇为都是一个人应有的品质，称不上是高尚。有机会报仇却放弃，反而帮助自己的仇人脱离危险的宽容之心才是最高尚的。我的全部财产都是老三的了。"

　　富翁认为宽容之心是最高尚的，这不无道理。宽容是一种高贵的品质、崇高的境界，是精神成熟、心灵丰盈的体现。有了这种品质、这种境界，人就会变得豁达，变得成熟。无论做人做事，给别人留有余地，不仅是对别人的释怀，也是对自己的善待。给别人留有余地，抱着一颗宽容的心，就会远离仇恨，避免灾难，人生以后所获得的就是从容、自信和超然。

　　包容的是别人，受益的是自己。无论在学习和生活中遇到何种不顺利的事情，你都可以为别人留下余地，显示出包容、仁爱的心态，你将因此受用一生。

第十一章

要在苦难的烈焰中奋进高歌

苦难是雕琢天才的一把刻刀

苦难对于人生是一块垫脚石，对于能干的人是一笔财富，对于弱者是个万丈深渊。

——巴尔扎克

在人生的岔道口面前，若你选择了一条平坦的大道，你可能会拥有一个舒适而享乐的青春，但你可能失去一个很好的历练机会；若你选择了坎坷的小路，你的青春也许会充满痛苦，但人生的真谛也许就此被你打开。生命是一次次的蜕变过程。唯有经历各种各样的苦难，才能拓展生命的宽度。而困难是一把雕刻天才的刻刀，通过一次次困难的反复雕琢，人生的阅历就在这个过程中不断丰富。

正当贝多芬精力充沛、充满热情地献身他所钟爱的音乐事业时，不幸的事情发生了，由于患耳病，贝多芬渐渐失去了听觉。对于音乐家来说，世界上还有什么能比耳朵更宝贵呢！音乐家要用耳朵去辨别音的高、低、强、弱，要用耳朵去欣赏优美的旋律、丰富的和声和多变的节奏，音乐就是声音的艺术啊！这个打击对年轻的贝多芬来说，来得太突然了。

贝多芬陷入了极大的痛苦之中。他绝望了，甚至想到了自杀，连遗嘱都写好了。但是，经过一番激烈的思想斗争以后，贝多芬还是坚强地活了下来，因为他热爱生活，热爱音乐。他对别人说："是艺术，只是艺术挽留了我，在我尚未把我的使命完成之前，我不能离开这个世界。"

贝多芬勇敢地向命运展开了挑战，他在给朋友的信中豪迈地写道：

"我要扼住命运的喉咙，它休想使我屈服！"

这句话成为贝多芬一生的座右铭。

贝多芬比以前更加发奋、努力。尽管他的耳病越来越严重，他听不到鸟儿的鸣叫、小溪的歌唱，也听不到雷鸣、风吼，世界上的任何声音他都听不到。但是，贝多芬没有灰心，也没有气馁，他坚忍不拔地与命运搏斗。贝多芬与命运搏斗的艰苦时期，正是他一生中创作力最旺盛、成就最辉煌的时期。他的大部分成功之作都是耳聋以后创作的。他一生成就最卓著的 9 部交响乐也是在他患了耳疾、听力渐退的情况下完成的。贝多芬以他惊人的毅力、辉煌的成就掀开了欧洲音乐史上崭新的一页。

苦难是一笔巨大的财富。苦难缔造了强者健康有力的品格，丰富了强者的斗争经验，锻炼了强者非凡的才干。人的一生不可能只有成功的喜悦而没有遭受挫折的痛苦，一个人如果能在失望中看到希望，抓住新生，那他就已经有了成功的可能。

人在成长的过程总会有各种困难相伴而来，只有在痛苦的挣扎

中，意志和力量才能得到磨炼和加强，使生命在痛苦中得到升华。当你从痛苦中走出来时，就会发现，你已经拥有了飞翔的力量。

有个渔夫有着一流的捕鱼技术，被人们尊称为"渔王"。依靠捕鱼所得的钱，渔王积累了一大笔财富。然而，年老的渔王却一点儿也不快活，因为他三个儿子的捕鱼技术都极其一般。

他经常向人倾诉心中的苦恼："我真想不明白，我捕鱼的技术这么好，我的儿子为什么这么差？我从他们懂事起就传授捕鱼技术给他们，从最基本的东西教起，告诉他们怎样织网最容易捕捉到鱼，怎样划船最不会惊动鱼，怎样下网最容易'请鱼入瓮'。他们长大了，我又教他们怎样识潮汐、辨鱼汛……凡是我多年辛辛苦苦总结出来的经验，我都毫无保留地传授给他们，可是他们的捕鱼技术竟然赶不上技术比我差的其他渔民的儿子！"

一位路人听了他的诉说后，问："你一直手把手地教他们吗？"

"是的，为了让他们学会一流的捕鱼技术，我教得很仔细、很有耐心。"

"他们一直跟随着你吗？"

"是的，为了让他们少走弯路，我一直让他们跟着我学。"

路人说："这样说来，你的错误就很明显了。你只是传授给了他们技术，却没有传授给他们教训，对于才能来说，没有教训与没有经验一样，都不能使人成大器。"

人们往往把苦难看成人生中纯粹消极的、应该完全否定的东西。当然，苦难不同于主动冒险，冒险有一种挑战的快感，而我们忍受苦难总是迫不得已的。但是，人生中的苦难总是完全消极的吗？并非如此。那些挫折和苦难对人生不但不是消极的，还是促进成长的积极因素。如果一路都是坦途，那只能像渔夫的儿子那样，沦为平庸之人。

苦难，在不屈的人面前会化成一份礼物，这份珍贵的礼物会成为真正滋润你生命的甘泉，让你在人生的任何时刻，都不会轻易被击倒。

不要因为失败而否定未来

失败也是我需要的，它和成功对我一样有价值。

——爱迪生

人的一生中总会面对失败，也许任何一次失败都会让你怀疑自己、动摇理想，甚至放弃未来成功的可能，而最终失败的原因不是别人打倒了你，而是你自己。一个人只要永不言败地追求自己的梦想，他的梦想就终能实现。并不是每个人都能成功，但若每个人都为了心中的目标永不言败地奋斗，他必然能取得自身价值意义上的成功。

金融家韦特斯真正开始自己的事业是在 17 岁的时候，那时候，他的全部家当只有 255 美元。他在股票的场外市场做掮客，在不到一年的时间里，他发了大财，一共赚了 1.68 万美元。

第一次世界大战结束了，韦特斯以为和平已经到来，就拿出了自己的全部积蓄，以较低的价格买下了雷卡瓦那钢铁公司。但是，这次韦特斯失败了，他的财产就只剩下了 4000 美元。

韦特斯并没有因为一时的挫折而放弃，相反，他对此总结了相关的经验，并相信他自己一定会成功。后来，他开始涉足股市，在经历了股市的成败得失后，他赚了一大笔。

这时，一家叫普莱史顿的金矿开采公司在一场大火中覆灭了。它的全部设备被焚毁，资金严重短缺，股票也跌到了 3 分钱。有一位名叫陶格拉斯·雷德的地质学家知道韦特斯是个精明人，就游说他把这个极具潜力的公司买下来，继续开采金矿。韦特斯听了以后，

219

拿出 3.5 万美元支持开采。不到几个月，黄金挖到了，离原来的矿坑只有 213 英尺。

这时，普莱史顿股票开始飞涨，不过不知内情的海湾街上的大户还是认为这种股票不过是昙花一现，早晚会跌下来，所以他们纷纷抛出原来的股票。韦特斯抓住了这个机会，他不断地买进、买进，等到他买进了普莱史顿的大部分股票时，这种股票的价格已上涨了许多。

这座金矿，每年毛利达 250 万元。韦特斯在他的股票继续上升的时候把普莱史顿的股票大量卖出，自己留了 50 万股，这 50 万股等于他一个钱都没有花。

韦特斯的成功经验告诉我们，不要害怕失败，财富的获得总是在失败中一点点积累的，很少有一夜暴富，即便有，一夜暴富的财富也总是不长久的。这便是富人们不怕失败的原因，失败也是一种财富。

每个人都有遇到失败的时候，但千万不要因为一时失败，而对自己的能力产生怀疑，进而否定自己的未来。当你遇到短暂失败的时候，应该保持头脑清醒、勇敢面对现实、不要逃避。冷静地分析整个事件的过程，努力找出失败的原因，重新开始努力，进而走向成功。

有个男孩大学毕业后决定创办一份杂志，但是家里很穷，而他因为缺少 500 美元的邮费，不能给订户发函。一家信贷公司愿借贷，但有个条件，得有一笔财产作抵押。男孩的母亲曾分期付款好长时间买了一批新家具，这是她一生最心爱的东西，但她最后毅然决定将家具作了抵押。

那份在母亲支持下创办的杂志获得巨大成功。男孩终于能做自己梦想多年的事情了：将母亲列入他的工资花名册，并告诉母亲她算是公司里的退休工人，再不用工作了。那天，母亲哭了，男孩也哭了。

有一段时间很反常，男孩经营的一切仿佛都坠入谷底。面对巨大的困难和障碍，男孩感觉自己无力回天。他神情忧郁地告诉母亲：
"妈妈，看来这次我真要失败了。"

"儿子，"她说，"你努力试过了吗？"

"试过。"

"非常努力吗？"

"非常努力。"

"很好。"母亲果断地结束了谈话，"不管什么时候，只要你努力尝试，就不会失败。既然你已经非常努力地试过，你还会成功的。"

在母亲的鼓励下，男孩渡过了难关，攀上了事业新的巅峰。这个男孩就是驰名世界的美国《黑人文摘》杂志创始人、约翰森出版公司总裁、拥有三家无线电台的约翰森。

一时的失败并不能说明什么，只要你继续努力、非常努力，那么就可以攀上成功的巅峰。正如约翰森，如果因为一时的失败而否定自己的未来，那么他不会成就如此辉煌的事业。不管面临什么样的困难，只要你不承认失败，就永远不会失败。

一个人要成就事业，必须具备百折不挠的精神，不能因为一两次的失败就轻易地否定未来、放弃追求，对于所做的，不论怎样不遂心也不放松、不罢手，抱定恒心去做，才能获得成功。

失败是坚韧的最后考验

卓越的人的一大优点是：在不利和艰难的遭遇里百折不挠。

——贝多芬

错误和失败是迈向成功的阶梯。任何成功都包含着失败，失败是生活中的一个组成部分，是有所进取、求变创新和参与竞争过程中的组成部分。只要你进取，就必然会有失误；只要你还活着，就绝不是彻底失败！失败有什么可怕呢？失败并不可怕，可怕的是因此失去坚韧的斗志。面对挫折要昂首挺胸，这样才能迎接下一轮的挑战。当生活像一首歌那样轻快流畅时，笑逐颜开乃易事；而在一切事都不妙时，仍然保持微笑的人，才是真正的乐观。

有一个年轻人，很小的时候就立志要成为一名受人尊敬的作家。贫寒的家境无法支持他去接受专业训练，他只能自己摸索着锻炼写作技巧。

他用干零活赚来的钱买了许多世界名著，并为自己列了一个非常详细的学习计划。每天从早到晚，他都钻在书和稿纸堆里。他开始动笔写自己的第一本小说，用了将近一年的时间，写了又改，改了又写，他总是无法非常满意。一旦灵感出现，他会抱起书，以百米冲刺的速度跑回家，趴在桌子上写起来。终于，书稿完成了，然而，整个城市没有一个出版商肯为他出版作品。

尽管如此，他仍然没有气馁，他更加刻苦地去学习名家的作品，把每一点儿想法和火花都记录下来。就这样，他又学了5年，写了5年。但5年的辛勤劳动仍然没有得到任何一个出版商的承认，这让他非常失意、灰心。

又一次遭受打击之后，他忽然感到，有一种强烈的悲伤在胸中流淌，他有一股冲动要把这种感觉写下来。他再一次拿起笔，尽情地抒写着，那是一个年轻人的成长故事。命运的不公、人生的坎坷，他有很多的话要说，因为，那就是他自己的生活、自己的遭遇。他找到了长久以来自己作品中缺少的东西——真挚的感情和自我的风格。他在模仿别人的路上已经走得太远了。

将书稿寄出的时候，他的心情非常平静。他想，就是再失败他也不怕了，因为他是在为自己写作，笔下流淌的是自己的心声。

两个星期无声无息地过去了，他早就拿起了笔，开始创作另一部作品。一个下午，他接到了电话，一个温和的声音对他说："你的小说内容很好，非常令人感动，我们准备出版它。"

他终于成功了。

这位青年的奋斗经历，是不是可以给我们一些启示：在失败面前，如果我们能够坚持下去，就能看到胜利的曙光。那些意志不坚的人，在遭遇一两次失败打击的时候，就放弃了努力，而同时他也放弃了成功。

失败是对坚韧的考验，在多次失败面前，谁能坚持到最后，谁就能摘下成功的桂冠。不要害怕失败，对一个人来说，失败和成功具有同样的价值，只有在一次次的失败中你才能找到对的方法。

在伦敦的一家科学档案馆里，陈列着一本英国物理学家法拉第写了 10 年的日记。

这本日记非常奇特，第一页上写着："对！必须转磁为电。"

以后，每一天的日记除了写上日期之外，都是写着同样的一个词："No"（不）。从 1822 年直到 1831 年，整整 10 年，每篇日记都如此。

只是在这本日记的最后一页，才改写上了一个新词："Yes"（是的）。这是怎么回事？

原来，1820 年丹麦物理学家奥斯特发现金属线通电后可以使附近的磁针转动。这引起法拉第的深思：既然电流能产生磁，那么磁能否产生电流呢？法拉第决心研究磁能否生电的课题，并决心用实验来回答。

10 年过去了，经过实验——失败——再实验……法拉第终于成功了。他在历史上第一次用实验证实了磁也可以生电，这就是著名的电磁感应原理。正是这个著名的原理，为发电机的诞生奠定了基础。

法拉第面对 10 年来的失败，没有气馁，而是选择了用坚韧的毅力回击一次次的失败。10 年的失败，这个打击对于我们来说恐怕难以承受，但是法拉第坚持下来了，所以他摘得的果实更显得珍贵和甜美。

失败并不可怕，这是对我们迈向成功的最后考验，坚定不移地走下去，你就能成功。成功总是需要艰辛的付出。就算你经历多次的失败，也不能说明你就是一个失败者，相反，这表明你正在用失败铺路、一步一步地接近辉煌的成功。不管你失败了多少次，坚强地走下去，你就是下一个迈向成功的勇士。

把不利的因素转化为前行的动力

从远处看，成功的不幸折磨还很有诗意呢！一个人最怕庸庸碌碌地过一生。

——罗曼·罗兰

同样是活着，有些人活得有声有色，精彩出众，每天都开开心心；有些人则总是牢骚满腹，脸上很难露出笑容，总觉得生活亏欠了他。活着，快乐是一天，不快乐也是一天。聪明的你，为什么不试着把不利的因素转化成你前进的动力呢？只有这样，你才能成为一个快乐的成功者。

史蒂芬·霍金因病失去了行动能力，手不能写，口不能言，凭借一个小书架，一块小黑板，还有一个助手，竟然在黑洞爆炸理论的研究中，通过对"黑洞"临界线特异性的分析，获得了震动天文界的重大成就，为此他荣获了 1980 年度的爱因斯坦奖金。

更有趣的是，作为天文学家，他没有天文望远镜，却能告诉我们有关天体运动的许多秘密。他每天被推送到剑桥大学的工作室里，进行研究工作。

霍金用自己独特的生存方式诠释了另一种辉煌人生：只要大脑里存在着希望，就有无可限量的创造潜力，就不存在不能克服的困难。

霍金身体上遭遇的不幸，可能在我们常人眼里会觉得灰暗无比，但是他满怀勇气地去面对，把身体上的障碍全部转化为开启大脑智慧的动力，最终他所带来的光芒照亮了人类科学史上一大片天空。其实人生根本没有什么过不去的坎，真正过不去的是你自己的心！

你如何看待挫折和不幸，它们就会为你带来什么。如果在挫折造访时，我们能怀着感恩的心情，看到挫折中蕴含的另一面，看到挫折可能为我们带来的好，一切就会变得云淡风轻，而我们也将从挫折中收获更多。

俄国化学家布特列罗夫少年时代就特别爱好化学，经常一个人在宿舍里偷偷做实验。他12岁那年，因为做实验发生爆炸，被关进禁闭室，学监在他胸前挂了一块牌子，写上"伟大的化学家"几个字挖苦他。但布特列罗夫却没有被挫折吓倒，而是更加注重实验的安全性和理论知识的学习。每当想偷懒的时候，他都会提醒自己："如果科学的功底不扎实，嘲笑和打击会再次折磨我的。"

在33岁时，他终于提出了有机化合物结构上的创见，成为一名成功的化学家。他常常对别人说："我们要感谢给我们困难和打击的人，正是这些人，才让我们在成功的道路上有力量向前走。"

成功的路上，谁都不可能一帆风顺。感谢成功路上的磨难与挫折，因为所有的挫折都将成为你前进的动力。学会感恩，能使我们在受挫时看到差距，在不幸中得到慰藉，能极大地激发我们挑战困难的勇气，进而获取前进的动力。

失败并不表明你是一个经不起挫折的懦夫，反而表明你是一个屡败屡战、勇往直前的勇士。那些成功的人士，并不是每一次都会取得成功，但每一次的失利，都会成为他们进取的动力。真正的成功就是需要我们一步一步地进取才能够获得的。

能站起来，就是一种勇气

卓越的人的一大优点是：在不幸与艰难的遭遇里百折不挠。

——贝多芬

只有不畏艰难，不怕失败的人，才能取得成功。跌倒了以后，就立刻站起来，学会从失败中求取胜利，是古往今来伟大人物的成功秘诀，也是每个人都要修炼的成功宝典。

在成名之前，巴尔扎克曾经过着一段困顿和狼狈的日子。

巴尔扎克的父亲一心希望儿子可以当律师，将来在法律界有所作为。但巴尔扎克根本不听父亲的忠告，学完四年的法律课程后，他偏偏想当作家，为此把父子关系弄得相当紧张。父亲盛怒之下，断绝了巴尔扎克的经济来源。而此时，巴尔扎克投给报社、杂志社的各种稿件被源源不断地退回来。他陷入了困境，开始负债累累。

然而，他丝毫没有屈服的意思。有时候，他甚至只能就着一杯白开水吃点干面包。但他依然那么乐观，对文学的热爱已经深深地扎根在他的内心，他觉得任何困难都不能阻挡自己向缪斯女神前进的脚步。巴尔扎克甚至想出了一个对抗饥饿与困窘的办法，每天用餐时，他随手在桌子上画上一只只盘子，上面写上"香肠""火腿""奶酪""牛排"等字样，在想象的欢乐中，他开始"狼吞虎咽"。

为了激励自己，穷困潦倒的巴尔扎克买了一根粗大手杖，并在

226

手杖上刻了一行字：我将粉碎一切障碍。他夜以继日，不断地向创作高峰攀登。最终，他获得了巨大的成功。

生活中，并不是每件事都能如我们所愿。巴尔扎克在实现理想的路上遇到了那么多的困难和挫折，但是他还是坚持了下来。在困境面前，他也跌倒过，但他选择站起来，粉碎障碍，依靠自己的努力和毅力，成为一代文学巨匠。

芸芸众生，谁都无法避免苦难的降临。懦弱者面对苦难只会垂头丧气，丧失了生活的勇气，结果苦难更加深重，造成的损失与危害更加巨大，戕害自己的心灵，给别人留下笑柄或提供反面的教材，这样的人生何其可悲。勇敢者、智者面对苦难，总是能够坦然接受，即使跌倒了，也有勇气站起来，然后想方设法化解苦难，把它看作对人生的一次挑战，从而赢得了别人的敬重。

这一天，一位中年人像往常一样，拎着公文包去公司上班。在二十几年的职业生涯中，他勤勤恳恳、兢兢业业，升到部门经理的位置上，其中充满了艰辛困苦。他只要再这样工作几年，就可以安安稳稳地拿到退休金了。可是，他万万没有想到，这将是他在公司工作的最后一天。

"你被解雇了！"

"为什么？我犯了什么错？"他惊讶、疑惑地问。

"不，你没有过错，公司发展不景气，董事会决定裁员，仅此而已。"

是的，仅此而已。他在一夜之间，从一名受人尊敬的公司经理成了一名在街上流浪的失业者。

和所有的失业者一样，繁重的家庭开支迫使他必须找到生活来源。他的精神几乎承受不了这样的打击，他有时在街头呆坐，看着来来往往的人群，脑中一片空白。

有一天，他遇到了自己的一位朋友，这个朋友和他一样是经理，

现在也同样遭到解雇的命运。两个人互相安慰，一起寻求解决的办法。

"为什么我们不自己创办一家公司呢？"

这个念头像火苗一样，在他心中一闪，点燃了他压抑在心中的激情和梦想。于是，两个人就开始策划建立家居仓储公司。两位失业的经理为企业制定了一份发展规划和制胜理念，并制定出使这一优秀理念在企业发展中得以成功实践的一套管理制度；然后，就开始着手创办企业。

几年后，他们的公司已经颇具规模，而这个奇迹却始于一句话：你被解雇了。

"你被解雇了！"是我们每个人在人生旅途中最不愿听到的一句话，但正是这句话，改变了两个人的一生。如果不是被解雇，他们无论如何也不会想到要创办自己的公司；如果不是被解雇，他们俩现在只是靠领退休金度日的垂暮老人。在不幸面前，如果你能够站起来，就是一种成功，而那些能够在困境中站起来的人，往往也能铸就成功。

人生本来就是一连串的结束与开始，何苦太过执着于眼前的不顺心呢？浪费时间去哀叹，不如重新上路。没有永远的困难，也没有解决不了的困难，只是解决时间的长短而已。困难与人生相比，只不过是一种为人生增添色彩的颜料而已。当你遇到困难的时候，只要对自己有信心，那么什么困难都难不倒你。

把每一次磨难当作一次学习的机会

苦难是人生的老师。

——巴尔扎克

成功之路向来都不是一帆风顺的，它必然充满了坎坷和磨难。

想要成功，就不应该惧怕磨难，把每一次磨难当作一次学习的过程，你会发现磨难是你走向成功最好的老师，它会告诉你什么方法是错的，这样你才能重新开始去寻找新的方法，然后走向成功。

深山里有两块石头，第一块石头对第二块石头说：

"去经一经路途的艰险坎坷和世事的磕磕碰碰吧，能够搏一搏，不枉来此世一遭。"

"何苦呢，"第二块石头嗤之以鼻，"安坐高处一览众山小，周围花团锦簇，谁会那么愚蠢地在享乐和磨难之间选择后者，再说那路途的艰险磨难会让我粉身碎骨的！"

于是，第一块石头随山溪滚涌而下，历尽了风雨和大自然的磨难，它依然义无反顾地在自己的路途上奔波。第二块石头在高山上享受着安逸和幸福，享受着周围花草簇拥的畅意抒怀。

许多年以后，饱经风霜、历尽尘世之千锤百炼的第一块石头已经成了世间的珍品、石艺的奇葩，被千万人赞美称颂，享尽了人间的富贵荣华。第二块石头知道后，有些后悔。它也想投入到世间风尘的洗礼中，然后得到像第一块石头那样拥有的成功和高贵，可是一想到要经历那么多的坎坷和磨难，甚至还有粉身碎骨的危险，便又退缩了。

一天，人们为了更好地珍存那石艺的奇葩，准备为它修建一座精美别致、气势雄伟的博物馆，建造材料全部用石头。于是，第二块石头成了盖房子的材料。

第一块石头，选择了艰难坎坷，懂得放弃享乐，所以它成了珍品，成了石艺的奇葩；第二块石头，不仅最后落得粉身碎骨的下场，而且成了废物。

人生也是这样，选择执着奔波、千锤百炼的人，最终都能够成为珍品；而那些选择享受人生、安逸生活的人，只能落个悲惨的结局。

其实磨难并不可怕，可怕的是你被磨难磨去斗志。如果你静下心来想一想，在你承受对方给你的压力的同时，你也在慢慢成长。

美国独立企业联盟主席杰克·弗雷斯从13岁起开始就在他父母的加油站工作。弗雷斯想学修车，但他父亲让他在前台接待顾客。当有汽车开进来时，弗雷斯必须在车子停稳前就站到司机门前，然后去检查油量、蓄电池、传动带、胶皮管和水箱。

弗雷斯注意到，如果他干得好，顾客大多还会再来。于是弗雷斯总是多干一些，帮助顾客擦去车身、挡风玻璃和车灯上的污渍。有一段时间，每周都有一位老太太开着她的车来清洗和打蜡。这个车的车内踏板凹陷得很深很难打扫，而且这位老太太极难打交道。每次当弗雷斯给她把车清洗好后，她都要再仔细检查一遍，让弗雷斯重新打扫，直到清除掉每一缕棉绒和灰尘，她才满意。

终于有一次，弗雷斯忍无可忍，不愿意再侍候她了。他的父亲告诫他说："孩子，记住，这就是你的工作！不管顾客说什么或做什么，你都要记住做好你的工作，并以应有的礼貌去对待顾客。"

父亲的话让弗雷斯深受震动，许多年以后他仍不能忘记。弗雷斯说："正是在加油站的工作使我学到了严格的职业道德和应该如何对待顾客，这些东西在我以后的职业生涯中起到了非常重要的作用。"

"吃一堑，长一智"，人不能总停留在原地，而是要努力向前。其实对于弗雷德来说，顾客每"折磨"他一次，他就向前迈了一步。弗雷德的成功与他懂得感谢那些折磨自己的人有着莫大的关系。

人生是不平坦的，但同时也说明生命正需要磨炼，铁石经历百般的烧冶和敲打才能越来越坚硬；燧石受到的敲打越厉害，发出的光就越灿烂。人也一样，感谢磨难的折磨，这样我们才不会感到困苦，我们的生活就会洋溢着更多的欢笑和阳光，世界在我们眼里就会更加美丽动人。

学会在风雨中吸取清新的氧气

昨夜的暴风雨用金色的和平为今晨加冕。

——泰戈尔

日复一日，年复一年，人生犹如一条看不到尽头的路。在这条不平坦的道路上，我们经历过风霜雪雨，同样也看见过旭日彩虹。当遇到重重困难的时候，只要每个人都能坚定信念，保持平静乐观的心态，不惧怕任何的对手和挫折，风雨之后，彩虹总是会出现。

有一位妇女，在一次车祸中，她永远失去了自己的丈夫，她悲痛欲绝。她已经全然习惯了丈夫的呵护，现在，她陷入一种孤独与痛苦之中，她觉得自己的生活失去了阳光。

朋友都纷纷劝她开始新的生活，但这个女人绝望地拒绝了，可怜的女人得了严重的自怜症，好几年过去了，她的心情一直都没有好转。

直到后来又有一次，有位朋友忍不住对她说："我想，你并不是要特别引起别人的同情或怜悯。无论如何，你可以重新建立自己的新生活，结交新的朋友，培养新的乐趣，千万不要沉溺在旧的回忆里，无论你怎么做，你的丈夫都不会再回来，你现在的生活不止为你自己，更是为你的丈夫，他在天堂看着你。"听完这些话，她泪如雨下，她想起丈夫在生命最后一刻握着她的手说："亲爱的，虽然只有你一个人了，但你要好好地生活。"

没过多久，她便搬去与一个结了婚的女儿同住。

一开始她还是觉得很孤独，房间里面放满了丈夫的照片和生前的物品，甚至每天都梦见丈夫，梦里丈夫总是握着她的手告诉她要坚强，每次醒来的时候她都总是在伤感之后又想起丈夫的话。日子一天天

地过去，她的心情渐渐好起来，有时候她好像感觉丈夫并没有去世，只是去了很远的地方。她每天帮女儿照顾孩子，打扫家务，周末总是和女儿女婿上公园、电影院。

一年很快过去，当她再次和朋友见面时，朋友只是对她会心地一笑，说："亲爱的，我知道你能挺过去，真的没什么。你还是你，像当初一样美丽，乐观。"

忘记本要与自己长相厮守的丈夫对她来说，确实太困难，太残忍，但是每个人毕竟都有各自的旅程，在人生的旅途之中，当遇到阴霾的风雨时，只有转移视线，学着在风雨中汲取清新的氧气，才不会错过一些更为美好的人生山水。只有这样，一切过后，才会海阔天空。

如果连你自己都不再认识你自己，都不在乎你自己，那么便没有人会认识你，在乎你。人生旅途中，每个人都要经历风雨，而对阴霾天气的看法，完全源于我们各自的思想。你想的都是悲伤的事情，你就会悲伤；如果你脑海里都是欢乐的念头，你就能欢乐。

每一年的圣诞节都那么让人期待。有一位年老的父亲，他非常爱他的两个儿子，他们都很可爱。在圣诞节来临前，父亲分别送给他们完全不同的礼物，并在夜里悄悄把这些礼物挂在圣诞树上。第二天早晨天还没亮，哥哥和弟弟就都起来了，想看看圣诞老人给自己的是什么礼物。哥哥的圣诞树上礼物很多，有一把气枪，有一辆崭新的自行车，还有一个足球。哥哥把自己的礼物一件一件地取下来，却并不高兴，反而忧心忡忡。

父亲问他："是礼物不好吗？"哥哥拿起气枪说："看吧，这把气枪我如果拿出去玩，没准会把邻居的窗户打碎，那样一定会招来一顿责骂。还有，这辆自行车，我骑出去倒是高兴，但说不定会撞到树干上，会把自己摔伤。而这个足球，我总是会把它踢爆的。"父亲听了没有说话。

232

　　弟弟的圣诞树上除了一个纸包外，什么也没有。他把纸包打开后，不禁哈哈大笑起来，一边笑，一边在屋子里到处找。父亲问他："为什么这样高兴？"他说："我的圣诞礼物是一包马粪，这说明肯定会有一匹小马驹就在我们家里。"最后，他果然在屋后找到了一匹小马驹。父亲也跟着他笑起来："真是一个快乐的圣诞节啊！"

　　其实，在工作和生活中，很多事情也是这样，快乐与否完全取决于我们自己。得到了自行车和气枪，为什么要不开心？完全可以拿出气枪和弟弟痛痛快快地玩上一个下午，再骑着自行车出去找小伙伴们玩，这样不就可以过一个愉快而又有意义的圣诞节了吗？风雨旅途，我们为何要变得沮丧，完全可以改变心情，寻找清新的氧气，让风雨也变得有诗意。

　　每个人都经历过风雨，面对风雨最聪明的心态就是：在风雨中吸取清新的氧气，然后笑看人生，告诉自己我经历过了。不要畏惧风雨，因为既然风雨已经来了，那就不要回头看，因为昨天已成为历史，今天就是崭新的礼物。

第十二章

成功与你仅有半步之遥

成功并非想象中那么难

不要灰心，不要绝望，对一切都要乐观，需要有决心——这是最要紧的，有了决心一切困难的事都会变得容易。

——果戈理

一切事情的开头总是困难的，但成功却没有我们想象中那么难。

一个乌云密布、暴风雨就要来临的日子，一个中年男人带着他的儿子，来到郊外空旷的草地上。中年男人把手里一个装有金属杆的风筝递给小男孩，表情严肃地说："等会儿风来了，你就赶快跑。"男孩轻轻地点点头，眼中闪过一丝焦虑。

风筝是用一块很大的丝绸特制的，还在十字形的骨架上装了细金属丝。这时一个闪电袭来，远处传来了低沉的雷鸣声。在父子俩焦急的等待中，狂风呼啸着卷过一团团乌云，雷声越来越近，看来大雨马上就要倾盆而下了。

就在这时，只见那个男人把风筝高高抛起，并对着儿子大声喊道："快跑！"男孩接到父亲的指令，拉着风筝线就拼命地向前奔跑起来。只见在雷声轰轰的空中，借着一阵风势，风筝扶摇而上，才升到半空中，就雷电交加，大雨迎面扑来。

中年男人追上儿子，紧张地接过风筝线，风筝在空中摇摇欲坠。就在这时，刚好一道闪电从风筝上掠过，男人立刻用手靠近风筝上的铁丝，双臂瞬间掠过一种奇异的麻木感。男人不敢相信眼前的一切，当下一个闪电袭来的时候，又伸手试了一下，果然还是上次的感觉。他激动地大叫一声，一边把手远离了铁丝，一边疯狂地朝儿子大声喊道："有电！真是有电！我现在可以证明，闪电就是电！"

原来，他们是在进行闪电试验，用装有金属丝的风筝来接引天空的闪电。男孩听到父亲的欢呼，也异常激动起来，眼中深藏的焦虑一扫而光。

这是美国现代文明之父富兰克林做的一次实验，这次实验证明闪电是一种自然的放电现象，它和人工产生的电在本质上是相同的。他用一只风筝，推动了人类文明的发展，富兰克林用自己的亲身经历告诉我们：任何人都有质疑你成功的权利，但是成功离你很近，只要我们坚定地相信自己，就没人能够打倒你。

要成功，除了需要坚定自己的信心，还要有敢于失败的勇气和重新开始的毅力。其实成功就在我们身边，只要你敢于伸出手来抓住它，它就会降临在你的身上。

凡尔纳从小喜欢幻想，爱海洋，也爱冒险。一次，他偷偷地报名，想作为海上见习生航行印度，但未能如愿，因为他的行踪被家人获悉。回到家后，等待他的是一场猛烈的拳头。从此，凡尔纳开始了他的幻想之旅，利用想象在他心中的世界遨游。

1863年冬天的一个上午，凡尔纳刚吃过早饭，正准备到邮局去，突然听到一阵敲门声。凡尔纳开门一看，原来是一个邮政工人。工人把一包鼓囊囊的邮件递到了凡尔纳的手里。一看到这样的邮件，凡尔纳就预感到不妙，自从他几个月前把他的第一部科幻小说《气球上的五星期》寄到各出版社后，收到这样的邮件已经14次了。他怀着忐忑不安的心情拆开一看，上面写道："凡尔纳先生：尊稿经我们审读后，不拟刊用，特此奉还。出版社。"每看到这样的退稿信，凡尔纳心里总是一阵绞痛。这已经是第15次投稿了，还是未被采用。

凡尔纳此时深知，对于出版社的编辑来说，一个无名的作者是多么微不足道。但他并没有因此而放弃，他想："不妨再试一次，也许这次能交上好运的，放弃就等于完全失败了。"于是他抱起这一大包手稿决定到第16家出版社去碰运气。这次没有落空，读完手稿后，这家出版社立即决定出版此书，并与凡尔纳签订了20年的出书合同。

任何成功都需要我们拥有坚持到底的精神。正因为这样，我们需要不断地自我激励，不能因为一时的挫折就把自己的一生永远地困在逆境的泥淖中。人的可贵之处在于，无论我们跌倒多少次，都能从失败的废墟上站起来，我们的人生也会因此而显得绚丽多彩。

许多时候，我们不是没有成功的能力，更不是缺乏成功的机会，只是被自己的远大理想和为成功付出的艰辛努力所吓倒。其实成功并不是那么难，也没有那么遥远，只要你能坚持自己的信念，并为之进行不懈努力，就能够成功。

成功是一扇虚掩的门

最有把握的希望，往往结果会令人失望；最少希望的事情，反而会意外地成功。

——莎士比亚

笑过一次，甜过一次，胜过一次，你还是你，没什么可骄傲；哭过一次，苦过一次，败过一次，你还是你，没什么可悲凉。成功从来不是靠别人来布施，而是要靠自己去赢取。其实成功就是一扇虚掩的门，只要你有勇气去推，就能把成功的大门推开。

恐惧是每个人在自己的成长过程中都会遇到的现象，它常常会限制一个人的自主性，减少生活的欢乐，妨碍个人的成长。我们要想推开成功的大门，就需要摆脱恐惧，鼓足勇气。

成功的大门一直都是虚掩的，你能有勇气去推门就已经成功了一半，或许在推门的过程中会费一些力气，但是只要你肯去努力，成功的大门就会慢慢开启，而门内则是掌声和敬重的迎接。

爱德华去一家大公司面试，等秘书小姐向经理通报后，爱德华静了静心，提着手提包来到经理办公室门前，轻轻地敲了两下门。

"是爱德华先生吗？"屋里传出问询声。

"经理先生，你好！我是爱德华。"爱德华慢慢地推开门。

"抱歉，爱德华先生，你能再敲一次门吗？"端坐在沙发转椅上的经理悠闲地注视着爱德华，表情有些冷淡。

经理先生的话虽令爱德华有些疑惑，但他并未多想，关上门，重新敲了两下，然后推门走进去。

"不，爱德华先生，这次没有第一次好，你能再来一次吗？"经理示意他出去重来。

爱德华重新敲门，又一次踏进房间。

"先生，这样可以吗？"

"这样说话不好——"

爱德华又一次在敲门之后走进去："我是爱德华，见到你很高兴，经理先生。"

"请别这样。"经理依然淡淡道，"还得再来一次。"

爱德华又作了一次尝试："抱歉，打扰你工作了。"

"这回差不多了，如果你能再来一次会更好，你能再试一次吗？"

当爱德华第10次退出来时，他内心的喜悦和憧憬已消失殆尽，开始有些恼火，对方分明是在刁难戏弄人。爱德华生气地转身离开，可刚走几步又停了下来。他想起了学校里教授谆谆教诲，他决定再试一次。于是，爱德华稍稍地舒了一口气，第11次敲响了门。这次，他得到的不是难堪，而是热烈欢迎的掌声。

原来，这家公司此次是打算招聘一名市场调查员。一名优秀的市场调查员，不仅要具备学识素质，更要具备耐心和毅力等心理素质。

或许爱德华自己也没有想到，第11次敲门，叩开的竟是一扇成功之门。这11次的敲门和问候，就是一道考查一个人心理素质的考题，而爱德华用自己的坚持赢得了这个职位。成功就是这么简单，往往在你不经意间就迈进了成功的大门。

尽管成功的门是虚掩的，它也不会自己打开，需要我们动手去推开，在推门走进成功的过程中，我们往往有一道难以跨越的门槛。在我们历尽艰辛、心力交瘁的时候，即使一个小小的变故或者障碍都有可能把我们击倒，而这个时候，成功往往来自于"再坚持一下"的努力和勇气。

最擅长的事就最容易成功

世界上没有才能的人是没有的。问题在于教育者要去发现每一位学生的禀赋、兴趣、爱好和特长，为他们的表现和发展提供充分的条件和正确引导。

——苏霍姆林斯基

对我们大多数人来说，如何打造自己是一个比较困难的问题，因为我们宁可相信别人，也不相信自己。其实，成功打造自己最好的方式就是能够找到自己最擅长的职业。那些成功人士，正是因为找到了自己最感兴趣，最擅长的职业，才彻底地掌握了自己的命运，从而把自己打造成一名成功者。

有一个男孩，功课差极了，老师说他的智力有问题。看上去，男孩的确有些沉默寡言，他可以一个人坐在屋前的花园里看着花草小虫很长时间。他的父亲教训他："除了喜欢打猎、养狗、捉老鼠以外，你什么都不操心，将来会有辱你自己，也会辱没我们整个家庭。"

他的姐姐也看不起这个学习成绩平平、行为怪异的弟弟。他在家庭中是一个不受欢迎的人。但是他的母亲爱他，她想如果孩子没有那些乐趣，不知道他的生活还会有什么色彩。她对丈夫说："你这样对他不公平，让他慢慢学会改变吧。"丈夫说："你这不是教育，你会毁了他的一生。"但她却固执己见，他是她的孩子，需要她的安慰和鼓励。

她支持男孩到花园中去，还让孩子的姐姐也去。母亲耍了一个小心机，她对男孩和他的姐姐说："比一下吧，孩子，看谁从花瓣上先认出这是什么花？"男孩要是比他的姐姐认得快，妈妈就吻他一下。这对男孩来说，是多么令人兴奋的一件事，他回答出了姐姐无法回答的问题。他开始整天研究花园里的植物、昆虫，甚至观察蝴蝶翅膀上斑点的数量。

对于这位母亲的做法，她的丈夫觉得不可理喻，认为那种怜爱是无助无望的，除了暂时麻醉孩子之外，根本毫无益处。

但是，就是这位醉心于花草之中的男孩，多年后成了生物学家，创立了著名的"进化论"。他就是达尔文。

达尔文功课极差，但是他对花草研究充满了极大的兴趣，而他也把自己最擅长的事情坚持做到底，于是，他成功了。社会上大多数的人，只会羡慕别人，或者模仿别人做的事，很少有人去认清自己的专长，而那些了解自己能力的人，就能迅速锁定目标，全力以赴，所以能够成就大事。

如果你用心观察那些成大事的成功者，几乎都有一个共同的特征：不论才智高低，也不论他们从事哪一种行业，他们都能找到自己的兴趣所在，而他们的兴趣也正是他们擅长的事，所以他们会沉溺其中，最终成就自己的梦想。

一个外乡人怀着梦想来到了巴黎，漂泊了一段时间后，身无分文的他找到父亲的朋友，期望对方能帮助自己找一份谋生的差事。

"精通数学吗？"对方问。外乡人羞涩地摇头。

"历史地理怎么样？"外乡人还是不好意思地摇头。

"那法律怎么样？"父亲的朋友又问。

外乡人窘困地垂下头。接下来一连串的发问，外乡人都只能摇头告诉对方——自己似乎没有任何长处，连丝毫的优点也找不到。

"那你先把自己的联系方式写下来，我总得帮你找一份事做。"父亲的朋友最后说。

外乡人羞涩地写下自己的名字和地址，转身要走，却被父亲的朋友一把拉住了："你的名字写得很漂亮嘛，这就是你的优点啊。"

把名字写好也算一个优点？外乡人在对方眼里看到了肯定的答案。

就这样，外乡人靠着自己的一笔好字留在了父亲的朋友所开的公司里做了抄写员。后来，他竟然发现自己的文章也写得不错。再后来，外乡人成了名震世界文坛的大作家，他就是大仲马。

每个人身上都有别人所没有的东西，都有比别人做得好的东西，这就是属于你自己的特长，这是你身上最值得肯定的地方。不要拿别人的长处来和自己的短处相比，这样的话会掩盖掉你身上闪光的亮点，压抑你向上发展的自信。要充分地肯定自己的长处，不断地肯定，继续肯定。

做自己最擅长的事，脚踏实地是一个人获取成功的法宝。从自己身上看到优势，那么你就能成为别人羡慕的成功者。

只要你想做，你就能成功

你想有所作为吗？那么就坚定地走下去。

——埃·斯宾塞

人生中的许多事情我们是能够做到的，只是我们不敢去想，不知道自己能够做到。其实，如果我们发现自己的特点，敢于想做一件事情，并且坚持前进，就能够做到。

有位富翁去世后，留下了这样一份特别的遗嘱：

"我曾是穷人，但当我走进天堂时，我却是一个大富翁。在跨入天堂之门前，我不想把我的致富秘诀带走。在法兰西中央银行，我有一个私人保险箱，那里面藏有我的秘诀。保险箱的三把钥匙在我的律师和两位代理人手中。谁若能通过回答"穷人最缺少的是什么"而猜中我的秘诀，他将得到我的祝贺。当然，那时我已不可能从墓穴中伸出双手为其睿智欢呼，但他可以从那只保险箱里荣幸地拿走100万法郎，那是我给予他的掌声。"

遗嘱刊出后，收到大量信件。绝大部分的人认为，穷人最缺少的是金钱。穷人还能缺少什么？当然是钱了。其他人认为，穷人最缺少的是机会、穷人最缺少的是技能、穷人最缺少的是帮助和关爱……总之，答案五花八门。

一年后，也就是富翁逝世周年纪念日，律师和代理人按富翁生前的交代，在公证部门的监督下打开了那只保险箱。

在数万计的来信中，一位小姑娘猜对了富翁的秘诀。小姑娘和富翁都认为，穷人最缺的是野心，即成为富人的野心。

穷人最缺的是什么？是一份成为富人的野心。其实很多人之所以平庸，是因为他们不敢去想也不敢去做，他们喜欢目前的安逸生活，害怕改变，也没有要去改变的野心。

生活中，有许多人成为病态野心的奴隶，任内心的贪欲不断蔓延生长，最后成为支配他们头脑和灵魂的魔鬼。野心并不等于贪欲，只要我们清楚自己想要做的一切，是为了获得那些真正值得追求的东西，就能导正自己的人生方向。或许我们每个人都有野心，敢想，但是却不敢去做。其实，想和做是分不开的，如果不敢去做，也只能停留在"想"的阶段了，正如一场梦，梦醒之后依然苍凉。

埃塔尔是一个喜欢拉琴的年轻人，他刚到美国时，必须到街头拉小提琴赚钱。

非常幸运，埃塔尔和一位认识的黑人琴手一起，抢到了一个最能赚钱的好地盘——一家商业银行的门口。过了一段时间，埃塔尔赚到了不少钱，就和那位黑人琴手道别，因为他想到大学里进修，也想和琴艺高超的同学相互切磋。于是，埃塔尔将全部的时间和精力投入到提高音乐素养和琴艺上。

10年后，埃塔尔有一次路过那家商业银行，发现昔日的老友——那位黑人琴手，仍在那个"最赚钱的地盘"拉琴。

当那个黑人琴手看见埃塔尔出现的时候，很高兴地说道："兄弟，你现在在哪里拉琴啊？"

埃塔尔回答了一个很有名的音乐厅的名字，那个黑人琴手问道："那家音乐厅的门前也是个好地盘，也很赚钱吗？"他哪里知道，现

在的埃塔尔，已经是一位国际知名的音乐家，经常应邀在著名的音乐厅中登台献艺，而不是在门口拉琴卖艺。

想固然可以带给我们希望和动力，但只有想而没有为想而做的行动，就只是一场梦，梦醒之后，你依然一无所有。只有那些矢志不移地为自己的梦想而奋斗，为自己的梦想洒下辛勤汗水的人，他们的梦想才能变成现实。

虽然每个人都有自己的梦想，但因为种种原因，没有勇气去做，因此，人生就只能停留在"梦"和"想"的阶段。其实世界上本来没有什么不可能的事情，只要你想做、敢做，并且全力以赴地去做，那么成功就只是时间的问题了。

成功就是将简单的事情反复做

在艺术创作中，第一个意念最佳；在其他的事情上，反复思考的结果最好。

——布莱克

要想成功，固然离不开创新，但许多质的飞跃，来自重复做简单的事情。在成功的路上充满了坎坷和磨难，我们在给自己确定目标时，不要太过遥不可及。我们不妨要求自己每天进步一点点，将简单的事情反复做几遍，这样每天就都能向成功迈进一步。

成功就是简单的事情重复去做，成功就是每天进步一点点。清水龟之助之所以能在邮递员这个普通的岗位中赢得最高分，正是他坚持每天把简单的事做好，坚持每天进步一点点，量变积累到一定程度而发生质变。把一件简单的事情做好就是不简单，能否千百次地做好一件简单的事就是考验一个人的毅力和坚韧。人们总以为成功

有很多奥秘，其实成功的奥秘就在于你每天重复做看似简单的小事。把平凡的事情做得不平凡，

每天进步一点点，日积月累结果总会有收获。不要妄图一时间做太多的事情，简简单单地完成一件事就好了。

原一平小时候是村里的"混世魔王"，人见人怕。在他35岁的时候，他高兴地回家探亲，并且打算在家乡开展保险工作。

原一平回到家乡不久，他便大力宣传保险知识。但村民们不信任他，害怕吃亏，谁也不愿参加。原一平明白要想在村里开展保险工作，最重要的是要求助于村长的帮忙，这样才能顺利进行。

现在的村长是当年和原一平一起玩的朋友，而且当时的原一平经常欺负他，如今要想得到村长的帮助，肯定不容易。不过，原一平没有放弃，找了时间提上礼物来到村长家，村长一看是当年的"混世魔王"回来了，不禁想起了他以前在村里做的坏事。

当原一平提及让村长帮忙动员村民一起学习、参加保险的时候，村长一口回绝了。

第二天，原一平提着礼物又来了，村长好像有点不好意思，但是依然拒绝了。

第三天，原一平又来了。村长的家人告诉他说，村长到几十里外的邻县亲戚家帮助盖房。原一平得知这个消息后，明白村长是故意不肯见他，于是骑车按照村长家人说的地点追了去，车子一放，袖子一挽就干活，干完活还和村长"磨"。

为了找一个长谈的时机，原一平干脆天不亮就起床，冒雨赶到村里，在村长家门外一站就是两个小时，村长起床开门愣住了，见原一平淋得像水鸡，只好答应了他的请求。

村长这个堡垒一攻破，这个村参加保险工作的局面就打开了。

正因为原一平的执着和耐心，反复地一次又一次上门，用自己的诚意来感动村长，他才顺利地开展自己的保险工作。耐心也是一种意志力，原一平反复上门拜访，并坚持地做了下去，才打破了僵局，促使事态向好的方向转化。

其实想要成功并没有想象中的困难，只要我们把简单的事情重复做，日积月累，以少积多，终究能够发生质变，走上成功之路。

不要让优势成为成功的绊脚石

了解自己的优势，让它们发挥更大的作用；了解自己的缺点，在成功的征途中改进。

——戴尔·卡耐基

很多时候，我们不是跌倒在自己的缺陷上，而是跌倒在自己的优势上。因为缺陷常能给我们提醒，而优势常常使我们忘乎所以。

三个旅行者早上出门时，一个旅行者带了一把伞，另一个旅行者拿了一根拐杖，第三个旅行者什么也没有拿。晚上归来，拿伞的旅行者淋得浑身是水，拿拐杖的旅行者跌得满身是伤，而第三个旅行者却安然无恙。

前两个旅行者很纳闷，问第三个旅行者："你怎么会没有事呢？"第三个旅行者没有回答，而是问拿伞的旅行者："你为什么会淋湿而没有摔伤呢？"拿伞的旅行者说："当大雨来到的时候，我因为有了伞，就大胆地在雨中走，却不知怎么淋湿了。当我走在泥泞坎坷的路上时，我因为没有拐杖，所以走得非常小心，专拣平稳的地方走，所以没有摔伤。"

然后，第三个旅行者又问拿拐杖的旅行者："你为什么没有淋湿而摔伤了呢？"拿拐杖的说："当大雨来临的时候，我因为没有带雨伞，

便拣能躲雨的地方走，所以没有淋湿。当我走在泥泞坎坷的路上时，我便用拐杖拄着走，却不知为什么常常跌跤。"

第三个旅行者听后笑笑说："这就是为什么你们拿伞的淋湿了，拿拐杖的跌伤了，而我却安然无恙的原因。当大雨来时我躲着走，当路不好时我小心地走，所以我没有淋湿也没有跌伤。你们的失误就在于你们有凭借的优势，认为有了优势便少了忧患。"

人有时候过分地依赖自身的优势，反而会进入致命的误区。很多时候，优势也会成为我们前进路上的绊脚石。

每个人都有潜藏着的某种优势，我们成就的最高点就是由能力上的优势决定的。优势能为人所用，能够成为你成功之路上的动力，才是成功的关键。当你发现了自己的优势之后，就要好好利用，千万别让优势成为阻碍我们成功的劣势。如果你将强项作为炫耀的资本，只能让你跌倒在自己的优势上。

猴子和驯兽师打赌，谁先从东山走到西山，西山上那个吃了可以永生的桃子就属于谁。另外，猴子提出，输的那一方还要终生成为对方的奴隶。驯兽师想也没想，便同意了猴子提出的条件。

第二天，猴子和驯兽师同时从东山出发。一路上，猴子为了向驯兽师炫耀自己的本领，一会儿从这棵树上跳到那棵树上，一会儿又在地上不停地翻着跟斗。

驯兽师见了，羡慕地说："尊敬的猴子，你太伟大了，我崇拜你。你的爬树本领、跳跃技艺真叫人佩服啊，这次我肯定输给你了。"诸如这样的话，驯兽师一连对猴子说了19天。

猴子每次听了驯兽师的夸奖后，总是得意至极地想："你这个笨蛋，既不会爬树，又不会翻跟斗，怎么会走得比我快呢？要知道，翻山越岭可是我的强项啊，你就等着做我的奴隶吧！"第20天，当猴子又施展绝技，从这棵树跳到那棵树上时，却没听到驯兽师在树下称赞它，便想：驯兽师可能是害怕了，他知道比不过自己，只好逃走了吧。于是，猴子一个跟斗一下子翻到了西山。当它站直身子时，才发现驯兽师已先到了，正拿着那个桃子在美滋滋地品尝呢！

"这怎么可能？你既不会爬树，又不会翻跟斗，怎么可能比我先到呢？"猴子不解地问。

"正因为我既不会爬树，又不会翻跟斗，所以在你把时间花在表演这些绝技的时候，我已经在赶路了。"驯兽师说完，摸了摸猴子的头，说："从现在开始，你就是我的奴隶了。走，跟我表演去！"

拥有强项，是令人羡慕的。但如果不能有效地经营自己的强项，只是将它作为炫耀的资本，最后只能让你跌倒在自己的优势上。山外有山，人外有人。当你目中无人地花费精力在炫耀优势时，对手已经在马不停蹄地追赶你，甚至超越你了。

优势要好好利用，让它为我们的成功服务，万不可盲目自大，让优势成为成功的绊脚石。人生路途中，我们要尽可能地认识到自身的全部优缺点，学会扬长避短，让优势助我们成就辉煌人生。

优柔寡断是成功的最大敌人

优柔寡断才是最大的危害。

——笛卡尔

世界上有很多人光说不做，总在犹豫；有不少人只做不说，总在耕耘。成功与收获总是光顾有了成功的方法并且付诸行动的人。在日常生活中，如果你能确定自己是正确的，就要勇往直前走下去，而不是优柔寡断。优柔寡断的性格除了增加你的顾虑、让你变得动

摇之外，毫无用处，只有戒掉这种恶习，才能接近成功。

约翰小时候有一天在外面玩耍时，发现了一个鸟巢被风从树上吹落在地，从里面滚出了一只嗷嗷待哺的小麻雀。他决定把它带回家喂养。当他托着鸟巢走到家门口的时候，忽然想起妈妈不允许他在家里养小动物。于是，他轻轻地把小麻雀放在门口，急忙走进屋去请求妈妈。

在他的哀求下，妈妈终于破例答应了。他兴奋地跑到门口，看见一只黑猫正在意犹未尽地舔着嘴巴，小麻雀却不见了。他为此伤心了很久。但从此他记住了一个教训：只要是自己认定的事情，就要排除万难，迅速行动。

当遇到事情时，多听取他人意见以资参考固然重要，但决定如何处理的终究还是自己，要为此事负责也是自己。没有快刀斩乱麻的气魄，有时会错失良机，与成功擦肩而过。

优柔寡断的人总是徘徊在取舍之间，无法定夺。这样就会使得本该得到的东西，却轻而易举地失去了；本该舍去的东西，却又耗费了自己许多精力。若优柔寡断到无可救药的地步，便不敢决定种种事情，也不敢担负起应负的责任。之所以这样，是因为不知道事情的结果会怎样——究竟是好是坏，是吉是凶。这种人常常担心今天对一件事情进行了决断，明天也许会有更好的事情发生，以致对今日的决断发生怀疑。因为犹豫不决，很多人使自己美好的想法陷于破灭。

一天，有一个年轻人很想到他的恋人家去，找她出来一块儿度过一个下午。但是他又犹豫不决，不知道他究竟应不应该去，恐怕去了之后，或者显得太冒昧，或者他的恋人太忙，拒绝他的邀请。于是他左右为难了老半天，最后，他勉强下了个决心，坐上一辆出租车出发了。

当车一拐进他恋人住的巷子时，他就开始后悔不该来：又是怕这次来的不受欢迎，又是怕被爱人拒绝，他简直希望司机现在就把他拉回去。

车子终于停在他恋人的门前了，他虽然后悔来，但既然来了，只得伸手去按门铃。现在他只好希望来开门的人告诉他说："小姐不在家。"他按了第一下门铃，等了3分钟，没有人答应；他勉强自己再按第二下，又等了2分钟，仍然没有人答应。于是他如释重负地想："全家都出去了。"

于是他带着一半轻松和一半失望回去了，在路上他心里想：这样也好。但事实上，他很难过，因为这一个下午白白过去了。

而他的恋人就在家里，她从早晨就盼望这位先生会来找她。她不知道他曾经来过，因为她门上的电铃坏了。

那位先生如果不是那么犹豫不决，如果在按电铃没有人应声就用手拍门的话，他们就会有一个快乐的下午。但是他没有下定决心，所以他只好徒劳往返，让他的恋人也暗中失望。

有一位作家说过："世界上最可怜又最可恨的人，莫过于那些总是瞻前顾后、不知取舍的人，莫过于那些不敢承担风险、彷徨犹豫的人，莫过于那些无法忍受压力、犹豫不决的人，莫过于那些容易受他人影响、没有自己主见的人，莫过于那些拈轻怕重、不思进取的人，莫过于那些从未感受到自身伟大内在力量的人，他们总是背信弃义、左右摇摆，最终毁坏了自己的名声，最终一事无成。"

一个能当机立断的人，一个有主见、善决断的人，在面对重大事件时，总能有力地把握时机，从而赢得成功。所以，如果你发现了已经来临的机会，千万不要犹豫，该出手时就出手，果断出击，收获就会伴随而来。

别让自负毁掉你的成功

自负与自卑都表示心灵的软弱无力。

——斯宾诺莎

一个人要想成功，首先要有自信心，这是通往成功的最重要的条件之一。但是，如果盲目地相信自己，那就是一种自负了，在未明了情况之前，过度的自我膨胀，必定会导致全盘失败。其实，真正的自信来自充分的准备。所以，在做事时，要彻底了解现实情况，仔细地思考之后，有了完整的计划，然后再激发出信心，才能够展现无比的力量。

一个负责推销吸尘器的推销员，面对自己业绩一直无法突破的困境，心中苦恼不已。他静下心来想了许久，终于想出一个方法。

这一天，他信心百倍地来到一个高级住宅区。他按照最新构思出来的推销新招式，提着一大桶牛粪，走到目标客户的门前。

按完门铃之后，等对方一开门，推销员连招呼都不说一声，就直接冲进门内，将手中的桶用力一挥，洒了满地的牛粪。

就在女主人一脸惊愕的神情下，这位推销员大声地说："小姐，你不用担心。我保证，以我们吸尘器的优越性能，绝对能在10分钟内，把这些牛粪彻底清除干净。如果我们公司的吸尘器办不到，我就把这些牛粪全都给吃了。"

接着，他便站在原地，等候对方露出好奇不已的标准购买信号。却不料，女主人二话不说，转头便走进厨房。

这位推销员立即紧张地追女主人问道："怎么？你对于我们公司吸尘器的超强功能没有兴趣吗？"

这时，只见女主人从厨房里拿出酱油和番茄酱说道："我比较感兴趣的是，你在吃那些牛粪的时候，到底想要加哪一种调味料？"

推销员更是惊讶地说："我根本还没开始操作吸尘器，你怎么知道能不能把那些牛粪完全地吸干净呢？"

女主人轻松地笑着说："事情是这样的，我们今天刚刚搬进来，这屋子根本还没有电，就算你吸尘器功能再强，我倒要看看怎么能吸。"

这位推销员在推销之前对情况不甚了解，当然没有做好相应的准备，因此，他只能陷入尴尬的境地。我们在做事情的时候，切勿莽撞行事，对自己有信心是必要的，但完美的自信来自充分的准备，而过度的自我膨胀，必然会导致满盘皆输。

自大是失败的前兆。一个过于自负的人，结果总是在自负里毁灭了自己。

约翰是个很优秀的青年，他以优异的成绩进入重点大学。进校后，学校的领导和教师对他倍加重视，他成了全校的热点人物，简直是无人不知、无人不晓。

老师的宠爱、同学的羡慕以及一些人的吹捧，让他有了飘飘然的感觉。他想当然地认为自己是最棒的，从此，他变得极其高傲。

他经常因为觉得老师讲得不好而不去上课，也从不参加集体活动，而是时常沉浸于玩乐之中。老师为他的滑坡而担忧，经常劝导他要戒骄戒躁。可是他总是把老师的话当作耳边风，他认为，自己这么聪明，对付那些考试是小菜一碟。就这样，在大学期间，他的学习成绩平平。

快要大学毕业了，约翰想继续进修，但是名单上没有他。于是，约翰不甘示弱地向同学宣传他一定要努力得到进修的名额，从此，约翰开始起早贪黑地学习了。无奈，由于大学期间他荒废了功课，所

以学习起来很是力不从心，结果可想而知，他失败了。这次失败对骄傲惯了的约翰来说无疑是当头一棒。约翰拿到成绩单时呆呆地伫立了良久，整个人如霜打的茄子一般。

第二天早上，人们在14层高的办公楼前发现了他的尸体，他的口袋里装着一份浸透了鲜血的成绩通知单和一封遗书。他说："因为我知道自己再也骄傲不起来了，所以我选择了死亡。对我而言，没有了骄傲就如同剥夺了我的生命。"

约翰失败的人生，就这样结束了，其实到死，约翰也未能明白自己失败的原因。正因为他一贯自我陶醉，自满自得，不懂得戒骄戒躁，使年轻的、本来还可有所作为的生命走向了终结。一个人若种下自负的种子，他必将收获众叛亲离的果子，甚至带来不可预知的危险。

莎士比亚在他的戏剧中疾呼："拒绝命运，嘲笑死亡，只抱着野心，把智慧、思想、恐怖都忘却，正如你们所知，自负是人类最大的敌人。"狂傲自负的人在人生的旅途中很容易因为小小的成功而自我膨胀，一旦自我膨胀，他便会很快迷失方向，而此时，失败也就离他不远了。

借助外力为成功提速

可叹的是，常常需要两个人才能构成一个完美的情人，就像在文学上只有借助于几个性格相似的人的特点，才能构成一个典型一样。

——巴尔扎克

谁都不是单独生活在社会中的个体。在生活中，我们难免会形成这样或者那样的关系，比如师生关系、朋友关系、同事关系。亲人父母不能选择，但朋友却都是我们自己选择的。选择朋友的眼光，就是你自己的人生标准。那些认为自己的能力强，个性独特的人，认为自己是不需要拥有朋友的。其实这样的想法非常危险，只依靠个人的力量取得成功的人，一定会付出超乎常人的代价。

每个人身上都有优点，如果身边的每一个人都能够将自己的优势用在你的身上，那么你的力量将是无穷的。可是，生活中很多人并没有认识到这一点，他们紧紧地锁住自己，为的是能够全神贯注的拼搏。可是，他们不知道，当集中了精神只守着自己的那一小块田地的时候，已经失去了由人脉构建起来的更为广阔的沃土。

有一个美国女人叫凯丽，她出生于贫穷的波兰难民家庭，在贫民区长大。她只上过 6 年学，从小就干杂工，命运十分坎坷。但是，她 13 岁时，看了《全美名人传记大成》后突发奇想，要直接和名人交往。她的主要办法就是写信，每写一封信都要提出一两个让收信人感兴趣的具体问题。许多名人纷纷给她回信。此外，还有另外一个方法，凡是有名人到她所在的城市来参加活动，她总要想办法与她所仰慕的名人见上一面，只说两三句话，不给人家更多的打扰。就这样，她认识了社会各界的名人。成年后，她经营自己的生意，因为认识很多名流，他们的光顾让她的店人气很旺。最后，她不仅成为了富翁，还成了名人。

和有名的人成为朋友，凯丽也变得出名了。我们虽然不主张借别人的名气来提高自己，但你与优秀的人结交，至少你能知道什么是优秀，你与优秀的距离有多远。而朋友，就是我们最需要借鉴和依靠的"他人"。"利用"并不是完全丑恶的，它来源于人们在现实生活中各取所需的关系。一个涉入社会生活的人，必须寻求他人的帮助，借他人之力，方便自己。

个人大部分的成就总是蒙他人之赐、借他人之力，保持周围人的高水平，就是保持自己的高水平。一个人，无论在事业、爱情，还是生活等各个方面，都离不开人与人之间的相互利用。借他人之力，

助自己成功，这正是一个人高明的地方。

用热情点燃成功的火种

没有热情，就创造不出伟绩。

——布尔沃·利顿

生活中，我们需要用热情激活成功。原来是枯燥无味、毫无乐趣的职业，一旦投入了热情，立刻会呈现出新的意义。被热忱驱动的年轻人，感觉不到疲劳，心灵也会变得敏锐，在别人看不到的地方发现动人的美丽。这样，即使再乏味的学习、再艰难的挑战，都可以坚韧地承受下来。热情会为成功的形象增加魅力的光环，是人一生中宝贵的财富。只要将热情时刻藏驻于心，你改变现状的日子就不会长久。

只有心中充满热情的人，才会视万物皆为恩赐；当我们心中充满了热情的时候，世界就会变得美好无比。不管什么时候，如果我们能把热情的情绪融入生活中，生活的质量就会立即得到改善，疲劳感也会相对地大幅减少。

热情的源泉来自对生活的热爱和信赖，它可以通过各种方式表现出来。只要我们用积极和宽容的态度对待生活，由衷地欣赏、热爱并赞美我们所见到的每一个人和每一件事，我们周围的人就能体会到我们的热情。在与人交往中，充满热情的情绪可以带动别人的情感，让别人也充满快乐。而一个充满热情的人，有时候在绝境中也能为生命创造奇迹。

20世纪30年代，在德国的一个小镇上，有一个犹太传教士，每天早晨总是按时到一条幽静的小路上散步。他总会热情地和见到的人说一声早安。

小镇上有一个叫海因斯的年轻人，对传教士每天早晨的问候，反应很冷淡，甚至连头都不点一下。然而，面对海因斯的冷漠，传教士未曾改变他的热情，每天早晨依然向这个年轻人道早安。

几年以后，德国的纳粹党上台执政。传教士和镇上的犹太人都被纳粹党集中起来，送往集中营。下了火车，列队前行的时候，有一个手拿指挥棒的军官，在队列前挥舞着指挥棒，叫道："左，右。"指向左边的将被处死，指向右边的则有生还的希望。轮到点传教士的名字了。当他无望地抬起头来，眼睛一下子与军官的眼睛相遇了。传教士不由自主地脱口而出："早安，海因斯先生。"

海因斯虽然板着一副冷酷的面孔，但仍禁不住说了一声："早安。"声音低得只有他们两人才能听到。然后，海因斯果断地将指挥棒往右边一指。

传教士获得了生的希望……

在人群中，热情是一种极富感染力的表达方式。拥有热情的人，无论碰到什么事情，都能够以积极的心态去面对、去行动。曾有大学心理学教授对7000多人进行跟踪调查，结果表明，凡充满热情、与人为善的人，死亡率明显低。这是因为灵魂要吸收另一颗灵魂的感情来充实自己，然后以更丰富的感情回送给别人。人与人之间要没有这点美妙的关系，心就没有生机。其实，充满热情地与人为善并不需要你付出太多，有时一个微笑、一声"早安"就够了。

热情就如同生命。凭借热情，我们可以释放出潜在的巨大能量，发展出一种坚强的个性；凭借热情，我们可以把枯燥乏味的工作变得生动有趣，使自己充满活力。热情的人总是面对朝阳，远离黑暗。因而，他们不仅性格光辉灿烂，命运也是铺满阳光。热情像是真善美的使者，热情的人就像一只吉祥的鸟儿，传递给人间幸运的福音。

第十三章

你的健康资本不容有失

健康是滋润人生的雨露

幸福的首要条件在于健康。

——柯蒂斯

如果问一个人什么最重要，他可能会说财富、名誉、知识、机遇……但是细想来，健康比财富和名誉更重要。如果人没有了健康，就失去了享受财富与名誉的资本；如果没有健康，其他所有的一切都无从谈起。

健康是人们对美的追求，也是人们奋斗拼搏的本钱。一个有一分天才的身强体壮者所取得的成就，可以超过一个有十分天才的体弱者所取得的成就。

吉恩·奥特里是一位马术比赛的著名选手。在他将要参加世界骑术大赛时，他总是在休息室里放上一张行军床，"每天下午我都要在那里躺一会儿，"吉恩·奥特里说，"我每天都要依靠在一张很大的软椅子里，睡一两次午觉，这样可以使我精力旺盛。"

可见，只有保持充足的休息，才能换来健康的体魄；而只有具备一个健康的体魄，才能等到看到成就的那一天。

然而，在现实生活中，有很多人每天在"透支"自己的健康。不停地奔波着，劳碌着，期间，健康一点点地被吞噬，活力一点点地消失，生命提早消逝。这难道是真正的生活，真正的热爱生命吗？

汤姆从小就是学校的运动健将，在他的字典里根本没有"生病"两个字，就连最普通的感冒，他也没有得过一次。可是，汤姆却因为"身体过于劳累"而住进了医院，这到底是怎么一回事呢？

自从汤姆上了中学，便迷上了打棒球，但繁重的学业并没有给他提供过多的练习时间，所以汤姆就发挥了"挤"的精神，把自己的睡眠时间挪出来练习。起初，汤姆只是拿出晚上2小时的睡眠时间来练习，身体还算勉强吃得消。为了让自己进步得更快一些，他把两个小时变为了四个小时，甚至有时候练习得更久。

一天，学校要举行一场棒球比赛，运动健将汤姆自然是当之无愧的首发先锋，但原本在棒球场上所向披靡的汤姆，那天却连连失误。原来，前一晚汤姆一夜没睡，整个晚上都在紧张地担心今天的比赛。所以，在比赛中，汤姆毫无精神，和平时判若两人，在比赛快要结束的时候，突然两眼一黑，"砰"的一声晕倒在了赛场上。

曾经有位哲人用"1000000……"来比喻人的一生，其中"1"代表健康，各个"0"代表生命中的事业、金钱、地位、权利、快乐、家庭、爱情、房子……纷繁冗杂的"0"充斥了人们的生活，"1"常常被忽略，但"1"一旦失去，所有浮华喧嚣都将归于沉寂。

生命中最重要的奖赏是健康、坚强和健壮。人不一定非得具有很大的块头和威武的外表，但一定要具有旺盛的生命力和巨大的精神力量。这种力量体现在布瑞汉姆领主连续工作176个小时的狂热中；

体现在拿破仑24小时不离马鞍的精神中；体现在富兰克林70岁高龄还露营野外的执着中；体现在格莱斯顿以84岁的高龄还能紧握船舵，每天行走数公里，到了85岁时还能砍倒大树的状态中。然而现实生活中，很多人都会努力去争取成绩、争取名誉、争取权势，却唯独忘了争取健康。只有当身体不堪重负垮塌、生命受到威胁时，才悔不当初。

英国社会学家赫伯特·斯宾塞说："良好的健康状况和由之而来的愉快情绪，是幸福的最好资金。"健康是生命之源，失去了健康，生命会变得黑暗，有一个健康的身体，是生命中最重要的奖赏。要记住，健康是滋润成长的雨露，拥有健康或许不能拥有一切，但失去健康你就会失去一切。

把保持健康当成一种习惯

健康和富足都是习惯的产物。所以我们只有远离不良生活习惯，自己获得身心健康，才会轻轻松松地获得这种再简单不过的快乐。

——拿破仑·希尔

一个人的身心健康是先天遗传因素与后天生活方式共同来决定的，长寿的主动权掌握在自己的手中，每个人健康长寿的60%是取决于自己的。所谓"取决于自己"，主要是指人的生活方式和习惯，某种长期的行为方式和生活习惯，会使遗传因素产生变异。受生活方式和习惯的影响，健康者能变成病夫，病夫也能变成健康者。因此，养成良好的生活习惯，对一个人拥有健康的体魄来说尤为重要。

在"二战"期间，丘吉尔已近70岁高龄，却能够每天工作16小时。这是因为丘吉尔每天早晨在床上工作到11点，看报告、口述命令、打电话，甚至在床上举行很重要的会议。吃过午饭以后，再上床去睡 1 小时。到了晚上，在 8 点钟吃晚饭以前，他要再上床去睡 2 小时。

拿破仑素以精力旺盛、不知疲倦而著称，他每天只睡 4 小时。不过他十分善于休息，有时在两次接见活动的 5 分钟间隔里，他也可以美美地打个盹，让精力恢复。

撒切尔夫人一天只睡 4 小时。一旦她体力不支感到晕眩时，她的助理只得去找把椅子给"铁娘子"小憩一会儿。

石油大亨洛克菲勒是全世界最富有的人之一，他活了 98 岁。他的长寿不仅因为遗传因素，还因为他每天中午在写字间小睡半小时的习惯。每次午休，他就躺在写字间的沙发上，即便是美国总统来电话，在他瞌睡的时候也不会去接。

健康来自于好的生活习惯，疾病来自于不好的生活习惯。身体就像是一个银行，健康账户如果被严重透支的话，那么银行就会垮掉。若要保证身体银行不会垮掉，唯一的办法就是将保持身体健康当成一种习惯来进行。

英国哲学家艾蒙斯曾经说过："习惯要不是最好的仆人，便是最坏的主人。"好的习惯可以成就一个人，而不好的习惯自然也能轻而易举地摧毁一个人。良好的身体素质正是基于良好的生活习惯，试想，一个平日生活里丝毫不注重健康的人，又怎么会有一副健康强健的体魄呢？

萧伯纳是英国杰出的戏剧作家、世界著名的幽默大师、诺贝尔文学奖获得者。他不仅才思敏锐，有"当代人中最清楚的头脑"，并且还有可与著名运动员相比美的强健体质。他的强健体质，离不开他良好的生活习惯。

在少年时代，萧伯纳的父亲就对他说："孩子，要以我为前车之鉴，我干的事你都不要效仿！"原来，他父亲喜欢乱吃东西，一顿吃很多的肉，喝很多的酒，且整天抽烟，又不爱活动。萧伯纳听从父亲的教导，从小养成了良好的生活习惯，不吸烟，不喝酒。萧伯纳成名之后，财富如潮水般地涌来，但他仍然毫不奢侈。饮食多样化，从不挑食、偏食，并且以清淡为主，膳食通常是黑面包、通心粉、可可菜、小扁豆、鸡蛋等。在服装方面，萧伯纳讲究的是整洁、舒适、方便，从不追求华丽，不赶时髦，而且总喜欢穿棉织物品。

萧伯纳一生都坚持锻炼。每天他很早起床，天天坚持洗冷水浴、游泳、长跑、散步，他还喜欢骑自行车、打拳。70多岁时，他还曾与当时世界著名的运动家、美国人丹尼同住在波欧尼岛上的一家旅馆，每天两人过着一样的生活：起床后洗冷水澡，接着游泳，然后躺在海边沙滩上进行日光浴。午后，他们还一起长途散步。在晚年时，他整个冬天差不多都在法国的里维拉或意大利度过，在那里进行日光浴。在他故乡花园里，有一间可以旋转的茅屋，使他每天可以得到充足的阳光。

在谈到良好生活习惯时，萧伯纳说："卫生并不能治疗疾病，但能防止疾病，如果一个人过着合理的生活，安排适当的食物，就不至于生病。如果能够数十年孜孜不倦地坚持身心锻炼，保持乐观主义的态度，就一定能延年益寿，并且获得事业上的成功。"

正是时刻注重自己的健康，萧伯纳才能练就一副健康的体魄，才能以此作为最基本的保障来获取事业上的成功。对于我们每个人来说，道理也是一样，只要能够自觉地养成良好的生活方式和习惯，同危害身心健康的不良生活习惯、疾病以及衰老进行斗争，就能保证身体的健康。

"习惯"贯穿着整个人生，一个人的成功或失败都与习惯的好坏有着紧密的关联。好习惯一旦养成，人们将会受益终生。那么，从现在开始，试着去将保持健康当作一种习惯来培养吧！

有健康的体魄，才能有好的将来

健康的价值，贵重无比。它是人类为了追求它而唯一值得付出时间、血汗、劳力、财富甚至付出生命的东西。

——蒙田

每个人都希望在自己的有生之年成就一个美好的将来。为了实现自己的希望，很多人终其一生在忙碌奔走，在不遗余力地奋斗拼搏，甚至不惜牺牲掉自己休息、睡眠的时间，以自己的健康做代价以换取未来。但是，正是在这样不停地奔忙中，人们渐渐淡忘了一个真理——健康是一切的保障，假若没有健康，那么所有的一切都无从谈起的。

利奥·罗斯顿是最胖的好莱坞影星。1936 年，在英国演出时，他因心肌衰竭被送进汤普森急救中心。抢救人员用了最好的药，动用了最先进的设备，仍没挽回他的生命。临终前，罗斯顿曾绝望地喃喃自语："你的身躯很庞大，但你的生命需要的仅仅是一颗心脏！"罗斯顿的这句话，深深触动了在场的哈登院长，他流下了泪。为了表达对罗斯顿的敬意，同时也为了提醒体重超常的人，他让人把罗斯顿的遗言刻在了医院的大楼上。

罗斯顿在生命的最后一刻，在明白了一个实际上极其浅显但对大多数人来说又极其深刻的道理——人的生命需要的仅仅是一颗心脏而已。总是有些人置自己的健康于不顾，毫不在意健康程度下降给自己的一些小暗号，如长期疲劳、胃口不佳等，一门心思扑在忙碌的学习、工作中，摆出一副"战斗到底"的英勇姿态。人体的健康是绝不容半点忽视的，而一个人的健康程度如何、体力充沛与否，实际上也关乎着一个人能否如自己所愿取得美好的成就、获取美好

的未来。

　　一个人体力的充沛与否，会决定一个人的勇气与自信心的有无；而勇气与自信心则是决定能否有所成就的必要条件。一个体力衰弱的人，极有可能也是胆小、寡断、毫无勇气的。因此，如果要想在人生的战斗中取得最终胜利的话，首要条件就是每天都能以一副体强力健的身体、精神饱满的状态去对付一切。倘若身体垮了，那么所有的一切都将如浮云般轻轻散去。

　　1983 年，一位叫默尔的美国人因心肌衰竭住进医院。他是位石油大亨，两伊战争使他在美洲的 10 家公司陷入危机。为了摆脱困境，他不停地往来于欧亚美之间，最后旧病复发，不得不住进医院。他在汤普森医院包了一层楼，增设了 5 部电话和 2 部传真机。当时的《泰晤士报》是这样渲染的：汤普森——美洲的石油中心。

　　默尔的心脏手术很成功，他在这儿住了一个月就出院了。不过他没回美国。他在苏格兰乡下有一栋别墅，他在那儿住了下来。1998 年，汤普森医院百年庆典，邀请他参加。记者问他为什么卖掉自己的公司，他指了指医院大楼上的那一行金字。后来人们在默尔的一本传记中发现这么一句话："富裕和肥胖没什么两样，也不过是获得超过自己需要的东西罢了。"

　　人们总是要等身体消耗殆尽时才会感受到健康的重要性，才会真正地关注健康，这实在是太令人遗憾了。健康就像是银行，你不断地从里面取出再取出，却忘记随着取出的过程去存入、去弥补，久而久之，这座银行就会面临亏空，就会彻底垮塌。若等到银行彻底亏空后再去想办法弥补，可想而知那将需要花费多少的时间和精力。

　　你像一架不知疲倦的机器一样终日运作，即使最终获得了你想要拥有的一切，可等到那时，也许你的健康程度已经大大下降，甚至不得不躺在医院里接受治疗。这样一来，你所得到的东西，将如

何去享受呢？

因此，如果你是一个有志成功、有志上进的人，那么你亟待要做的，就是应当爱惜、保护自己的体力与精力，保持自己的身体长期处于健康状态。只有拥有健康的身体，才能拥有一切，才能有好的将来，才会真正获取幸福。所以，从现在开始，试着多去关注自己、保护自己，妥善管理好自己的健康账户吧！因为只有如此，我们才能更好地享受人生的诸多美好与快乐。

强身健体，从规律生活做起

有规律的生活原是健康与长寿的秘诀。

——巴尔扎克

人体内的一切生理活动都是起伏波动的，有高潮也有低潮，这一切都有一个预定的时刻表来支配着。有人将这个时刻表称为生物钟，人体的血压、体温、脉搏、心跳、神经的兴奋抑制，激素的分泌等100多种生理活动是生物钟的指针，折射着生物钟的活动状态。人体各器官的机能是按生物钟来运转的，生物钟准点是健康的根本保证。如果你擅自将生物钟的时间调至错乱，那么就极有可能为疾病、早衰等不幸埋下祸根。

一个人要成就一番事业，没有好的习惯是不行的。严格遵守作息制度，可以使我们在学习时集中精力，因而可以提高效率。因此，生活有规律对学习、工作和保护神经系统以及整个身心健康都很有益处。

德国哲学家康德活了80岁。医生对康德做了极好的评述："他的全部生活都按照最精确的天文钟做了估量、计算和比拟。他晚上10

点上床，早上 5 点起床。接连 30 年，他一次也没有错过点。他 7 点整外出散步，哥尼斯堡的居民都按他来对钟表。"

据说，康德生下来时身体虚弱，青少年时经常得病。后来他坚持有规律的生活，按时起床、就餐、锻炼、写作、午睡、喝水、大便，形成了"动力定势"，身体从弱变强。生理学家也认为，每天按时起居、作业，能使人精力充沛；每天定时进餐，届时消化腺会自动分泌消化液；每天定时大便，能防治便秘；甚至每天定时洗漱、洗澡等都可形成"动力定势"，从而使生物钟"准时"。

使康德养成良好体魄得以长寿的秘诀，正是极富规律的作息安排。我们要想有一个健康的身心，就要过一种有节制、有秩序的生活。

充沛的体力是成就伟大的事业的先决条件。那么，如何才能获得健康呢？想要有健康的体魄，就要保证过有规律的生活，养成良好的作息规律。而良好的作息规律，就意味着要顺应人体的生物钟，按时作息，有劳有逸；按时就餐，不暴饮暴食；适应四季，顺应自然；戒除不良嗜好，不伤人体功能；尤其要保证足够的睡眠，保证每天有一定的锻炼时间。只有建立良好的生活规律，人的健康体魄才能得以实现。如果不顾及规律而任意耗费健康的话，那么所换来的自然是健康对你的报复。

一个仅仅 40 岁的身价上亿的富翁被送往医院急救，经医生诊断是大面积的心肌梗死。经过医生的奋力抢救，这个病人的命保住了。但是，通过检查，医生发现他的心脏已经很薄，正常人的心脏厚度大约在 10 毫米，而他心脏的厚度仅仅才 2 毫米左右，脆弱得像牛皮纸一样。他的心脏很脆弱也很危险，不能用力咳嗽，一旦咳嗽用力过猛血管就会破裂。因此，他不敢咳嗽，整天如履薄冰。

一天，这位富翁问医生："为什么上帝对我这么不公平？为什么我才刚刚 40 岁，就得了如此严重的疾病？而那些七八十岁的人，看

起来比我还要健康？"

　　医生不慌不忙地答道："据我所知，上帝是最公平的，我所讲的上帝是指自然规律。自然规律是一样的，人世间很多事不公平，但上帝是公平的。你为什么得病，很简单，你违背了健康规律，规律是铁，谁碰谁就会流血。"

　　上帝对每个人都是公平的，它于人的生命之初就给予绝大多数人一个健康的体魄。然而，很多人却在后天生活中完全无视上帝的恩赐肆意消耗自己的生命，不顾身体的客观规律折损自己的健康。也许你寄希望于获得更多的利益，获得更多的成就，但无论如何，以健康为代价，是最不明智的做法。

　　保持健康，这是对自己的义务。健康不是别人的施舍，健康是对生命的执着追求。健康是人生的基础，拥有健康你才能享受生命，失去健康，再多的金钱和名誉也不足以令你感到幸福。顺应人体的生物规律，培养良好的作息习惯，既有助于身心健康，又能够锻炼自己的意志，是让你终身受益的宝贵财富。

不要做永不停歇的马达

　　健康是自然所能给我们准备的最公平最珍贵的礼物。

——蒙田

　　我们经常看到一些有作为、有智慧、有才能的人被不健康的身体所羁绊，徒有抱负而无从实现。这恐怕是天下最大的失望。

　　许多人之所以饱尝这种痛苦，正是因为他们不懂得如何去维持身体的健康，相反却是不断地用健康去换取成功。虽然健康并非是人生的最终目的，然而却是最基本的生存条件。金钱可以在短时间内积累起来,但是健康却需要长久的规划。我们千万不要在失去健康、为病魔缠身之后才恍然大悟，后悔莫及。倘若做一座永远不知停歇的马达，漠视身体的健康，消极地与疲劳不适做抵抗，那最终吃亏的都将是自己。

史蒂夫是一家著名广告公司的创意主管，虽说工作、生活都还算过得去，但地位、收入都平平。他不甘心，四处活动，做了好几个兼职，一个星期几头跑，名声大了，腰包鼓了。正当他春风得意之际，身体却向他抗议了，他用一个字来概括：累！每晚回到家里，觉得骨头都要散架了，一上床，那些莫名其妙的梦便来烦他。

如果你的生活也不自觉地陷入这种境地，那么你接下来只有三种选择：要么面面俱到，对每一件事都采取行动，直到把自己累死为止；要么重新梳理你所有的事情，改变事情的先后顺序，重要的先做，不重要的以后再说，保证休息；要么就彻底丢弃所有费尽心力正在做的东西，也许你会发现，丢掉的某些东西，其实你一辈子都不会再需要它们。

很多人曾有过这样的经验：从早到晚忙忙碌碌的，没有一点空闲，但当你仔细回想一下，又觉得自己这一天并没有做什么事。这是因为我们花了很多时间在一些无谓的小事上，泛滥的忙碌只会让我们失去自由。

一个过路的人大起胆子去问一个卖鬼的外乡人："你的鬼，一只卖多少钱？"

外乡人说："一只要200两黄金！"

"你这是搞什么鬼？要这么贵！"

外乡人说："我这鬼很稀有的。它是只工作鬼，一天的工作量抵得上一百人。你买回去只要很短的时间，不但可以赚回200两黄金，还可以成为富翁呀！"

过路人心想自己的田地广大，家里有忙不完的事，就说花200两黄金把鬼买回家，成了鬼的主人。

主人叫鬼种田，没想到一大片地两天就种完了。主人叫鬼盖房子，三天房子就盖好了。主人叫鬼做木工装潢，半天房子就装潢好了。整地、搬运、挑担、舂磨、炊煮、纺织，不论什么，鬼都会做，而且很快就做好了。短短一年，鬼主人成了大富翁。

但是，主人和鬼变得一样忙碌，鬼是做个不停，主人是想个不停。他劳心费神地苦思下一个指令。

有一天，主人实在撑不住，累倒了，忘记吩咐鬼要做什么事。鬼把主人的房子拆了，将地整平，把牛羊牲畜都杀了，一只一只地种在田里。将财宝衣服全部舂碎，磨成粉末。还把主人的孩子杀了……

正当鬼忙得不可开交时，主人从睡梦中惊醒，才发现一切都没有了。

很多人总是抱怨觉得自己太忙，忙得没有任何时间去休息，没有任何时间去欣赏风景以及享受家庭的温馨，必须为这样或那样的事马不停蹄地奔忙。然而，实际情况却是，我们完全有享受的时间，只是我们不愿意去腾出时间做、或者根本不屑于去做罢了。如果你愿意的话，你完全可以在集中全部精力做完一件事后休息三五分钟，放松一下自己，走在路边去欣赏沿途的景色，或是找一整天的时间和家人一同出游，不让任何其他的事物来打扰自己。记住，永远不要耗费自己的体能，做一座永不停歇的马达，否则早晚有一天，你会被身体拖慢前进的步伐。

不与疲劳做无谓的抗争

最穷苦的人也不会为了金钱而放弃健康，但是最富有的人为了健康甘心情愿放弃所有的金钱。

——梅尔顿

大多数人在说，"我如果有更多的时间就好了""我如果能赚更多的钱就好了"，好像很少听到有人说："我已经够了，我想要的更少！"事实上，太多选择的结果，往往是变成无可选择。即使是芝麻绿豆大的事，都在拼命消耗人们的精力。真正成功的人生，不在于你做了多少事，不在于你得到了什么。简简单单生活，持有健康的体魄，做好应当做的事情，就是一种成功。

有一天，上帝造了三个人。

他问第一个人："到了人世间，你准备怎样度过自己的一生？"第一个人回答说："我要充分利用生命去创造。"

上帝又问第二个人："到了人世间，你准备怎样度过自己的一生？"第二个人回答说："我要充分利用生命去享受。"

上帝又问第三个人："到了人世间，你准备怎样度过自己的一生？"第三个人回答说："我既要创造人生，又要享受人生。"

第一个人来到人世间，表现出了不平常的奉献感和拯救感。他为许许多多的人做出了许许多多的贡献，对自己帮助过的人，他从无所求；他为真理而奋斗，屡遭误解也毫无怨言。慢慢地，他成了德高望重的人，他的善行被广为传颂，被人们默默敬仰。他离开人间，人们从四面八方赶来为他送行。直至若干年后，他还一直被人们深深地怀念着。

第二个人来到人世间，表现出了不平常的占有欲和破坏欲。为了达到目的他不择手段，甚至无恶不作。慢慢地，他拥有了无数的财富，生活奢华，一掷千金，妻妾成群。他因作恶太多而得到了应有的惩罚。正义之剑把他驱出人间的时候，他得到的是鄙视和唾骂，被人们深深地痛恨着。

第三个人来到人世间，没有任何不平常的表现。他建立了自己的家庭，过着忙碌而充实的生活。若干年后，没有人记得他的存在。然而，上帝却为第一个人打了50分，为第二个人打了0分，为第三个人打了100分。

利用生命去创造固然是好事，但除了创造之外，我们也需要留出足够的时间和精力去享受生活的美好，这样才是有价值、有意义的人生。因此，当你走得太匆忙感觉疲惫时，不妨停下来休息一下，静悟生活的美好，而不要消极地与疲劳做抗争。

要知道，旺盛的工作热情与精力不仅来源于精神力量，也来源于健康的体魄。在一本名叫《为什么要疲倦》的书里，作者丹尼尔·何西林说："休息并不是绝对什么事都不做，休息就是修补。"而伟大的发明家爱迪生也认为，他无穷的精力和耐力，都来自他想睡就睡的习惯，每一个睡醒之后的清晨，都是一个全新的开始。可见，休息是维持健康体魄的重要保证，而休息也正如何西林所说的那样，绝不是什么事都不做，你可以利用睡眠来休息、也可以利用出去游走来休息，或是腾出时间来做一些自己感兴趣的事，这也是一种极好的休息方式。

艾丽丝是一位公司职员，一天，她回家时显得疲惫不堪，有气无力，不想吃饭，只想上床睡觉。突然电话铃响了，是男朋友邀她去跳舞。艾丽丝的眼睛一亮，整个人变得神采飞扬。她冲上楼，换好衣服兴冲冲地跑了出去，一直疯玩到凌晨三点才回家。她看起来没有一丝

倦意，竟然因兴奋过度而难以进入梦乡。

艾丽丝前后两种截然不同的表现足以说明，兴趣是战胜疲劳的一个很好的途径。这是因为，当人们感到疲倦的时候，身体血压和氧的消耗量明显降低，而当作一些较为有趣和富有吸引力的事情时，身体新陈代谢就会加快，因而自然就会有消除疲劳的感觉。

除了从事有兴趣的事情外，从精神上鼓励自己、给自己注入信心也是不错的战胜疲劳的方式。著名的广播新闻分析家卡腾本曾说过："我们常常觉得运动对身体很重要，以致还没睡醒就起床到处活动。其实，我们更需要的是精神、心智上的运动，以便促使我们将成功的计划付诸行动。所以，每天不妨给自己说些鼓舞信心的话。"因此，当你感到疲劳的时候，不妨停下来静心思考，给自己一些鼓励，这样你自然会再次充满前进的力量。

每个人都会有感到疲劳的时候，蠢笨的人消极地与疲劳做抵抗，漠视疲劳或侥幸地认为不做任何处理疲劳自然会过去；而聪明的人则懂得如何放松自己消除疲劳，在最短的时间内重新将身体调至最好的状态。

永远不要牺牲健康换取他物

保持健康，这是对自己的义务，甚至也是对社会的义务。

——富兰克林

健康是成就一个人的最重要资本。同样，除了健康之外，一个人若想有所成就，他往往还需要其他更多的资本。这些资本中，有一些是可以相互替代的，是可以以此物换取彼物的，然而唯有健康，永远不能被当作交换的资本。想要获得更多，就必须要承受更多；

而若要承受更多，就必须有一个健康的体魄。

第二次世界大战结束的前几天，有人说杜鲁门总统比以前任何一位总统更能负荷总统职务的压力与紧张，认为职务并没有使他"衰老"或吞蚀他的活力，认为这是很不简单的事。杜鲁门的回答是："我的心里有个掩蔽的散兵坑。"他又说，像一位战士退进散兵坑以求掩蔽、休息、静养一样，他也定时地退入自己的心理散兵坑，不让任何事情打扰他。

以健康换取其他任何身外之物，是极其愚蠢的行为，就正如德国哲学家叔本华所说的那样——人类所能犯的最大的错误就是拿健康来换取其他身外之物。倘若你认为牺牲健康就能换到一些你想要的东西并宁愿牺牲它的话，那么最终你必然会发觉，健康被牺牲了，你想要的东西也依然是没有得到。纵然是得到了，可能你也只能是拖着孱弱的病体在病床上苟延残喘，丝毫没有精力去享受你所得到的那些看似美好的事物了。

曾经有一位医生替一位成就卓越的实业家看病，劝他多多休息。实业家恼火地抗议："我每天承担巨大的工作压力，没有一个人可以分担我一丁点儿的业务，大夫，你知道吗？我每天都得提着一个沉重的手提包回家，里面装的是满满的文件呀！"

"回家就该休息了呀！为什么晚上还要批那么多文件呢？"医生很奇怪地问道。

"那些都是当天必须处理的急件。"实业家不耐烦地回答。

"难道没有人可以帮你忙吗？你的助手、副总呢？"

"不行啊！这些只有我才能正确地批示呀！而且我必须尽快处理，要不然公司怎么办？"

实业家摆出一副不屑的样子。

"这样吧，我现在给你开个处方，你能否照办？"医生没有理会实业家，似乎心里已经有了决定。

实业家接过处方——"每个星期抽空到墓地走一趟，每天悠闲地散步2小时。"

"每个星期抽空到墓地走一趟？这是什么意思？"实业家看到处方很是惊讶。

"我知道你看了处方会很惊讶，"医生不慌不忙地回答，"我希望你到墓地走一趟，看看那些已经与世长辞的人的墓碑，他们中有许多人生前与你一样，甚至事业做得比你更大，他们中也有许多人跟你现在一样，什么事都放心不下，如今他们全都长眠于黄土之中，然而整个地球的转动还是永恒不断地进行着。谁离开这个世界地球都照样转。我建议你每个星期站在墓碑前好好想想这些摆在你面前的事实，也许会得到一些解脱。"

听到这里，实业家安静了下来，与医生道别。他按照医生的指示，放缓生活的步调，试着慢慢转移一部分权力和职责。一年后，企业业绩反倒比以往任何一年都好。

放慢生活的步调，也许你会得到更多。

很多人终其一生都在四处奔忙，牺牲掉睡眠和休息的时间去忙碌拼搏，因为在这些人心里，只有不停歇的奔忙才有得到结果的可能。他们唯恐晚他人一步而落后于他人，唯恐慢下半拍而被他人抢了先机……可是，如果走得太急，非但很容易摔跟头，更有可能因为走得过猛而摔得更重。如此一来，你就必须花上更多的时间去平复自己的伤痕，去恢复自己的体力，因而势必会落后别人更多，势必会错过更多的机会。等到那个时候，如果你再想追回些什么，恐怕就为时已晚，与此同时，你的健康也回不到最初的样子了。

所以，永远不要对健康抱有侥幸心理，认为做一些小小的健康

方面的牺牲就可以换来大大的成就。倘若你还存有这样的侥幸心理，那么最好是尽快灭掉它。否则，迟早有一天你会为此付出惨痛的代价。要记住，没有什么事值得你牺牲健康去换取。学会放松自己吧，养成劳逸结合的良好习惯，你才能拥有更高的效率，才能更长久地享受工作与生活。

如果不想累倒，那么现在就开始放松

紧张是一种习惯，放松也是一种习惯。

——戴尔·卡耐基

很多人因为想要获得成功，总是强迫自己无休止地学习工作。他们拒绝休假，如果要让他们停下来休息片刻的话，他们会认为是浪费时间。这些人最后真的都成功了吗？

答案显然是否定的。他们中很多人非但最后没有成功，相反使自己身心疲惫，有的甚至顽疾缠身，不得不花费更多的时间去调养身体。如此一来，他所浪费的时间更多了。太过紧绷的神经会给我们自身带来诸多伤害，只有将紧绷的神经松弛下来，才能有效地避免这些无谓的伤害，才能保证有一副健康的体魄。

著名女长篇小说家鲍姆说，她小时候遇到一位老人，教了她一生中最重要的一课。

那时，她摔跤伤了膝部和腕部，有个老人把她扶了起来。这老人当过马戏班的小丑，他一面帮她掸掉身上的灰土，一面说："你之所以会受伤，是因为你不懂得怎样放松自己，你要把自己当成一只旧袜子一样松弛。过来，我教你怎么做。"

那个老人教鲍姆和其他小孩子怎么跑、怎么跳、怎么翻跟斗。他

不停地强调："把自己想象成一双松垮垮的旧袜子，你就一定会放松下来！"

很多时候，我们的疲劳往往是由忧虑、挫折、不满等心理因素造成的，这些心理因素会给我们带来焦虑、挫折感，最终导致我们疲劳不堪。曾经有人说过："我不以自己疲倦的程度去衡量工作绩效，而是应该看我有多不疲倦。"他说，"当一天过完而我感到特别疲倦时，或者是感觉我的精神特别疲乏的时候，我就知道这一天在工作的质与量上都做得不够"。如果全世界的人都懂得这个道理，那么，就不会有那么多的人像一个不停旋转的陀螺般疲于奔命了。

其实，你不必费力强求自己放松下来，完全可以随时随地放松自己，很舒服地或躺或坐，闭上双眼，深沉而缓慢地呼吸，口里不断重复："放松……放松……再放松……"你可以感到一种活力在体内升腾，溢遍全身，你会觉得自己没了压力和紧张，像小鸟般轻松自如，任由思绪放飞在自由的天空中。

父子俩一起耕作一片土地。一年一次，他们会把粮食、蔬菜装满那老旧的牛车，运到附近的镇上去卖。父子两人相似的地方并不多。老人家认为凡事不必着急，年轻人则性子急躁、野心勃勃。

这天清晨，他们又一次运上货到镇上去卖。儿子用棍子不停催赶牛车，要牲口走快些。

"放轻松点，儿子，"老人说，"这样你会活得久一些。"

可儿子坚持要走快一些，以便卖个好价钱。

快到中午的时候，他们来到一间小屋前面，父亲说要去和屋里的叔叔打招呼。儿子催促父亲继续赶路，但父亲坚持要和好久不见的弟弟聊一会儿。

又一次上路了，儿子认为应该走左边近一些的路，但父亲却认为应该走右边有漂亮风景的路。

就这样，他们走上了右边的路，儿子却对路边的牧草地、野花和清澈河流视而不见。最终，他们没能在傍晚前赶到集市，只好在一个漂亮的大花园里过夜。父亲睡得鼾声四起，儿子却毫无睡意，只想着赶快赶路。

在路上，父亲又不惜浪费时间帮助一位农民将陷入沟中的牛车拉出来。这一切，都使儿子气愤异常。他一直认为父亲对看日落、闻花香比赚钱更有兴趣，但父亲总对他说："放轻松些，你可以活得更久一些。"

到了下午，他们才走到俯视城镇的山上。站在那里，看了好长一段时间，两人都不发一言。

终于，年轻人把手搭在老人肩膀上说："爸，我明白您的意思了。"

他把牛车掉头，离开了原来的地方。

工作的繁重、生活中的各种琐事、情感纠葛、人际紧张等会给人们增添许多压力，令人长期处于一种紧张奔忙的状态中。压力是一种常态，但不会与压力相处的人就会打破这种状态，而让自己的精神和身体陷入崩溃的边缘。我们每个人都有不快乐的理由，都有令人心烦的借口，如果不想让自己陷于这些琐事中无法自拔直至崩溃，就要在你累倒之前，彻底让自己放松下来。而只有当自己放松下来之后，一切才会恢复到正常的轨道中。

生命的节奏就像河流的奔涌，有时舒缓从容，有时激烈紧迫，我们也应配合生命的节拍一张一弛地生活。倘若一味急迫，生命就会变得狭窄急促；而若一味地悠闲，生命则会变得虚无缥缈。只有急缓相当，张弛有度，才是最好的生活。

第十四章

转个弯，就能看到最美的风景

给心灵洗个澡

一个人只要有颗纯洁的心灵，无愁无恨，他的青春时期定可因此而延长。

——司汤达

生活中有很多如乱线般烦扰纠缠的事，总有人在搬弄是非，嘲讽他人；总有人在争来斗去，永无休止；总有人在不停聒噪，扰人心志……生活中总会遇到一些让我们倍感压抑的事，即使不是每一件事都与我们自身有关，但有时我们依然会觉得被这些烦琐的事压得透不过气来。其实，若想生活得轻松自在，最简单的办法就是常给心灵洗个澡，把所有不愉快的事情洗干净，脱去心灵的尘埃，还原一颗纯净透明的心。

有一个毕业于剑桥的学子家庭和事业都有了基础，但是觉得生活空虚，到后来不得不去看医生。于是，医生给他开了 4 剂药。

第二天，中年人依照医生的嘱咐来到海边。他走到海边时刚好是清晨，看到广阔的大海，心情随之开朗起来。9 点整，他打开第一帖药，却发现药方上写着两个字——谛听。他真的坐了下来，谛听风的声音、海浪的声音，甚至听到了自己心跳的节拍与大自然节奏合在一起。

到了中午，他打开第二个处方，上面写着"回忆"二字。他开始回想起自己从童年到少年的无忧时光，想起青年时期创业的艰苦，想到父母的慈爱，兄弟朋友的友谊，生命的力量和热情重新在他的内心燃烧起来。

下午 3 点，他打开第三帖药："检讨你的动机。"他仔细地回想起早年创业的时候，只顾赚钱，失去了经营事业的喜悦，为了自身利益，忘却了对他人的关怀。想到这里，他已深有感悟。

到了黄昏，他打开最后一个处方："把烦恼写在沙滩上。"他走到海边的沙滩写下"烦恼"两个字，潮起潮落之后，他再也找不到他的"烦恼"了。

把烦恼写在沙滩上，给自己一个宁静的、自由的心灵空间，让自己在毫无压力的情况下尽情舒展身心，就能解脱凡世的负累，只留轻松与美好。

世界上最杰出的推销师克莱门特·斯通告诉我们，心态在很大程度上决定了人生的成败。我们怎样对待生活，生活就怎样对待我们，当你用一种新的视野观看生活、对待生活时，生活就给予你与众不同的东西。心灵越纯净，你就越快乐。有时候，小快乐比大快乐更容易让你满足，也更能持久。这是因为小幸福来自于简单的事物，就像清澈的天空，就像窗外暖融融的阳光。当你用全新的方式去看待生活时，你就会发现，越是令人快乐的事情，往往就是越纯净的东西。

一对年轻美国夫妇在繁闹的纽约市中心居住。时间一长，觉得生活就像部运转的机器，虽然总是在忙忙碌碌地转着，但太千篇一律了，即使是那些花样繁多的休闲娱乐项目，也像是麦当劳、肯德基等那些快餐一样，只能满足一时的胃口，过后很少会有余香留下。于是他们决定去乡下放松放松，他们开车南行，到了一处幽静的丘陵地带，看见小山旁有个木屋，木屋前坐了一个当地居民。那个年轻的丈夫就问乡下人："你住在这样人烟稀少的地方，不觉得孤单吗？"

那乡下人说："你说孤单？不！绝不孤单！我凝望那边的青山时，青山给我一股力量；我凝望山谷，每一片叶子包藏着生命的秘密；我望着蓝色的天，看见云彩变幻成永恒的城堡；我听到溪水潺潺，好像向我的心灵细诉；我的狗把头靠在我的膝上，从它的眼中我看到忠诚和信任。这时我看见孩子们回家了，衣服很脏，头发蓬乱，可是嘴唇上却挂着微笑，叫我'爸爸'。我觉得有两只手放在我肩上，那是我太太的手，碰到悲愁和困难的时候，这两只手总是支持着我。所以我知道上帝总是仁慈的，你说孤单？不！绝不孤单！"

美国哲学家梭罗有一句名言感人至深："简单点儿，再简单点儿！奢侈与舒适的生活，实际上妨碍了人类的进步。"当生活上的需要简化到最低限度时，生活反而更加充实。因为已经无须为了满足那些不必要的欲望而使心神分散。所以说，简单是一种美，是一种朴实且散发着灵魂香味的美。

不论你的环境如何，不论你的状态如何，快乐的秘诀就是让自己的心灵回归简单，回归纯净。简单做人，简单生活，心静如水，无怨无争，也就拥有了一种很惬意的人生。常给心灵洗个澡，过简简单单的生活，用细微之心去发觉点滴间存在的小小幸福。这样，你也就再也不会被尘世间的繁杂之事所烦扰，你心灵家园中最初的宁静就会归来。

珍惜你所拥有的东西

不因幸运而故步自封，不因厄运而一蹶不振。真正的强者，善于从顺境中找到阴影，从逆境中找到光亮，时时校准自己前进的方向。

——易卜生

生活中总是会出现这样的事情：来到跟前的往往轻易放过，远在天边的却又苦苦追求；占有它时感到平淡无味，失去它时方觉可贵。可悲的是，这种事情经常发生，我们却依然觊觎看那些"得不到"的，跌入这种"得不到的总是最好的"的陷阱中，遗失了我们身边最珍贵的宝贝。

从前，一个富人和一个穷人谈论什么是快乐。

穷人说："快乐就是现在。"

富人望着穷人的茅舍、破旧的衣着，轻蔑地说："这怎么能叫快乐呢？我的快乐可是百间豪宅、千名奴仆啊。"

有一天，一场大火把富人的豪宅烧得片瓦不留，奴仆们各奔东西。一夜之间，富人沦为乞丐。

七月炎热，汗流浃背的乞丐路过穷人的茅舍，想讨口水喝。穷人端来一大碗清凉的水，问他："你现在认为什么是快乐？"

乞丐眼巴巴地说："快乐就是此时你手中的这碗水。"

很多人忘了这一句至理名言——活在今天。他们不是活在从前，就是活在以后，白白让正在身边的、所拥有的事物溜走。等到发觉所拥有的也离自己而去时，便会嗟叹，便会再次将自己沉积在曾经拥有的、已成过去的那些人和事中。为什么不能活在当前、珍惜眼前你所拥有的一切呢？

　　总有些人习惯于把自己和别人相比，越比越不平衡，越不平衡越生气，越生气就越想尽自己所能去赶超他人。正是在这样的一个过程中，人们开始将自己的眼光全部投予别人，所看到的永远都是别人拥有的东西，而忽略了自己本来所拥有的。将眼光停留在别人或是未来身上，会破坏你享受已拥有的事物的美好心情，让你无法享有正在拥有的快乐的人生。

　　有位企业家，他在商场上已经取得了惊人的成就。有一天，他陪同父亲到一家高贵的餐厅用餐，现场有一位琴艺不凡的小提琴手正在为大家演奏。

　　这位企业家在聆听之余，想起当年自己也曾学过琴并且为之痴迷，便对父亲说："如果我从前好好学琴的话，现在也许就会在这儿演奏了。"

　　"是呀，孩子，"他父亲回答，"不过那样的话，你现在就不会在这儿用餐了。"

　　企业家愣了一下，看着那位小提琴手，微微地笑了。

　　纵然你拥有的再多再美好，这种只把注意力投向过去和未来却不注重当下的心理，也会彻底破坏掉你的幸福感，使你永远看不到自己拥有的事物有多么美好，多么珍贵。

　　人常为失去的机会而嗟叹，但往往忘了为现在所拥有的感恩。用一颗平静的心去感恩生活。不必嗟叹没有得到的东西，珍惜你拥有的一切，感恩你拥有的一切，这才是真实的人生。与其一味伤感过去流逝的岁月，沉浸在对未来的幻想之中，不如真切地把握现在，做手头的事情，享受眼前的幸福，做到一生无怨无悔。

别太在意他人的议论

痛苦或者是欢乐，完全在于眼界的宽窄。

——雪莱

童话里的红舞鞋，漂亮、妖艳而充满诱惑，一旦穿上，便再也脱不下来。我们疯狂地转动舞步，一刻也停不下来，尽管内心充满疲惫和厌倦，脸上还得挂出幸福的微笑。当我们在众人的喝彩声中终于以一个优美的姿势为人生画上句号时，才发觉这一路的风光和掌声，带来的竟然只是说不出的空虚和疲惫。

每个人都是一面镜子，我们可以从别人身上发现自己，认识自己。然而，如果一个人总是拿别人当镜子，太在乎别人的看法和评论，那么那个真实的自我就会逐渐迷失。假如一个人总是活在别人的标准和眼光里，那既是一种痛苦，更是一种悲哀。

一个农夫和他的儿子，赶着一头驴到邻村的市场去卖。没走多远就看见一群姑娘在路边谈笑。一个姑娘大声说："嘿，快瞧，你们见过这种傻瓜吗？有驴子不骑，宁愿自己走路。"农夫听到这话，立刻让儿子骑上驴，自己高兴地在后面跟着走。

不久，他们遇见一群老人正在激烈地争执："喏，你们看见了吗，如今的老人真是可怜。看那个懒惰的孩子自己骑着驴，却让年老的父亲在地上走。"农夫听见这话，连忙叫儿子下来，自己骑上去。

没过多久，他们又遇上一群妇女和孩子，几个妇女七嘴八舌地喊着："嘿，你这个狠心的老家伙！怎么能自己骑着驴，让可怜的孩子跟着走呢？"农夫立刻叫儿子上来，和他一同骑在驴的背上。

快到市场时，一个城里人大叫道："哟，瞧这驴多惨啊，竟然驮着两个人，它是你们自己的驴吗？"另一个人插嘴说："哦，谁能想到你们这么骑驴，依我看，不如你们两个驮着它走吧。"农夫和儿子急忙跳下来，他们用绳子捆上驴的腿，找了一根棍子把驴抬了起来。他们卖力地想把驴抬过闹市入口的小桥时，又引起了桥头上一群人的哄笑。驴子受了惊吓，挣脱了捆绑撒腿就跑，不想却失足落入河中。

农夫的行为十分可笑，不过，这种任由别人支配自己行为的事并非只在笑话里出现。现实生活中，很多人在处理类似事情时就像笑话里的农夫，人家叫他怎么做，他就怎么做，谁抗议，就听谁的。结果只会让大家都有意见，且都不满意。

要记住，不管你在做什么、如何去做，都会有人对你发表各种不同的评论和看法。有的人很容易被别人的评价所左右，为了刻意迎合他人的品评来改变自己的行为方式，而当他做出改变后，自然又会听到另外一些与先前不同的评价声。于是，他再次为了别人的评价区改变自己……如此循环往复，最后的结果往往是将自己弄得焦头烂额无所适从，就如同一只在玻璃瓶里四处乱撞的苍蝇一样，永远找不到出口的方向。

一群人到山上去游玩，其中一个人不小心掉进很深的坑洞里，他的右手和双脚都摔断了，只剩一只健全的左手。幸好，坑洞的壁上长了一些草，那个人就用左手撑住洞壁，以嘴巴咬住草，慢慢地往上攀爬。

地面上的人看不清洞里，只能大声为他加油。等到看清他嘴巴咬着小草攀爬时，忍不住议论起来……

"情况真糟，他的手脚都断了呢！""哎呀！他这样一定爬不上来了！""对呀！那些小草根本不可能撑住他的身体。""可惜！他如果摔下去死了，留下庞大的家产就无缘享用了。""他的老母亲和妻子可怎么办才好！"

落入坑洞的人实在忍无可忍了："你们都给我闭嘴！"就在他张口的一刹那，他再度落入坑洞。

当他摔到洞底即将死去之前，他听到洞口的人异口同声地说："我就说嘛！用嘴爬坑洞，是绝对不可能成功的！"

被别人的意见和评论牵着鼻子走，你永远到不了你想去的地方。在人生的道路中，没有谁能永远走一条平坦的大道，每个人都一定会遇到一些岔路口。当站在人生的岔路口时，那些为他人所左右而失去自己方向的人，将无法抵达属于自己的目的地。

世界一样，但人的眼光各有不同，做人，不必花大量的心思去让每个人都满意，因为这个要求基本上是不可能达到的，如果一味地追求别人的满意，不仅自己累心，还会在生活中失去了自己。因此，永远不要让别人的议论左右你的行为和目标，只有如此，你才能从容地面对生活，全力以赴地向自己的既定目标奋勇前进。

永远都不要绝望

切莫绝望，甚至不要为了你从不绝望这一事实而感到绝望。

——卡夫卡

生活中有很多突发的变故，会给我们的心灵带来巨大的压力，很多人会因为这些压力而变得一蹶不振，甚至会因此而没有活下去的勇气。有时，你可能会感到绝望，感到恐惧，万念俱灰。但是越是这个时候，越需要在心底对自己说：坚持一下，没什么要紧的。过了这一刻，一切都会好起来。人生的道路都是由自己走出来的，所以，无论在多么严酷的境遇之中，永远都不要悲观，永远都不要对自己失去信心。

有一个叫杰瑞的男孩在很小的时候遭遇了一场意外事故，他的眼睛受到了严重的伤害。所以从他记事起，眼前便是一片漆黑，他不知道世界的颜色是怎样的。他一直希望有一天能够看到这个世界的色彩。

刚刚做完第一次手术后，妈妈对杰瑞说不久之后他就可以看到东西了，他非常兴奋，但现在他只得蒙着纱布，静静地等待着光明。

一天，他想尽快地感受到一个全新的带有色彩的世界，便摸索着来到了医院后院，坐在一棵大树下。他在黑暗中幻想着将要看到的五彩世界，又有些许的担忧：万一手术不成功怎么办？这时，一片树叶飘在他的头上，他随手一摸，拿到手里，他自言自语地说："这是杨树叶，还是……"

"是杨树叶。"一个低沉的声音传过来，接着一双大手摸在他的脸上。杰瑞听到这个人在问自己："小朋友，几岁啦？"

"12岁。"

"你眼睛不好？"

"嗯，以前是这样的。但是我马上就会康复了。您能告诉我这世界是什么样的吗？"

"这个世界可美了。天空是蓝色的，远处的山雄伟挺立，那云朵白白的，像大团大团的棉花糖一样。在咱们对面有一片湖，湖水清澈见底，水中有漂亮的鱼游来游去。这四周绿树成荫。嘿！那边不知是谁在放风筝。你听，这树上的小鸟在叫，你听见了吧？孩子！"

"我听见了。"杰瑞的脑海中浮现了一幅幅美丽动人的图画。当他沉浸在欢乐中时，蓦然他抓住那个人的手问道："叔叔，我的眼睛一定会复明是吗？"

"一定会的！只要你心中有希望，然后配合医生的治疗，就一定会痊愈。"杰瑞紧握着对方的手，感受到了温暖的力量。

从那之后，人们时常能看到这两个人坐在长椅上谈话、说笑。

过了一段时间，杰瑞拆了线，他终于看到了光明。当他适应了刺眼的阳光后，便跑向了后院。他来到那个黑暗中给予他欢乐的地方，用他那明亮的双眼向四周一望，他愣住了。原来，这里根本就没有什么花木、清水、大山，只有一堵墙壁和一棵老树。一个老人坐在残秋的冷风中，他戴着一副墨镜，身边放着一根探盲棒。老人捧着一片杨树叶，在低低地说着什么。

后来，在这所医院里，人们经常可以看到一个少年拉着一位失明的老人，向那位曾给过他一片光明的老人诉说着这个真实世界的美景。

绝望可以毁掉一个生命力十足的人，而希望则能够拯救一个处在萎靡边缘的人。生活从来不是风平浪静的，每个人在一生中都会经历到风雨的袭击，都会在不经意中遭遇滑铁卢。有些人极其脆弱，在逆境面前不堪一击，只能任凭自己被逆境的旋涡越卷越深，最终跌入黑暗的深渊；而有些人，在遭遇逆境险阻时却能保持乐观的心态和强劲的信念，对于这样的人来说，逆境险阻往往会转化成为他们向全新生活转变的新契机。

当感到绝望的脚步迈近时，不妨抢先一步做好微笑应对的准备。有的时候，淡然乐观的心态是脱离绝望的最佳武器。

一天，一位教授在爱米莉的班上说："我有句三字箴言要奉送各位，它对你们的学习和生活都会大有帮助，而且可使人心境平和，这三个字就是'不要紧'。"爱米莉领会到了这句三字箴言所蕴含的智慧，于是便在笔记簿上端端正正地写下了"不要紧"三个大字。她决定不让挫折感和失望破坏自己平和的心境。

后来，她爱上了英俊潇洒的凯文，并确信他是自己的白马王子。可有一天晚上，凯文却温柔婉转地对爱米莉说，他只把她当作普通

朋友。爱米莉以他为中心构想的世界当时就土崩瓦解了。

但是，第二天早上当爱米莉醒来后，她便开始分析自己的情况：到底有多要紧？凯文很要紧，自己很要紧，我们的快乐也很要紧。但自己会愿意和一个不爱自己的人结婚吗？日子一天天过去了，爱米莉发现没有凯文，自己也可以生活得很好。

几年后，一个更适合爱米莉的人真的出现了。她们结了婚，有了自己的孩子，一家三口幸福地生活着。然而，有一天，丈夫却告诉了爱米莉一个坏消息——他们经营的生意失败了。爱米莉在感到一阵凄酸同时，又想起了那句三字箴言："不要紧。"就在这时候，小儿子用力敲打积木的声音转移了爱米莉的注意力。儿子看见妈妈看着他，就停止了敲击，对她笑着，他的笑容真是无价之宝。爱米莉望向窗外，她看到了生机盎然的花园和晴朗的天空，她觉得自己的心情恢复了。

意志和希望是治愈绝望的最好良药。遇到困难就像爱米莉一样，对自己说一句"不要紧"，相信自己终会熬过去。

没有逆境，才能与智慧就无法获得增长。如果你想采摘玫瑰，就不要怕刺扎破手指。人的一生中不可能只有成功的喜悦而没有遭受挫折的痛苦，挫折和苦难是提炼名为"成功"这块大金子的炼金炉。一个人如果能忍受挫折所带来的痛苦和焦灼，咬紧牙关忍着疼继续大步往前走，那么总有一天他会成为浴火重生的金凤凰。

积极的心态开启崭新的人生，人的愿望、理想、信仰等无一不受着内心世界的支配，有什么样的心理就有什么样的人生。在我们对着身上的伤口自怨自怜、自暴自弃时，那破损的皮肤其实早就悄悄地愈合了。只要你不放弃，不绝望，无论到什么时候，无论遇到多大的困难，事情就总会有转弯的余地，你也必然能再次赢来晴朗的天空。

别让狭隘禁锢住你的心

心胸豁达，足能涵万物！心胸狭隘，不能容一沙！

————安东尼奥·波尔基亚

狭隘是禁锢人心灵的牢笼，一个狭隘的人，往往同时也是一个目光短浅的人。狭隘的人总是会在心中假想一些敌人，然后在内心累积许多仇恨，使自己产生许多毒素，结果把自己活活毒死，同时也累及他人。法国思想家拉罗什富科曾经说过："精神的狭隘造成顽固，人们不轻易相信离他们的视界稍远的东西。"即使是再好的事物，遇见狭隘的人也会以失败告终，甚至是以悲剧收场。

有一人夜里做了个梦，在梦中，他看到一位头戴白帽，脚穿白鞋，腰佩黑剑的壮士，向他大声斥责，并向他的脸上吐口水……于是从梦中惊醒过来。

次日，他闷闷不乐地对朋友说："我自小到大从未受过别人的侮辱，但昨夜梦里却被人辱骂并吐了口水，我心有不甘，一定要找出这个人来，否则我将一死了之。"

于是，他每天一早起来，便站在人潮往来熙攘的十字路口，寻找梦中的敌人。几星期过去了，他仍然找不到这个人。

结果，这个人自杀了。

假如一个人长期持有一种狭隘心理，那么他的心就会被一把无形的锁牢牢锁住，无法获得救赎。

心胸狭隘的人会用一层厚厚的壳把自己严严实实地包裹起来，生活在自己狭小冷漠的世界里。他们处处以自我利益为核心，无关爱之情，无恻隐之心，不懂得宽容、谦让、理解、体贴、关心别人。

他们往往把自己的幸福建立在别人的痛苦之上，牺牲别人的利益来得到自己的利益，做一些无利于自己又祸及他人的事。

从前，有两位很虔诚、很要好的教徒，决定一起到遥远的圣山朝圣。两人背上行囊，风尘仆仆地上路，誓言不达圣山朝拜，绝不返家。

两位教徒走啊走，走了两个多星期之后，遇见一位白发年长的圣者。圣者看到这两位如此虔诚的教徒千里迢迢要前往圣山朝圣，就十分感动地告诉他们："从这里距离圣山还有十天的脚程，但是很遗憾，我在这十字路口就要和你们分手了。而在分手前，我要送给你们一个礼物！什么礼物呢？就是你们当中一个人先许愿，他的愿望一定会马上实现；而第二个人，就可以得到那愿望的两倍！"

此时，其中一教徒心里一想："这太棒了，我已经知道我想要许什么愿，但我不要先讲，因为如果我先许愿，我就吃亏了，他就可以有双倍的礼物！不行！"而另外一教徒也自忖："我怎么可以先讲，让我的朋友获得加倍的礼物呢？"于是，两位教徒就开始客气起来，"你先讲嘛！""你比较年长，你先许愿吧！""不，应该你先许愿！"两位教徒客套地推辞一番后，两人就开始不耐烦起来，气氛也变了："你干吗！你先讲啊！""为什么我先讲？我才不要呢！"

两人推到最后，其中一人生气了，大声说道："喂，你真是个不识相、不知好歹的人，你再不许愿的话，我就把你的狗腿打断、把你掐死！"

另外一人一听，没有想到他的朋友居然变脸，竟然来恐吓自己！于是想：你这么无情无义，我也不必对你太有情有义！我没办法得到的东西，你也休想得到！于是，这一教徒干脆把心一横，狠心地说道："好，我先许愿！我希望——我的一只眼睛——瞎掉！"

很快，这位教徒的一只眼睛马上瞎掉，而与他同行的好朋友，两个眼睛也立刻瞎掉了！

　　毁掉两个好朋友的元凶正是狭隘的心理。一个心胸狭隘的人，自然无法以轻松愉悦的姿态去面对他人，自然会紧张地认为身边处处都是他的敌人，所有的事都将会对他不利。一个长期处于紧张状态下的人，又将如何去感受生活中的快乐呢？

　　心胸狭窄之人是无法真正享有快乐人生的，狭隘之心会将你感受幸福愉悦的心灵紧紧锁住，令你困在狭窄黑暗的牢笼里不得自由。若要自由地翱翔于人生的天空，感受生活中的点滴喜悦与幸福，唯一的途径就是彻底告别狭隘，放开你的胸怀，以开放的姿态去迎接美好的人生。

摆脱自卑的心理

　　很多失败者恰恰犯了一个相同的错误，他们对自身具有的宝藏视而不见，反而拼命去羡慕别人，模仿别人。殊不知，成功其实就是自信地走你自己的路。

——雷切尔·卡林

　　曾经有位美国医生，他以善作面部整形手术闻名。他创造了许多奇迹，把许多丑陋的人变成漂亮的人。他发现，某些接受手术的人，虽然为他们作的整形手术很成功，但仍找他抱怨，说他们在手术后还是不漂亮，说手术没什么成效，他们自感面貌依旧。于是，这位医生悟到这样一条道理：美与丑，并不在于一个人的本来面貌如何，而在于他如何看待自己。

　　的确，一个人如果自惭形秽，那她就不会成为一个美人；如果觉得自己愚笨，那他就成不了聪明人。自卑心理总是会干扰人们的生活，为人们平添无谓的烦恼和阻碍，令自己更加脆弱和无助。

　　美国的一个教育专家做了一个试验，将一个学习成绩较差班级的学生当作学习优秀班的学生来对待，而将一个拥有优秀学生的班级当作问题班来教。一段时间下来，发现原来成绩相差很远的两班学生，在试验结束后的总结测验中平均成绩相差无几。原因就是差班的学生受到不明真相的老师对他们的鼓励（老师以为他所教的是一个优秀班），学习积极性大增，而原来的优秀班学生受到老师对他们怀疑态度的影响，自信心被挫伤，以致转变学习态度，影响了学习成绩。

　　自卑与自信，两种截然不同的心理会使事情向两个极端上发展。事实上，一个人如果自卑，就会常常哀叹事事不如意，拿自己的弱点比别人的强处，越比越气馁。自卑实际上是一种徒劳的自我折磨，因为它不会给你以激励，不会给你以力量，只会摧老你的身心，盗走你的骨气，并最终毁了你。自卑是人生最危险的杀手，它可以轻而易举地毁掉一个颇具才华的人。

　　有人说：自卑像一把潮湿的火柴，再也燃不起兴奋的火花。长期被自卑笼罩的人，不仅斗志易被腐蚀，心理上也容易失去平衡，他们永远无法看到自己的优点，只是把眼光聚焦在自己的缺点和不足上耿耿于怀，进而变得内向懦弱，将自己锁在自己的世界里，隔绝与外界的一切联系。若想成就开放的自己，就必须要甩掉自卑的心理，找回自信的力量。

　　一个人能否成功，与他的种族、相貌、出身无关。在我们的身边，有很多人因为自己没有漂亮的外表，没有出生在一个好的家庭而感到自卑。事实上，外貌、家庭背景不应该成为自卑的理由，因为你能否有所成就，能否活出自己的精彩，与你的家庭、外貌是无关的。所以，永远不要为你自身的缺陷而苦恼，你的缺陷也许正是带给你幸运的福音。苦恼于自己的劣势，并为此而自卑，不如想办法将劣势转化为优势，毕竟能够将劣势转化为优势的人才是真正的聪明人。

从现在开始，喜欢你自己，愉快地接纳你自己吧！要知道，我们每个人都是一个独特的存在，人生的意义就是实现这个独特的自我，将自己的才能发挥到极致。而一个人只有全面地接受自己，才能走出自卑、自责的心灵沼泽，活出自己独有的精彩。

庸人自扰是无谓的行为

痛苦的秘诀在于有闲工夫担心自己是否幸福。

——萧伯纳

每个人都会有忧虑的时候，但如果毫无原因就陷入忧虑的话，那就是一种无谓的庸人自扰。每天都被一些莫须有的念头所困扰，为不可能发生的事情担心，这着实是再愚蠢不过的举动。过度的自扰只会徒增你的烦恼，让你变得多疑紧张，并长期处于忧虑的消极情绪中。

在妻子死后，杰克逊对自己的健康状况变得非常担忧，家中已经有好几个人死于瘫痪性中风，杰克逊因此认定他必会死于同样的症状，所以他一直在这种阴影下极度恐慌地生活着。一天，他正在朋友家与一位年轻的小姐下棋。突然杰克逊的手垂了下来，整个人看上去非常虚弱，脸色发白，呼吸沉重，他的朋友走到他身边。

"最后它还是来了，"杰克逊乏力地说，"我得了中风，我的整个右侧瘫痪了。""你是怎么知道的呢？"朋友问。

"刚才我在右腿上捏了几次，但是一点感觉也没有。"

"先生，"对面下棋的小姑娘叫道，"你刚刚捏的是我的腿啊！"

这种荒谬的行为实在是令人啼笑皆非。可见，一个人若从心理上完全崩溃的话，那么任何灵丹妙药都无法医治。对于每个人来说，

最大的敌人不是别人，恰恰就是你自己，如果你一直被心里的阴影笼罩，总是诚惶诚恐、庸人自扰的话，那么最终的结果就只能是一事无成。

有时，我们会到处寻找消解烦恼的方法，但是如果有人问你为什么烦恼时，你却发现自己根本说不出烦恼的原因，或是你所烦恼的事只是你的空想，而并非确有此事。烦恼是滥用想象的结果，有时候一件毫无来由的事会令我们苦恼不堪，可当你从苦恼中挣脱出来之后却发现，一切都只存于你的想象中，它并没有发生过，并不是真实存在的，一切的烦恼苦闷，不过是庸人自扰。

其实，世界上并没有谁来捆住你的手脚，真正难以摆脱的是困于心中的枷锁。打破心中的那把枷锁，你就可以在属于自己的天空中自由翱翔。

一个年轻人四处寻找解脱烦恼的秘诀。有一天，他来到一个山脚下。只见一片绿草丛中，一位牧童骑在牛背上，吹着横笛，笛声悠扬，逍遥自在。

年轻人走上前去询问："你看起来很快活，能教给我解脱烦恼的方法吗？"

牧童说："骑在牛背上，笛子一吹，什么烦恼都没了。"

年轻人试了试，不灵。于是，他又继续寻找。

年轻人来到一条河边。看见一位老翁坐在柳荫下，手持一根钓竿，正在垂钓，他神情怡然，自得其乐。年轻人走上前去鞠了一个躬："请问老翁，您能赐我解脱烦恼的办法吗？"

老翁抬头看他一眼，慢声慢气地说："来吧，孩子，跟我一起钓鱼，保管你没有烦恼。"年轻人试了试，还是不灵。

于是，他又继续寻找。不久，他来到一个山洞里，看见有一个老人独坐在洞中，面带满足的微笑。

年轻人深深鞠一个躬，向老人说明来意。

老人微笑着摸摸长髯，问道："这么说你是来寻求解脱的？"

年轻人说："对对对！恳请前辈不吝赐教。"

老人笑着问："有谁捆住你了吗？"

"……没有。"

"既然没有捆住你，又谈何解脱呢？"

生活中有许多习惯忧虑的人就是如同这年轻人一样，不肯让自己放松下来，老爱自己找麻烦，和自己过不去。

忘掉自我，专心投入到你当前要做的事情上去，可以让你克服紧张情绪，保持一种泰然自若的心态。许多事情过后你会发现那不过是庸人自扰，原来没有我们想象的那么复杂、困难。我们又何苦非要与自己过不去呢？

庸人自扰是极端无谓的行为。很多时候，困住我们的往往不是外界的人或事，反而是自己的心。其实很多时候，烦恼都是自找的，要想从烦恼的牢笼中解脱，我们就要抛掉无端的自扰，放下心中的一切杂念，以一种顺其自然的平常心去面对生活，去迎接每一个积极美好又充满挑战的日子。

抱怨对解决问题毫无帮助

只有将抱怨环境的心情化为上进的力量，才是成功的保证。

——罗曼·罗兰

每个人在生活中都难免会遇见一些不如意的事情。适当地倾诉不满，是一种情绪发泄的方法。可是，如果总是无休无止地倾诉你的不满，那就会成为一种消极无谓的抱怨。抱怨不仅对你解决问题

毫无帮助，反而会令你成为一个不受欢迎的人。

"烦死了，烦死了！"一大早艾伦就不停地抱怨。艾伦是公司的行政助理，性格开朗，工作起来认真负责，但就是牢骚满腹，喜欢抱怨。

财务部的杰克来领胶水，艾伦不高兴地说："昨天不是刚来过吗？怎么就你事情多，今儿这个、明儿那个的？"抽屉开得噼里啪啦，翻出一个胶棒，往桌子上一扔。

复印机卡纸了，销售部的莎拉请艾伦去解决，艾伦的脸上立刻晴转多云，不耐烦地挥挥手："知道了。烦死了！和你说一百遍了，先填保修单。我去看看。"艾伦边往外走边嘟囔："综合部的人都死光了，什么事情都找我！"

年末的时候公司民意选举先进工作者，艾伦落选了，她觉得很委屈：为公司受了这么多的累，却没有人体谅……

没有人喜欢和一个满腹牢骚的人相处，而且，太多的牢骚只能是你缺乏能力的象征。只有一个毫无能力解决问题的人，才会将一切不顺利归于种种客观因素。

生活中，有些东西可以改变，而有些东西则是改变不了的，如我们无法替换自己的父母，没法改变自己的出身，无法改变天生的缺陷。当面临这些无法改变的事实时，你是消极地抱怨命运的不公还是积极想办法去改变自己的命运呢？消极抱怨的人，就如同自己的双脚被订上了镣铐，驻足不前；而唯有积极面对的人，才能找到解决难题的办法，换个方式赢得生命的精彩。

《我希望能看见》一书的作者彼纪儿·戴尔是一个眼盲了50年之久的女人，她写道："我只有一只眼睛，而眼睛上还满是疤痕，只能透过眼睛左边的一个小洞去看。看书的时候必须把书本拿得很贴近脸，而且不得不把我那一只眼睛尽量往左边斜过去。"

按理说，众多的不幸应该让她有很多对生活不满的情绪，她应该是整天都在跟别人发牢骚，诉说命运对她的不公平。可是她并没有这样做，她拒绝接受别人的怜悯，不愿意别人认为她"异于常人"。

小时候，她想和其他的小孩子一起玩跳房子，可是她看不见地上所画的线，所以在其他的孩子都回家以后，她就趴在地上，把眼睛贴在线上瞄过去瞄过来。她把朋友所玩的那块地方的每一点都牢记在心，不久就成为玩游戏的好手了。她在家里看书，把印着大字的书靠近她的脸，近到眼睫毛都碰到书本上了。她得到两个学位：明尼苏达州立大学学士学位和哥伦比亚大学硕士学位。

她开始教书的时候，是在明尼苏达州双谷的一个小村里，然后渐渐升到达科他州奥格塔那学院的新闻学和文学教授。她在那里教了13年，在很多妇女俱乐部发表演说，还在电台主持谈书和作者的节目。她写道："在我的脑海深处，常常怀着一种完全失明的恐惧，为了克服这种恐惧，我对生活采取了一种很快活而近乎戏谑的态度。"

在她52岁的时候，一个奇迹发生了。她在著名的梅育诊所接受了一次手术，她的视力提高了40倍。一个全新的、令人兴奋的、可爱的世界展现在她的眼前。她发现，即使是在厨房水槽前洗碟子，也让她觉得非常开心。她写道："我开始玩着洗碗盆里的肥皂泡沫，我把手伸进去，抓起一大把肥皂泡沫，我把它们迎着光举起来。在每一个肥皂泡沫里，我都能看到一道小小的彩虹闪出来的明亮色彩。"

当我们去审视和扣问自己的心灵，能否也像彼纪儿·戴尔那样在生活的不如意中看到彩虹？

一位伟人曾经说过，"有所作为是生活中的最高境界，而抱怨则是无所作为，是逃避责任，是放弃义务，是自甘沉沦。"不管我们遇到了什么境况，喋喋不休地抱怨注定于事无补，甚至还会把事情弄得更糟。要想解决问题，就要收住抱怨的口，用实际行动来打破你

抱怨的藩篱，用行动为你的抱怨画上一个完美的休止符。

我们不可能保证事事顺心，但可以做到坦然面对，该放则放，不要把一些垃圾总堆在心里，把乌云总布在脸上，把牢骚总挂在嘴边。否则，你非但丝毫不能解决你的问题，还会为自己和周围的人平添烦恼，令人们逐渐疏远你，最终让自己陷入到一个无人问津的尴尬境地。

走出孤独的阴霾

忍受孤寂或者比忍受贫困需要更大的毅力，贫困可能会降低人的身价，但是孤寂却可能败坏人的性格。

——狄德罗

孤独原本是人类的自然本性，但是极端的孤独或长期的孤独，使自己与外界隔绝，这就是一种消极的情绪特征了。孤独在为自己筑起一道与世隔绝的心墙时，也会为内心带来沉重的负担，使人长期处于阴霾中无法自拔。

有位孤独者倚靠着一棵树晒太阳，他衣衫褴褛、神情萎靡，不时有气无力地打着哈欠。一位智者由此经过，好奇地问道："年轻人，如此好的阳光，如此难得的季节，你不去做你该做的事，而在这里懒懒散散地晒太阳，岂不辜负了大好时光？"

"唉！"孤独者叹了一口气说，"在这个世界上，除了躯壳外，我一无所有。我又何必去费心费力地做什么事呢？每天晒晒我的躯壳，就是我做的所有事了。"

"你没有你的所爱？"

"没有。与其爱过之后便是恨，不如干脆不去爱。"

"没有朋友？"

"没有。与其得到还会失去，不如干脆没有朋友。"

"你不想去赚钱？"

"不想。千金得来还复去，何必劳心费神动躯体？"

"噢！"智者若有所思，"看来我得赶快帮你找根绳子。"

"找绳子，干吗？"孤独者好奇地问。

"帮你自缢！"

"自缢，你叫我死？"孤独者惊诧了。

"对。人有生就有死，与其生了还会死去，不如干脆就不出生。你的存在，本身就是多余的，自缢而死，不是正合你的逻辑吗？"智者说完，拂袖而去。

人是社会的人，离开了社会生活与人际交往，人的性格会扭曲变形，这是十分可怕的。一个人如果远离真实的生活，就会将自己与生活的基本接触完全隔开。孤独的人时常生活在恶性循环之中，因为他感到自己孤立，所以与别人的接触并不能使他获得快乐，甚至还会令他觉得更加孤独，最终无所适从苦恼不堪。

大多有孤独感的人，并不情愿离群索居、孤身独守。他们有的是在坎坷难行的人生路上遭遇了痛苦，因而或嗟叹人生艰难，埋怨命运刻薄，或痛恨世态炎凉，咒骂人心虚伪；有的是感到自己怀才不遇，知音难觅，得不到别人的理解，因而不愿去理解别人，索性独处一隅，洁身自好；也有的是自己看不起自己，不相信自己，在人群中见别人风流潇洒、知识渊博，因而自惭形秽，不敢也不愿意与人交往……境遇各有不同，其结果却大致相同：把自己置身于孤独之中，引发无边的伤感。

要想摆脱孤独感的折磨，就必须开放自己。这就像是身处一个无人的山谷，只有自己主动向外走，才能离开这片荒凉之境。勇敢走

出自我封闭的怪圈吧！只有打破孤独的坚冰，逃离囚禁我们的城堡，我们才能毫无阻力地奔向阳光普照的地方。

把脚步放慢，才能看到路边的风景

生活中不是缺少美，而是缺少发现。

——罗丹

我们总是会为了某个特定的目标不断奋斗，却从来没有享受这个过程中的快乐，因为我们总是想着有了现在的苦，才会有以后的幸福。似乎我们时刻都在等待，等待着最美的时刻的出现，但却因此错过了很多美好的时刻。我们总是认为最美的风景在不远的前方，于是我们加快脚步，奋力向前方迈进。不过，我们似乎永远追逐不到它，似乎在前进的同时，眼中最美的风景也在前进。

你可能会认为那些最美的风景不过是海市蜃楼不可多得。然而，真实的情况是，最美的风景并不在你的前方，而是在你的脚下，在你向前追逐的途中。只要你能够将脚下的步伐放慢，就一定会看到最美的风景。

耶稣成为万能的上帝之前，经历过许多的磨炼与修行。

一次，他出门远行。由于路途太远，他走得精疲力竭。快到目的地时，他感到鞋子里有颗小石子。

直到这时，他才停下急切的脚步，把小石子从鞋子里倒出来舒服一下。

就在耶稣低头弯腰准备脱鞋的时候，他的眼睛不自觉地瞄向沿路的水光山色，发现它竟然是如此的美丽。这时，他才想到自己这一路走来，如此匆忙，心思意念竟然只专注在目的地上，甚至完全没有发现沿途景色的优美。

他将那颗小石子拿在手中，不禁赞叹道："小石头啊！真想不到，这一路走来，你不断地刺痛我的脚掌心，原来是要提醒我，慢点儿走，注意生命中的一切美好事物！"

我们不断追逐某些东西，为此永远不知疲惫，但是往往会在最后发现，在自己匆忙赶路寻找风景的时候，却失去了沿途最美的风景。

年轻的时候，安娜比较贪心，什么都追求最好的，拼命地想抓住每一个机会。有一段时间，她手上同时拥有13个项目，每天忙得昏天暗地，她形容自己"累得跟狗一样"。

事情都是双方面的，所谓有一利必有一弊，事业越做越大，压力也愈来愈大。到了后来，安娜发觉拥有更多不是乐趣，反而是一种沉重的负担。她的内心始终有一种强烈的不安全感笼罩着。

1995年，"灾难"发生了，她独资经营的公司被恶性倒账四五千万美元，交往了7年的男友和她分手……一连串的打击直奔她而来，就在极度沮丧的时候，她甚至考虑结束自己的生命。

在面临崩溃之际，她向一位朋友求助："如果我把公司关掉，我不知道我还能做什么？"朋友沉吟片刻后回答："你什么都能做，别忘了，当初我们都是从'零'开始的！"这句话让她恍然大悟，也让她勇气再生："是啊！我们本来就是一无所有，既然如此，又有什么好怕的呢？"就这样念头一转，没有想到在短短半个月之内，她连续接到两笔很大的业务，濒临倒闭的公司起死回生，又重新动了起来。

历经这些挫折后，反而让安娜体悟到人生"无常"的一面，她学会了谢绝应酬，去钓鱼、去登山、去观海，完全将工作置之脑后。

最初，安娜费尽了力气去强求，虽然勉强得到但最后也留不住，

但是一旦把自己的脚步放慢，更大的能量就会随之而来。很多人以为匆匆忙忙就能赢来美好的生活，然而实际情况却往往与最初的期望大相径庭。

人生就像登山，不是为了登山而登山，而应着重于攀登中的观赏、感受与互动，如果忽略了沿途风光，也就体会不到其中的乐趣。人们最美的理想、最大的希望便是过上幸福生活，而幸福生活是一个过程，不是忙碌一生后就能到达的顶点。

匆忙的播种，种不出幸福的果实。只有放慢脚步，停止疲于奔命时，你才会蓄积更多的能量，也才能发现生命中未被发掘出来的美。当生活在欲求永无止境的状态时，你永远都无法体会到生活的真谛。简单多一些，生活的美就会多一点。如果你还在匆忙赶路的话，不妨放慢脚步，欣赏一下路边的风景吧。

第十五章

珍惜成长路上的每一个足迹

努力去做一个有价值的人

人生最终的价值在于觉醒和思考的能力，而不只在于生存。

——亚里士多德

很多人终其一生奔忙劳碌，都只有一个目的——活出自己的精彩。可是，正是在这样日复一日马不停蹄地奔忙中，有些人渐渐忘记了真实的自己，忘记了最初的梦想和坚持，变成了一部只知奋勇向前却毫无贡献的机器，所做的一切都徒劳无功。实际上，人生精彩与否，并不在于你做过些什么，而是在于你是否成为了一个有用的人，是否能够活出自己的价值。

伟大的剧作家莎士比亚出生于英国一个富商家庭。13 岁时，他便离开学校，帮助父亲料理生意，到了 16 岁就离开家庭独自外出谋生，在伦敦一家剧院门前替看戏的绅士们照看马匹，在剧院打杂，有时给演员们提词或跑跑龙套。此外，他还在屠宰场当过学徒，帮人家做过书童，做过乡村教师，当过兵，做过律师，任过小官。为了谋生，他曾经到过荷兰、意大利等多个地方。

正是在独立谋生的闯荡中，莎士比亚丰富了自己的人生经历，增长了才干，为他后来创作《罗密欧与朱丽叶》、《仲夏夜之梦》、《威尼斯商人》、《哈姆雷特》等一大批著名悲喜剧奠定了坚实的基础。

人生中的每一次经历都可能成为成就人生价值的基石，关键在于你能否准确把握并合理利用它。有些人总是在不停地抱怨自己的生活有多么不如意，总是一边怨怼自我一边艳羡他人，却从来不知在生活中不断总结思考。试想倘若一直过这样的生活，又如何能实现自我价值呢？

"人最宝贵的东西是生命。生命属于人只有一次。一个人的生命是应该这样度过的：当他回首往事的时候，不会因为虚度年华而悔恨，也不会因为碌碌无为而羞耻；这样在临死的时候，他就能够说：我整个的生命和全部的精力，都已献给世界上最壮丽的事业——为人类的解放而斗争"。这也就是说，一个人只有活出自己的价值，才可以称之为有意义的人生。

有一位才华出众的年轻诗人，创作了很多抒情诗篇，可是他却很苦恼。因为人们都不喜欢读他的诗。

年轻的诗人从来不怀疑自己的创作才华。于是，他去向父亲的朋友——一位老钟表匠请教。

老钟表匠听后一句话也没说，把他领到一间小屋里，里面陈列着各式各样的名贵钟表。这些钟表，诗人从来没有见过。有的外形像飞禽走兽，有的会发出鸟叫声，有的能奏出美妙的音乐……

老人从柜子里拿出一个小盒，把它打开，取出了一只式样特别精美的金壳怀表。这只怀表不仅式样精美，更奇异的是，它能清楚地显示出星象的运行、大海的潮汛，还能准确地标明月份和日期。这简直是一只"魔表"，世上到哪儿去找呀？诗人爱不释手。他很想买下这个"宝贝"，就开口问表的价钱。老人微笑了一下，要求用这"宝贝"换下青年手上那只普普通通的表。

诗人对这块表真是珍爱至极，吃饭、走路、睡觉都戴着它。可是不久后，他到老钟表匠那儿要求换回自己的手表。老钟表匠故作惊奇，问他对这样珍异的怀表有什么不满意的。

青年诗人遗憾地说："它不会指示时间，可表本来就是用来指示时间的。我戴着它不知道时间，要它还有什么用处呢？有谁会来问我大海的潮汛和星象的运行呢？这表对我实在没有什么实际用处。"

老钟表匠微微一笑，把表往桌上一放，拿起了这位青年诗人的诗集，意味深长地说："年轻的朋友，让我们努力干好各自的事业吧。你应该记住：怎样给人们带来用处。"

诗人这时才恍然大悟，从心底里明白了这句话的深刻含义。

爱因斯坦曾说过："不要努力去做一个成功的人，而是要努力去做一个有价值的人。"这不仅为我们指明了人生发展的方向，还教会了我们一种正确对待人生的方式——实现自我的价值。

想要实现自我的价值，最重要的是认清自己是谁，给自己一个合理的定位，牢牢握住生活的方向盘，不要被外界的纷扰诱惑迷乱了自己的眼睛，也不要被他人的审视所左右。一旦我们找寻到足以实现人生价值的目标时，就要马上行动并坚定不移地去实现它。即使有时候我们的目标看起来太过遥远，或是通往目标的道路太过艰难，也不能轻易放弃。只要坚持了，努力了，每个人都可以在平凡的生活中成就自我，活出自己独有的那份精彩。

任何时候都要心存希望

不论担子有多重，每个人都能支持到夜晚的来临；不论工作多么辛苦，每个人都能做完一天的工作，每个人都能很甜美、很有耐心、很可爱、很纯洁地活到太阳下山，这就是生命的真谛。

——罗勃特·史蒂文森

希望是生命中最绚烂的花朵。在这个世界上，有许多事情是我们难以预料的。但我们并不会因此而陷入虚无。我们不能控制际遇，却可以掌握自己；我们无法预知未来，却可以把握现在；我们不知道自己的生命到底有多长，却可以安排当下的生活；我们左右不了变化无常的天气，却可以调整自己的心情。只要活着，就有希望。

在一座偏僻遥远的断崖上，不知何时，长出了一株小小的百合。它刚诞生的时候，长得和野草一模一样，但是，它的内心深处，有一个纯洁的念头："我是一株百合，不是一株野草。唯一能证明我是百合的方法，就是开出美丽的花朵。"它努力地吸收水分和阳光，深深地扎根，直直地挺着胸膛，对附近的杂草置之不理。

在野草和蜂蝶的鄙夷下，百合努力地释放内心的能量。百合说："我要开花，是因为知道自己有美丽的花；我要开花，是为了完成作为一株花的庄严使命；我要开花，是由于自己喜欢以花来证明自己的存在。不管你们怎样看我，我都要开花！"

终于，它开花了。它那灵性的白和秀挺的风姿，成为断崖上最美丽的风景。年年春天，百合努力地开花、结籽，最后，这里被称为"百合谷地"。因为这里到处是洁白的百合。

时常把希望放在心头，在困难艰苦的环境中，也不放弃希望，这样你就可能会获得最后的成功。每个人的人生中都难免会遇到冰河，居里夫人曾两次想过自杀，奥斯特洛夫斯基也曾用手枪对准过自己的脑袋，但他们最终都以顽强的意志面对生活，并获得了巨大的成功。可见，一时的消沉并不可怕，可怕的是在消沉中不能自拔。

　　居里夫人曾经说过："我的最高原则是：不论遇到什么困难，都绝不屈服。"做一个生命的强者，就要在任何时候都不放弃希望，我们最终会等到转机来临的那一天。

　　6名矿工在井下采煤。突然，矿井坍塌，出口被堵住，矿工们顿时与外界隔绝。凭借经验，他们意识到自己面临的最大问题是缺少氧气，如果应对得当，井下的空气还能维持3个多小时，外面的人必须重新打眼钻井才能找到他们。在空气用完之前他们能获救吗？矿工们决定尽一切努力节省氧气。

　　在大家都默不作声、四周一片漆黑的情况下，很难估算时间，而且他们当中只有一人有手表。所有的人都问：过了多长时间了？还有多长时间？每听到一次回答，他们就感到更加绝望。

　　负责人发现，如果再这样焦虑下去，他们的呼吸会更加急促，这样会要了他们的命。所以他要求由戴表的人来掌握时间，每半小时通报一次，其他人一律不许再提问。大家遵守了命令。当第一个半小时过去的时候，这人就说："过了半小时了。"

　　戴表的人发现，随着时间慢慢过去，通知大家最后期限的临近也越来越艰难。于是他擅自决定不让大家死得那么痛苦，他在告诉大家第二个半小时到来的时候，其实已经过了45分钟。

　　谁也没有注意到有什么问题。于是，戴表的人又偷偷把报时间的间隔延长到了1小时以后。与此同时，外面的人加快了营救工作，终于，在4个半小时之后，救援人员找到了这6名矿工。他们中的5个人都活着，只有一个人窒息而死，就是那个戴表的人。

正是希望让5位矿工最终得以从困境当中脱离。当希望站出来时，没有什么能与它抗衡。希望的力量可以让生命绝处逢生。生活中时常会出现不顺的时刻，折磨人的逆境在所难免。记住，在任何时候，都不要放弃希望，即使再困难的境况，也要坚持，心存希望，终会迎来雨过天晴的那一天。

希望是引爆生命潜能的导火索，是激发生命激情的催化剂。任何时候都要给自己一个希望，这也正是给自己一个目标、一点信心。常给自己一个希望，我们就会充满生命力，充满对生活的热忱期待，就不会再为一点点小事而忧愁半天，就不会再将生命浪费在一些无谓的人和事中。生命是有限的，但希望是无限的，只要不忘每天给自己一个希望，我们就一定能拥有一个丰富多彩的人生。

你的定位将决定你的人生路线

宝贝放错了地方便是废物。人生的诀窍就是找准人生定位，定位准确能发挥你的特长。经营自己的长处能使你的人生增值，而经营自己的短处会使你的人生贬值。

——富兰克林

人生的关键是认清自己是谁，找准自己的定位。如果你到现在还没有给自己准确定位的话，那么你就应该抓紧时间，坐下来分析一下自己，根据自己的特点，寻找真正适合自己的位置。只有坐在适合自己的位置上，你才能得心应手，在人生的舞台上游刃有余。

一个人的发展在某种程度上取决于自己对自己的评价，这种评价就是定位。你在心中将自己定位是什么，你就是什么。定位是对自己的一种期盼与要求，一个人能否给自己正确定位，将决定其一生成就的大小。志在顶峰的人不会落在平地，甘心做奴隶的人永远也不会成为主人。

一个乞丐站在路旁卖橘子，一名商人路过，向乞丐面前的纸盒里投入几枚硬币后，就匆匆忙忙地赶路了。

过了一会儿，商人回来取橘子，说："对不起，我忘了拿橘子，因为你我毕竟都是商人。"

几年后，这位商人参加一次高级酒会，一位衣冠楚楚的先生向他敬酒致谢，并告诉他自己就是当初卖橘子的乞丐。而他生活的改变，完全得益于商人的那句话——你我都是商人。

倘若你定位于乞丐，那么你就只能是一个乞丐；如果你定位于商人，那么你就会成为一个商人。

伟大的哲人尼采曾经说过："聪明的人只要能认识自己，便什么也不会失去。"只有正确为自己定位，才能确定人生的奋斗目标。只有有了正确的人生目标，并为之奋斗终生，才能此生无憾，即使不成功，也无怨无悔。

你可以长时间卖力工作，创意十足、聪明睿智、才华横溢、屡有洞见，甚至好运连连，可是，如果你无法在创造过程中给自己正确定位，不知道自己的方向是什么，一切都会是徒劳。所以说，你的定位将决定你的人生路线。

马克·吐温作为职业作家和演说家，取得了极大的成功，可谓名扬四海。但是，马克·吐温在试图成为一名商人时却栽了跟头，吃尽苦头。

马克·吐温投资开发打字机，最后赔掉了 5 万美元，一无所获。他看见出版商因为发行他的作品赚了大钱，心里很不服气，也想发这笔财，于是他开办了一家出版公司。然而，经商与写作毕竟风马

牛不相及，马克·吐温很快陷入了困境，这次短暂的商业经历以出版公司破产倒闭而告终，他陷入了债务危机。

经过两次打击，马克·吐温终于认识到自己毫无商业才能，于是断了经商的念头，开始在全国巡回演说。这回，风趣幽默、才思敏捷的马克·吐温完全没有了商场中的狼狈，重新找回了感觉。

最终，马克·吐温靠工作与演讲还清了所有债务。哲人说世上没有完全相同的两片树叶，当然也不会有完全相同的两个人。每个人的天赋、兴趣、爱好不同，只有找到那个属于自己的领域，才能绽放耀眼的光芒。

马克·吐温做过很多种工作，屡遭失败。最后，他把自己定位在做职业作家和演说家上，他认为自己更适合、更胜任做这项工作。每个人都可以成为强者，这需要你首先认识自己，然后尽可能地培养、发挥你的强项，最大限度地转化你的弱项。成功者都是根据自己的长处确定人生方向并坚持向既定的方向前进，这是他们成功的原因。这个方向就是能使自己全力以赴，使自己的品格、长处得以充分发挥的职业。

现实生活中总是会有这样一些人，他们或是受宿命论的影响，凡事听天由命；或是性格懦弱，习惯依赖他人；或是责任心太差，不敢承担责任；或惰性太强，好逸恶劳；或是缺乏理想，混日为生……总之，他们遇事逃避，不敢为人之先，不敢担当，不敢定位自己的人生。也许，成功的含义对每个人都有所不同，但无论你怎样看待成功，你必须有自己的定位。

倘若定位不正确，你的人生就会像失去指南针一样迷茫，有时甚至会发生南辕北辙的事；而准确的人生定位，不但能帮助你找到合适的道路，更能缩短你与成功的距离。要时刻谨记，当你找对了方向，那么整个世界都会为你让路，人只有找到自我独有之处，合理定下自己的位置，才能找到适合自己的人生之路。

压力是成长的最强动力

如果受不了热气，就别待在厨房；如果承受不了压力，就想法离开压力源。

——德里

一个肩挑重担的人，往往会比空手步行的人要走得快，其中的奥妙就在于压力的作用。生活中，不少人畏惧压力，逃避压力，因为压力会让人倍感沉重，喘不过气来。其实，压力就像一把双刃剑，它既会带给我们痛苦和沉重，同时也能激起我们潜藏的斗志和内在的激情。很多时候，人自身的突破正是在面临沉重压力下所实现的。

当命运给你施加压力时，你若坚持不懈，如同这南瓜一样，充分调动内在的潜能，就能承受起巨大的重负，成就非凡的人生。人的潜能就好像弹簧一样，压力越大，反弹越高。人之所以不能成功，多是胆怯作祟，害怕压力，逃避困难，自甘平庸。而如果能知难而进，压力就会成为促使你前进的重要动力。

有时候，生活中出现一个对手、一些压力或一些磨难，的确并不是坏事。苦难与危机会让我们的心灵时时保持活力。

一位动物学家在考察生活于非洲奥兰治河两岸的动物时，注意到河东岸和河西岸的羚羊大不一样，前者繁殖能力比后者更强，而且奔跑的速度每分钟要快 13 米。他感到十分奇怪，既然环境和食物都相同，何以差别如此之大？

为了能解开其中之谜，动物学家和当地动物保护协会进行了一项实验：在两岸分别捉 10 只羚羊送到对岸生活。结果送到西岸的羚

羊发展到 14 只，而送到东岸的羚羊只剩下了 3 只，另外 7 只被狼吃掉了。

谜底终于被揭开，原来东岸的羚羊之所以身体强健，是因为它们附近居住着一个狼群，这使羚羊天天处在一个"竞争氛围"中。为了生存下去，它们变得越来越有"战斗力"。而西岸的羚羊长得弱不禁风，恰恰就是缺少天敌，没有生存压力。

生存的压力促使东岸的羚羊越来越勇，而毫无压力的西岸羚羊则不堪一击。可见，有些时候，压力会成为保护自己的一把利器，成为支持你勇敢生存的强劲动力。

当压力袭来时，倘若你只懂得怨天尤人或是绕道而行的话，那么你的人生境界就将如井底之蛙般毫无起色。然而，倘若你能在负重之下变压力为动力，奋勇逆流而上，则迎接你的将是美好的未来。

有人曾经这样形容，人没有了压力，生活就会没有了方向，就像没有了风，帆船不会前进一样。当一个人没有任何压力的时候，他就会失去前进的动力，成为轻飘飘的云。要想改变现状，人就必须适当给自己添加一些压力，给自己的成长储存一定的动力。

压力完全可以是正面的，有益的，成为人们不断进取突破的原动力，促使人们达到追求理想的生活目标。若完全没有压力，人们可能停滞不前，无法进步。能否化压力为动力，取决于一个人的反应和处理方法，如果能适应转变、疏解压力，则压力反可激励斗志，激发人的才能和潜能，从而不断提高自己的实力，取得更大的突破。